SeaEagle

SeaEagle

SeaEagle

SeaEagle

你一定想看的法國史

乾乾脆脆的，把法國史一次給理清楚！

每個事件都與中國、世界歷史對照一目瞭然，給記憶一個重要的位置

L'histoire de France que vous voudriez connaître

作者\楊益、鄭嘉偉

Le Tour de France

前言

　　法國這個國家對於人們來說，想必不會陌生。巴黎是世界的時尚之都，羅浮宮、艾菲爾鐵塔是令人嚮往的旅遊勝地；法國的美食、紅酒以及浪漫的情懷總是吸引著女人們；同時，法國的體育運動也深深地吸引著男人的眼球，足球（尤其是1998年世界盃）、法國網球公開賽、環法自行車賽等重要賽事時常占據著各個體育頻道。總之，這是一個我們無法忽視的國家。

　　既然法國是一個無法避而不談的國家，很自然就會有許多人對這個國家的歷史產生興趣。在我們的求學時期，只要不是經常在地理或者歷史課上大睡懶覺，多多少少會對這個國家的一些人或事略有耳聞。比如，《最後一課》、《我的叔叔于勒》、《致布特列爾上尉》等作品都令人印象深刻。到在歷史課本上，第二次鴉片戰爭、中法戰爭、八國聯軍，這些事件又令我們接觸到法國的另一面。相信很多人也會像筆者一樣，都想知道這個位於地球另一半、由金頭髮白皮膚的人建立起來的國家，到底是怎麼一回事？

　　為什麼法國能產生像拿破崙、貞德那樣的英雄？又怎會做出「馬其諾防線」這種蠢事來？為了讓歷史愛好者更容易瞭解法國的歷史——這個國

家是如何誕生、發展，最後演變成今日這個樣子，於是這本書就誕生了。

　　雖然這只是本類似於記流水帳式的書，但是要完成這個「記帳」工作，真的一點都不容易。歐洲的文化、政治制度和中國差別很大，不能套用既往對中國歷史的認識和經驗。再加上法國不像中國那樣，有非常正式的官方史冊，因此在選擇閱讀史料的時候也會很苦惱。

　　因為語言習慣和翻譯水準的問題，法國學者的著作讀起來比文言文還難懂，但是只讀國內的作品，則擔心有所遺漏甚至會出錯。筆者經常在兩種語言風格完全不同的著作之間思索良久，反覆求證，然後用盡可能簡單的語言來表述複雜的故事。希望這本書能做到一點，也就是讓讀過的人腦子裡有以下的大概脈絡。

　　法國，這個地方以前被人叫作高盧。被羅馬人統治了一段時間後，法蘭克人掌管了這裡。「鐵錘查理」（馬特）建立的采邑制奠定了這個國家乃至於整個歐洲往後將近千年的社會風貌。

　　在這期間，法蘭克人建立的墨洛溫王朝雖然滅亡了，但隨之而起的加洛林、卡佩等王朝都是建立在「分封」這種制度上，封建領主擁有很大權力。直到亨利四世建立了波旁王朝，法國國王才總算能集大權於一身。大革命時期來臨，法國人為了他們心中的「民主」，付出了比鄰國沉重許多的代價。

　　從西元1789年開始，一直到第二次世界大戰結束，法國就沒有停止過紛爭。到西元1958年，我們現在熟知的「法蘭西第五共和國」才正式誕生。

　　　　高盧雄雞欲飛天，凱撒提刀將毛剪。
　　　　蠻族來襲法蘭克，皈依基督把酒喝。

驅逐外敵有馬特，采邑分封樂呵呵。

丕平篡位又獻土，尊皇攘夷不糊塗。

南征北戰查理曼，死後國土分三瓣。

其中一塊法蘭西，卡佩瓦盧瓦接力。

百年仇恨英吉利，聖女回天保社稷。

血淚未乾新教昌，三個亨利爭權忙。

波旁一戰定江山，冷面宰相國運安。

太陽炫目君權盛，路易十四旭日升。

啟蒙光輝照舉世，月有圓缺洪水至。

革命時代狂飆來，國王也上斷頭臺。

東西各派走馬紛，戰火煉出拿破崙。

橫掃列強甚威武，樹大招風滑鐵盧。

波旁復辟七月繼，街壘革命不停息。

伯志侄承又稱尊，慘敗色當臉無存。

一戰地獄血成河，勝利白骨拋荒漠。

二戰難擋閃電戰，維希傀儡掃國顏。

自由法國戴高樂，共歷艱險迎凱歌。

歷盡千年法蘭西，何日再聞雄雞啼？

　　本書講述的就是這樣一段法國歷史。請讀者們在閱讀時注意，本書對那些當時尚未登基的國王，也稱呼其為「某某N世」，其實這種說法是不嚴謹的，但是為了避免人名混淆，在敘事的過程中，本書都將稱呼該人物最廣為人知的名號，類似「那一年秦始皇只有兩歲」這種表述方法。

除此之外，因為筆者水準有限，本書或許存在許多缺陷，希望各位讀者能把這本書當作法國史導覽，瀏覽後知道法國歷史概況，並且激發起對法國歷史的興趣，以後再按部就班地讀其他更加專業的書籍。「希望更多的人能夠感受到讀書樂趣」，若能實現，筆者覺得就是對本書的最大肯定了。

目錄

前言

| 第九章 | 世界大戰與當代

| 第一章 | 高盧人的故事

北海

英吉利海峽

比利時

德國

凡爾登 ⊙

6

諾曼第 8

⊙ 巴黎

7

凡爾賽

1

10

9

11

勃艮第 2

瑞士

3

⊙ 維希

義大利

比斯開灣

12

⊙ 波爾多

13

4 坎城 ⊙ 尼斯

馬賽 土倫港

科西嘉 5

西班牙

地中海

1. 大東部大區
2. 勃艮第-弗朗什-孔泰
3. 奧弗涅-羅納-阿爾卑斯
4. 普羅旺斯-阿爾卑斯-蔚藍海岸
5. 科西嘉
6. 上法蘭西
7. 法蘭西島
8. 諾曼第
9. 中央-羅亞爾河谷
10. 布列塔尼
11. 羅亞爾河地區
12. 新亞奎丹
13. 歐西坦尼亞

自由！史前的藝術家

BC

耶穌基督出生　0—

君士坦丁統一羅馬

羅馬帝國分成兩部

波斯帝國　500—

回教建立

阿拉伯人攻佔西班牙

東羅馬其頓王朝

神聖羅馬帝國建立
　　1000—

英國征服愛爾蘭

蒙古第一次西征

歐州流行黑死病

文藝復興

哥倫布發現新大陸
　　1500—

英國大破無敵艦隊

發明蒸汽機

美國獨立

拿破崙稱帝

美國南北戰爭開始

第一次世界大戰
第二次世界大戰

　　2000—

　　地球還處於冰河時期的時候，在後來屬於法國的土地上就已經有人類居住的痕跡了。

　　法國人熱愛藝術的浪漫基因在那個時候就已經表現出來。生活在那裡的原始人，經常用石塊做工具，在居住的洞穴牆壁上塗塗畫畫。今天我們依然可以在這些遺址裡面看到他們的「大作」。

　　到西元前1萬年左右，冰河時期結束，氣候回暖、冰川融化。氣候是變暖和了，但是原始人發現他們生計比以前更困難了。因為他們以前習慣捕捉的獵物，因為海平面升高而變少，這也就意味著能吃的肉比以前少了。幸好後來他們發現，雖然地上跑的獵物少了，但是水裡游的魚多了，這樣也算能解決肚子問題。

　　西元前7000年左右，法國進入了新石器時代。這個時期的原始人分成兩個「藝術派別」，一派是來自南方的「鳥蛤陶派」，這派的人喜歡在他們做的陶瓷當中鑲嵌貝殼（鳥蛤）；另一派則是來自北方的「線陶派」，這一派人喜歡在陶瓷上畫曲線。在新石器時代後期，法國更是出現了一些巨石建築。因為這些建築太過巧奪天工，很長一段時間裡，歷史學家們都不相信這些大石頭建築是由這些原始人建造出來的。

　　到了西元前3000年，法國步入了青銅時代；西元前850年左右，進入鐵器時代。至此，法國進入文明時代。

征服！羅馬之鐐

在西元前600年左右，部分希臘人舉家遷到現在的馬賽，在這片土地上開始他們的新生活。可惜好景不長，不久之後另一群彪悍的人也來到這裡，並且把他們給趕走了。這群彪悍的人就是凱爾特人，他們除了天生人高馬大、奮勇好戰之外，還特別會鑄造鐵器。用鐵製成的武器，比生活在這裡的各部落使用的青銅武器都好用。凱爾特人很快就征服了這裡，並且同化了他們。後來羅馬帝國把這個地區的人都叫作「高盧人」，他們居住的地方就稱為「高盧」。我們現在仍然習慣把法國稱為「高盧雄雞」，就源於此。

當時的高盧人分為許多不同的部落，各部落只聽從部落首領，部落之間也經常有衝突。部落內等級分化現象也非常嚴重，除了部落首領之外，高盧人對部落內的祭司們相當崇敬。這些被稱為「德羅伊德」的祭司們不僅掌管著宗教儀式，還兼任醫生和教師職務，社會地位非常崇高。

考古學家在西元1953年挖出來一個墳墓，最終確定墳墓的主人就是生活在法國「高盧」時代。這個墳墓裡面的陪葬品包括：一個重480克的金冠、青銅雙耳爵、一隻銀酒杯和數不勝數的珠寶。能擁有這麼多寶物來作陪葬品，可想而知當時高盧人的生活水準已經不低。但是他們所生產出來的財富，基本上都集中在少數的部落首領、祭司手中。這種情況一直持續到凱撒（前102年一

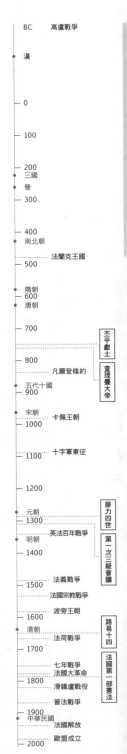

BC　高盧戰爭

漢

0

100

200
三國
晉
300

400
南北朝　法蘭克王國
500

隋朝
600
唐朝

700

800　　　　　不平獻土
凡爾登條約　　查理曼大帝
五代十國
900

宋朝　卡佩王朝
1000

1100　十字軍東征

1200

元朝　　　　　腓力四世
1300
英法百年戰爭　第一次三級會議
明朝
1400

1500　法義戰爭
法國宗教戰爭
波旁王朝
1600　　　　　路易十四
清朝　法荷戰爭
1700
七年戰爭
法國大革命　法國第一部憲法
1800
滑鐵盧戰役
普法戰爭
1900
中華民國　法國解放
歐盟成立
2000

前44年）帶領的羅馬軍團征服這裡為止。

凱爾特人並沒有在高盧橫行多久。西元前190年之後，西方世界的霸主——羅馬軍團浩浩蕩蕩從東邊殺來。羅馬在經歷了三次戰役之後，成功地征服了山內高盧。西元前120年，羅馬占領了高盧的沿海地區，在那裡建立了納爾榜高盧行省，開始了對高盧更進一步地侵略和統治。

西元前58年，偉大的征服者——凱撒降臨高盧。凱撒出任山南高盧行省總督，不久之後兼任納爾榜高盧行省總督。野心勃勃的凱撒可不會甘心在總督任上平淡度過或者僅撈點小錢，他想透過征服高盧來為自己獲得更多的聲譽和財富。

這樣的機會終於被凱撒抓住了。就在他上任的那一年，有一支高盧人部落想遷徙到別處居住。當地人並不歡迎他們，但是又無力阻止這群傢伙。他們就向凱撒提出請求，希望羅馬軍隊能幫助他們驅逐這群來搶地盤的傢伙。凱撒收到這樣的邀請，開心得不得了：好啊，我正愁著如何找理由來打你們高盧人，想不到你們自己倒幫忙把這事辦得妥妥的。於是凱撒光明正大地帶著軍隊把那群企圖「偷渡」的傢伙趕回了自己老家。之後，他順勢到處「路見不平，拔刀相助」，打完這個打那個。他處心積慮地利用高盧境內各部落的不和，將他們一一擊破。靠這些戰績，凱撒的實力和威望如日中天。

萬事不會從頭到尾一帆風順。凱撒在羅馬擁有相對穩固的政治地位，是來自於龐培、克拉蘇和他三個人秘密結成的「三頭同盟」，三人互惠互利、相互支持，這才讓凱撒獲得了任期長達10年的高盧總督職務，而且長期領兵在外而不受元老院懷疑。但是這一切在幾年後發生變化。首先是克拉蘇在帕提亞戰役中陣亡，

BC

耶穌基督出生　0—

君士坦丁統一羅馬

羅馬帝國分成兩部

波斯帝國　500—

回教建立

阿拉伯人攻佔西班牙

東羅馬其頓王朝

神聖羅馬帝國建立
1000—

英國征服愛爾蘭

蒙古第一次西征

歐洲流行黑死病

文藝復興

哥倫布發現新大陸
1500—

英國大破無敵艦隊

發明蒸汽機

美國獨立
拿破崙稱帝
美國南北戰爭開始

第一次世界大戰
第二次世界大戰
2000—

「三巨頭」少了一個，失去了「三邊制衡」。剩下兩個人的衝突就迅速激烈了，龐培開始對凱撒在高盧屢立戰功、搶盡風頭很不滿，並公開向凱撒表明敵對的態度。於是，凱撒在羅馬遭遇到政治危機。

好事不成雙，壞事卻接踵而來。老家不安寧，高盧這邊的人也開始不老實。原來各自為戰的高盧部落，終於發現了羅馬「鬼子」在占自己便宜，憤而覺醒。他們在一個叫作維欽托利的首領領導下，聯合起來一起反抗羅馬軍隊。在一場戰鬥中，他們還利用埋伏戰術消滅了羅馬的一個軍團，使凱撒損失了四分之一的兵力。內外交困的凱撒，為了解決這次危機，決定先處理高盧地區的這次叛亂，為自己獲得一個穩固的根據地，再回頭和龐培算帳。

不過這事也不是那麼好辦。維欽托利不是好惹的，他以前也在羅馬軍隊裡待過，知道自己帶領的那群高盧鄉巴佬不是羅馬軍隊的對手。他也知道自己的優勢，那就是高盧騎兵數量比較多。於是他採取游擊戰術，利用騎兵的機動性對羅馬軍團不斷地騷擾，敵進我退，敵駐我擾，就是不和你真刀實槍地對打。這種戰術令凱撒非常苦惱，他甚至氣得在自己的行軍日記《高盧戰記》裡面痛罵這群高盧鼠輩，說他們是一群只知道退縮、不敢和自己決一雌雄的龜孫子。

高盧人在維欽托利的領導下，一度讓羅馬軍隊很窘困，打了些小勝仗。這種短暫的勝利反倒讓他們遭遇滅頂之災。過分自信的他們以為自己已經能輕鬆打敗凱撒，此時他們毫無紀律的缺點暴露了出來。這群人不聽從維欽托利的指揮，各自衝上去和羅馬軍戰鬥，結果自然是被裝備精良的羅馬軍輕鬆打敗。損兵折將的

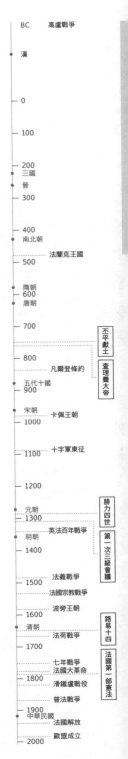

BC　高盧戰爭
漢
0
100
200　三國
晉
300
400
南北朝
500　法蘭克王國
隋朝
600
唐朝
700
800　　不平獻土
凡爾登條約　查理曼大帝
五代十國
900
宋朝　卡佩王朝
1000
1100　十字軍東征
1200
元朝　　腓力四世
1300
英法百年戰爭　第一次三級會議
明朝
1400
1500　法義戰爭
法國宗教戰爭
波旁王朝
1600
清朝　法荷戰爭　路易十四
1700
七年戰爭　法國第一部憲法
法國大革命
1800
滑鐵盧戰役
普法戰爭
1900
中華民國　法國解放
歐盟成立
2000

高盧聯軍灰頭土臉地退下來，維欽托利只好帶著他們退到阿萊西亞死守。

　　阿萊西亞是一座建在山頭的要塞，周圍被河谷圍繞，非常適合防守。凱撒追趕到這裡，仰天大笑：我就怕你游擊，現在你們進城死守，那是自取滅亡啊！他掂量著自己軍隊不及高盧聯軍多，就採取圍城戰略。為了確保自己能夠以少數兵力死死包圍住這群敵人，凱撒下令環繞阿萊西亞修築了一道長18公里、高4米的圍牆，然後在圍牆內部挖了一道深溝，再引河水填滿這條壕溝，充當「護城河」。除了這些之外，他還用削尖的木樁佈置了五層「陰陽界」，又挖有梅花形的斜對角的坑，裡面安放著人腿粗細的圓木樁，頂上削尖，這樣的坑挖了八行，稱為「百合花」。在所有這些工事前面，又找來許多木樁，頂上釘著堅固的鐵鉤，彼此相隔不遠地整個埋在土中，佈滿各地，這叫作「踢馬刺」。一切準備就緒，凱撒就等著要把這群高盧人困死在阿萊西亞。

　　圍牆內，高盧聯軍的糧食並不多，僅僅夠支撐一個月。眼看著羅馬人只圍不攻，這麼下去很快就要鬧糧荒。為了確保軍隊的供給無虞，維欽托利下令把城內的女人、小孩全都趕出去。這些被拋棄的婦孺來到羅馬軍的城牆前，哀求他們把自己放出去，就算做牛做馬做奴婢也可以。但是凱撒並沒有答應她們，這樣一來，這群人就被羅馬軍和高盧聯軍包圍在中間，進也不是退也不是，最後慘死在阿萊西亞城外。婦孺們的慘死令高盧聯軍的軍心大為動搖，士兵們都開始產生厭戰情緒。

　　維欽托利認為這樣下去只能等死，他下令全軍全力突圍。突圍之戰異常慘烈，雖然羅馬人裝備精良，又有良好的防禦工事，但高盧軍人數眾多，而且他們除了突圍別無生路，一個個都奮勇

阿拉伯人攻佔西班牙

東羅馬其頓王朝

神聖羅馬帝國建立
　　　　　1000—

英國征服愛爾蘭

蒙古第一次西征

文藝復興

歐洲流行黑死病

哥倫布發現新大陸
　　　　　1500—

英國大破無敵艦隊

發明蒸汽機

美國獨立
拿破崙稱帝
美國南北戰爭開始

第一次世界大戰
第二次世界大戰

　　　　　2000—

異常。恰好周邊另一隊高盧軍也趕來增援，兩面夾擊，羅馬軍苦苦支撐死守。高盧軍也在圍牆前犧牲了不少士兵，那些陷阱裡的尖木樁扎得許多高盧大漢鬼哭狼嚎，牆內牆外一片血紅。

　　戰鬥僵持了很久，高盧軍終於找到了圍牆的弱點，有處地方由於自然條件不太好修築城牆，高盧軍便如潮水般死命向那個地方衝擊。眼見那裡快要撐不住了，凱撒也孤注一擲，親自披上顯眼的披風，衝到了最前面。羅馬軍看到自己的指揮官身先士卒，備受鼓舞，頂著疲憊，咬牙繼續拼命廝殺。凱撒這時候拿出自己名將的手段，派出一支騎兵從後面突襲高盧軍。已經到了極限的高盧軍終於支撐不住，全線崩潰。維欽托利只好投降。

　　羅馬在阿萊西亞大獲全勝，俘虜了數萬人回到羅馬。據稱，羅馬大軍每個人都至少獲得了一個俘虜作為奴隸。高盧軍首領維欽托利則被公開處死。阿萊西亞戰役後，高盧各個部落再也無法統一起來反抗羅馬。不久，高盧即被羅馬全面征服，進入「羅馬化的高盧時期」。

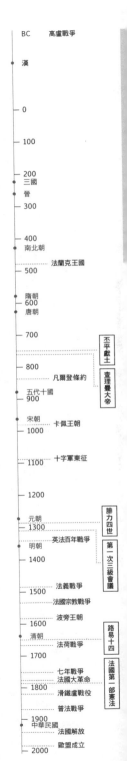

統治！帝國行省

BC

耶穌基督出生　0—

君士坦丁統一羅馬

羅馬帝國分成兩部

波斯帝國　500—

阿拉伯人攻佔西班牙

回教建立

東羅馬其頓王朝

神聖羅馬帝國建立

1000—

英國征服愛爾蘭

蒙古第一次西征

文藝復興

歐州流行黑死病

哥倫布發現新大陸

1500—

英國大破無敵艦隊

發明蒸汽機

美國獨立

拿破崙稱帝

美國南北戰爭開始

第一次世界大戰

第二次世界大戰

2000—

　　凱撒征服高盧之後，回師羅馬，擊敗龐培，成為羅馬獨裁者。他遇刺身亡後，對高盧乃至整個羅馬帝國的建設工作，基本上是由他的繼任人屋大維（前63年—14年）和克勞狄（前10年—54年）完成的。

　　屋大維是凱撒的養子，在凱撒死後繼承了他的政治地位。在解決了政敵安東尼之後，屋大維帶領羅馬進入「帝國時代」，本人號稱元首，實際上已經是羅馬的皇帝，就差正式加冕了。

　　作為羅馬帝國的實際統治者，屋大維非常重視建設高盧這片富饒的地區，令高盧開始變得「羅馬化」。屋大維把高盧分為四個行省：納爾榜南錫斯（法國東南部）、阿基坦尼亞（盧瓦爾河西南地區）、魯格敦南錫斯（盧瓦爾河和塞納河之間地區）、比爾及卡（塞納河和萊茵河之間地區）。

　　除了納爾榜歸元老院管理之外，其他三個行省都作為元首行省，由他親自管理。屋大維又於現在的里昂建立高盧地區的行政中心，每年在這裡召開高盧人代表大會。高盧人的代表可以在這次會議上向屋大維致敬，並且向他表達高盧人民的意願。

　　屋大維在對高盧貫徹高效統治的同時，也不忘推行文化宣傳。他這樣做是為了同化高盧人，讓高盧人真正成為「自己人」。羅馬帝國在高盧大力推行拉丁文，令本來沒有自己文字的

高盧人終於過上能夠讀書識字的生活。經過一段時間的沉澱，拉丁文成為高盧的官方語言，並且逐漸演變成為中世紀時期的羅曼語，而羅曼語最後發展成現代法語。

除了政治和文化，屋大維還在軍事上對高盧進行了改造。高盧人精力旺盛，人高馬大，有事沒事總想著要打仗。這樣的人不能總讓他們沒事做，不然鐵定要鬧事。

屋大維想了一個很好的辦法來處理這群人——你們愛打仗吧，我就讓你們打，打到你們不想打為止！他徵召了不少高盧青年到羅馬軍團中。這些英勇善戰的猛漢果然不負眾望，他們的雄姿遍佈各個戰場，令羅馬軍隊的實力增強不少。

高盧大漢服役滿25年之後，就可以獲得羅馬公民的身分，那時候他們再衣錦還鄉，一個個都是笑容滿面自豪無比，因為他們透過自己的努力，步入了一個更高級的社會階層。有的老兵在服役30多年之後，領著長官和隊友送給他的黃金環回家大肆炫耀。可以看得出來，這個懷柔政策，對於好戰的高盧人算是取得了完全的成功。

但是屋大維在高盧也不是事事順利。他遭到來自日爾曼人（主要生活在今德國地區）的挑戰。高盧與日爾曼人的地盤接壤，和日爾曼那群「野蠻人」的戰鬥也成為高盧地區的主要課題。長期以來，日爾曼人不斷威脅羅馬人在高盧地區的統治。

早在凱撒之前，日爾曼人就曾遠征高盧，一度殺得羅馬軍落花流水。屋大維掌權後，羅馬軍隊曾經多次積極地主動出擊，征討日爾曼人，屋大維還任命了自己的親信瓦魯斯為日爾曼的總督。

西元9年，瓦魯斯率領三個羅馬軍團在日爾曼地區巡行。大軍

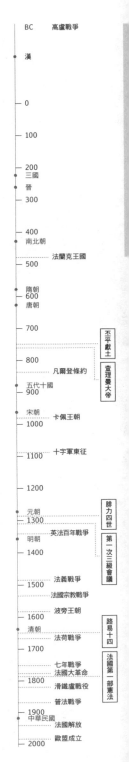

BC　高盧戰爭
漢
0
100
200　三國
晉
300
400　南北朝
500　法蘭克王國
隋朝
600
唐朝
700
不平獻土
800
凡爾登條約　查理曼大帝
五代十國
900
宋朝　卡佩王朝
1000
1100　十字軍東征
1200
元朝　腓力四世
1300
明朝　英法百年戰爭
第一次三級會議
1400
1500　法義戰爭
法國宗教戰爭
波旁王朝
1600　清朝
法荷戰爭　路易十四
1700
七年戰爭
法國大革命
1800　法國第一部憲法
滑鐵盧戰役
普法戰爭
1900　中華民國
法國解放
歐盟成立
2000

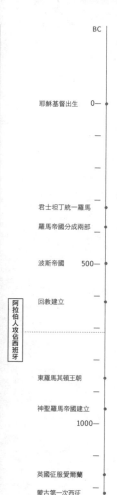

BC

耶穌基督出生　0—

君士坦丁統一羅馬

羅馬帝國分成兩部

波斯帝國　500—

回教建立

阿拉伯人攻佔西班牙

東羅馬其頓王朝

神聖羅馬帝國建立
　　　　　1000—

英國征服愛爾蘭

蒙古第一次西征

歐州流行黑死病

文藝復興

哥倫布發現新大陸
　　　　　1500—

英國大破無敵艦隊

發明蒸汽機

美國獨立
拿破崙稱帝
美國南北戰爭開始

第一次世界大戰
第二次世界大戰

　　　　　2000—

走了半天連敵人的影子都沒見到，瓦魯斯自信滿滿，認為敵人不敢和自己交戰，於是放心地一路深入。9月9日這天，他們來到了位於現在德國境內的條頓堡森林。那天天氣非常惡劣，大雨把羅馬軍隊澆成落湯雞的同時，也掩蓋了日爾曼軍的蹤跡。等日爾曼人把他們饑渴難耐的斧子劈到羅馬人頭上時，羅馬人才發現自己中計了！可是為時已晚——羅馬軍團身處叢林，大方盾和長矛都無法使用，加上之前一直穿著濕漉漉的衣服在行軍，早已經疲憊不堪。羅馬軍隊長長的隊伍被截成幾段，首尾不能呼應，最後被一個個砍死，統帥瓦魯斯自殺。

屋大維聽見這個消息後，整個人像失了魂，好久都不刮鬍子，最後變得像個怨婦一樣，一個人沒事就會嘮叨：「瓦魯斯，還我大軍啊……」

羅馬軍團這次大敗促使屋大維之後的羅馬皇帝改變了在高盧地區的軍事佈置。下任皇帝克勞狄改攻為守，這個措施在不知不覺之間影響了整個羅馬乃至日後西歐的命運。

克勞狄是一個在古典文學家筆下經常「被黑」的皇帝，他老是被形容得昏庸無能。實際上在他任內，高盧的羅馬化進程卻得到了進一步的發展。他在位期間，主要在三個方面改造了高盧。

一是軍事方面，克勞狄在高盧地區修了許多寬闊的大馬路，方便軍隊行軍，並且建了許多堅固的要塞。面對日爾曼和當地一些不安分的傢伙，他採取堅守的戰略，總算是鞏固了高盧地區的防守。二是經濟方面，克勞狄修建的那些大道不僅方便了軍隊，同時還有助於商業的發展，這段時間高盧發展蓬勃，陸續出現了不少城市，也出現了不少羅馬貴族的大莊園，城市化的發展令高盧更加興旺。最重要的是第三點，經過克勞狄的努力，高盧人現

在也有資格出任帝國的行政長官，甚至是進入元老院，這些職位以前都是高盧人不能染指的。

　　經過屋大維、克勞狄以及後來的繼任人韋伯薌（9年—79年）三代人的努力，高盧已經深度羅馬化，享受著因羅馬帝國強大所帶來的繁榮。但是羅馬化有利也有弊，當羅馬逐漸衰敗的時候，已經享受過繁榮的高盧，也隨著羅馬的衰落而變得混亂起來。更糟糕的是，這麼多年來，羅馬始終無法有效地抵制日爾曼等蠻族，最終引致3世紀時期的蠻族入侵。羅馬最終被蠻族人滅亡，高盧也迎來了他們下一任統治者——法蘭克。

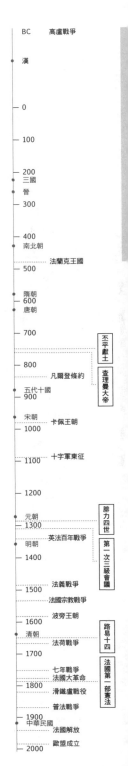

BC　高盧戰爭

漢

0

100

200　三國
晉
300

400
南北朝

500　法蘭克王國

隋朝
600
唐朝

700　　　　　不平獻土

800　　　　　查理曼大帝
　　　凡爾登條約
五代十國
900

宋朝
　　　卡佩王朝
1000

1100　十字軍東征

1200

元朝　　　　　腓力四世
1300
明朝　英法百年戰爭　　第一次三級會議
1400

1500　法義戰爭
　　　法國宗教戰爭
　　　波旁王朝　　　路易十四
1600
清朝
　　　法荷戰爭
1700
　　　七年戰爭　　　法國第一部憲法
　　　法國大革命
1800　滑鐵盧戰役

　　　普法戰爭
1900
中華民國
　　　法國解放
2000　歐盟成立

入侵！野蠻部落

BC

耶穌基督出生　0—

君士坦丁統一羅馬

羅馬帝國分成兩部

波斯帝國　500—

回教建立

阿拉伯人攻佔西班牙

東羅馬其頓王朝

神聖羅馬帝國建立
　　　　　1000—

英國征服愛爾蘭

蒙古第一次西征

歐州流行黑死病

文藝復興

哥倫布發現新大陸
　　　　　1500—

英國大破無敵艦隊

發明蒸汽機

美國獨立
拿破崙稱帝
美國南北戰爭開始

第一次世界大戰
第二次世界大戰

　　　　　2000—

　　時移勢易，再強大的帝國也會有敗落的一天。羅馬帝國在經歷了輝煌之後，進入了衰退期。這時候，許多行省的總督、司令官們都打著自己的小算盤，或是對羅馬帝國虛與委蛇，或是公開宣布脫離羅馬。時任高盧駐軍司令的波斯圖姆也趕上這個「鬧獨立」的潮流，在西元258年自立為高盧皇帝。這時候羅馬已經無暇去管波斯圖姆了，只能默認這個高盧皇帝的存在。但是土皇帝也做不長久，西元283年，高盧國內爆發了「巴高達起義」（巴高達的意思是「戰士」）。這些戰士們趁著高盧皇帝因為自立而失去了羅馬帝國的庇蔭，卻又羽翼未豐的大好良機，建立了自己的軍隊，驅逐莊園主，燒殺搶掠。為了鎮壓這次起義，繼任的高盧皇帝泰特里克又重新歸順羅馬，請羅馬軍隊來擊潰、屠殺起義者。經過這樣一番折騰，羅馬帝國及其各地總督、司令更加身陷囹圄。當蠻族人前來敲門的時候，他們終於抵擋不住了。

　　羅馬帝國周邊有不少蠻族，有的部落仍然過著刀耕火種的窮苦生活，羅馬帝國的強大和富裕一直令這些窮鄰居羨慕嫉妒。羅馬帝國後期，因為國力衰弱，經常會聘請一些蠻族人（尤其是日爾曼人）到羅馬軍團裡幫忙打仗。軍隊裡遍佈這些蠻族人的身影，許多蠻族人能在軍中撈到一官半職，甚至成為將軍。這群人生活在羅馬帝國，親眼看到羅馬的農田裡長著滿滿的穀物，莊園

裡長滿葡萄，還有寬敞、四通八達的大道和富裕的城市。他們回到家鄉後把自己在羅馬眼見耳聞的繁榮告訴他們的老鄉，這更加刺激了這群野蠻人對羅馬財富的渴望之心。而羅馬的衰敗，又令這些蠻族人看到了希望。

　　與此同時，蠻族地盤的另一端，有一群比他們更「蠻」的人摸上門來踢館了，他們就是被漢朝打得西遷的匈奴人。匈奴人的戰鬥力比日爾曼等「蠻族」更強，他們的掠奪也更加野蠻。蠻族人抵擋不過匈奴人，只好把矛頭指向「軟柿子」羅馬。西元367年，西哥特人（日爾曼人的一支）得到羅馬皇帝的批准，渡過多瑙河，以「同盟者」的身分在羅馬帝國的北部定居下來。從這夥人的搬家行動開始，歐洲掀起了蠻族大遷徙的浪潮，最終導致西羅馬帝國覆滅。

　　首先發難的就是這支最早移民的西哥特人。西哥特人本來是為了躲避匈奴人才遷入羅馬帝國，而羅馬方面允許他們搬進來也是出於私心——他們想利用西哥特人的兵力來保衛羅馬帝國的邊疆。兩邊都不安好心，這樣的合作很難有好結果。羅馬官吏把西哥特人當成檸檬般，拼命地想從他們身上榨出好處。西哥特人不僅要幫羅馬人看家門口，還要被羅馬人壓榨，甚至得為了口糧賣掉自己的孩子和女人。天底下沒有這麼不公平的買賣，西哥特人決定揭竿而起，反抗羅馬。羅馬比想像中還要孱弱，在亞得里亞那堡一戰中，西哥特人搶先占據戰場有利位置，出其不意地向羅馬軍隊發起了突襲。羅馬軍大敗，連皇帝瓦倫特也在戰鬥中陣亡。西元410年，西哥特人在首領阿拉里克的率領下，攻陷了羅馬城。洗劫一番後，西哥特人繼續和羅馬軍隊周旋交鋒，一路向西遷移，終於在高盧南部建立了以圖盧茲為首都的西哥特王國。

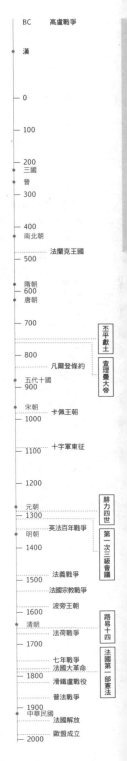

蠻族首次在羅馬帝國內站穩了陣腳，羅馬想要對付西哥特卻沒有太多的辦法。在亞得里亞那堡戰役中，羅馬把自己最後的一點點家底都敗乾淨了，再也無力重整一支像以前那樣橫掃天下的羅馬軍團。這個時候，他們居然想出了「以夷制夷」的這種方法來對付西哥特人。他們先是僱傭其他蠻族軍隊作為自己的軍隊，然後更把「上帝之鞭」匈奴王阿提拉請來，組成聯盟共同征討西哥特王國。這些自作聰明的羅馬高層以為自己用了一招「驅虎吞狼」，殊不知阿提拉豈是隨便聽他們指示的人？在與阿提拉合作的過程中，匈奴王的強大和獨斷令羅馬人感到非常不安。他們終於意識到，這不是什麼驅虎吞狼，而是引狼入室！後悔不迭的羅馬高層又跑去找西哥特人，和他們聯手一起要把阿提拉趕跑。他們找到了一個最好的軍官——埃提烏斯，這傢伙小時候在匈奴當過人質，而且認識阿提拉，非常清楚匈奴人的優勢和弱點。在埃提烏斯的率領下，羅馬—西哥特聯軍總算是擋住了阿提拉，但是西哥特國王卻在這場戰鬥中犧牲了。之後羅馬高層又暗殺了埃提烏斯，阿提拉也因為意外在軍中逝世。

匈奴人的威脅因此暫時告一段落，但是羅馬經過這幾次折騰已經成為一個空架子。其他蠻族都像西哥特人一樣，一批又一批地湧了進來。很快，這些蠻族建立的國家，就如雨後春筍般在歐洲和北非各地冒了出來。這其中，由法蘭克人建立的法蘭克王國成為笑到最後的勝利者。

耶穌基督出生 0—

君士坦丁統一羅馬
羅馬帝國分成兩部

波斯帝國 500—

回教建立

阿拉伯人攻佔西班牙

東羅馬其頓王朝

神聖羅馬帝國建立
1000—

英國征服愛爾蘭
蒙古第一次西征

歐洲流行黑死病

文藝復興

哥倫布發現新大陸
1500—

英國大破無敵艦隊

發明蒸汽機

美國獨立
拿破崙稱帝
美國南北戰爭開始

第一次世界大戰
第二次世界大戰

2000—

| 第二章 | 法蘭克帝國

北海

比利時

英吉利海峽

德國

凡爾登 ⊙

1. 大東部大區
2. 勃艮第-弗朗什-孔泰
3. 奧弗涅-羅納-阿爾卑斯
4. 普羅旺斯-阿爾卑斯-蔚藍海岸
5. 科西嘉
6. 上法蘭西
7. 法蘭西島
8. 諾曼第
9. 中央-羅亞爾河谷
10. 布列塔尼
11. 羅亞爾河地區
12. 新亞奎丹
13. 歐西坦尼亞

諾曼第 8

⊙ 巴黎

6

7

凡爾賽

10

9

勃艮第 2

11

瑞士

3
⊙ 維希

義大利

比斯開灣

12

⊙ 波爾多

4 坎城 ⊙
⊙ 尼斯

13

馬賽

土倫港

科西嘉

5

西班牙

地中海

新王！墨洛溫王朝

BC

耶穌基督出生　0

君士坦丁統一羅馬

羅馬帝國分成兩部

波斯帝國　500

回教建立

阿拉伯人攻佔西班牙

東羅馬其頓王朝

神聖羅馬帝國建立
　　　　　1000

英國征服愛爾蘭

蒙古第一次西征

歐州流行黑死病

文藝復興

哥倫布發現新大陸
　　　　　1500

英國大破無敵艦隊

發明蒸汽機

美國獨立

拿破崙稱帝

美國南北戰爭開始

第一次世界大戰
第二次世界大戰

　　　　　2000

　　當眾多蠻族紛紛進入羅馬帝國時，有一支名為「法蘭克」的部落也隨著大家的腳步來到了高盧。法蘭克人主要分兩個族群，一族人住在萊茵河畔，叫作「河濱法蘭克人」；另一族人住在海濱，叫作「海濱法蘭克人」。西元481年，海濱法蘭克人的首領去世，他不滿16歲的兒子克洛維（465年—511年）接替他的職務。

　　克洛維上任的時候，一個叫西格里烏斯的人對法蘭克造成很大的威脅。這個西格里烏斯本來是羅馬帝國的軍官，在羅馬帝國大廈傾頹之際，西格里烏斯拒絕承認羅馬皇帝的權力，另起爐灶，自任「羅馬人的國王」。他在以蘇瓦松為中心的廣袤土地上建立了一個獨立的國家。一山不容二虎，為了剷除這個威脅，克洛維率軍和西格里烏斯在蘇瓦松進行決戰，並且戰勝了。西格里烏斯兵敗逃到西哥特王國，被西哥特人五花大綁送還給克洛維。西格里烏斯成了克洛維的刀下亡魂之後，克洛維又在短短幾年之間，迅速把自己的勢力擴張到羅亞爾河和阿爾摩里克半島邊境。

　　克洛維手下的「蠻族」是一群英勇善戰的勇士。一些文學家曾經這樣形容他們：「這群人平時沒別的什麼事，他們就是喜歡打仗，如果你想讓他們停止戰鬥，那大概只能殺掉他們。」擁有這批「強悍」的下屬，如果不能好好管理他們，是會出事的。幸好克洛維對付這些大老粗很有一套辦法，那就是恩威並濟。

相傳，在蘇瓦松戰役勝利之後，克洛維領著大夥兒一塊分贓。那堆戰利品裡面有一個很漂亮的聖杯，克洛維想拿那個聖杯送給基督教會，以便和教會打好關係。他對他的士兵說：「待會兒分好之後，我再多要個聖杯！」本來大家都沒什麼意見，但是士兵裡面有一個「死腦筋」，對此事看不順眼。他不知道哪來的勇氣，居然當著老大克洛維和大夥兒的面，把那個聖杯砸碎，還放狠話：「你收好你那一份就好了，這個聖杯你連碎片也別想要！」

被人這樣打臉，克洛維自然是不爽的。但這好歹是分贓會，假如當眾發火未免顯得自己太小氣，也影響其他士兵對自己的信任。於是克洛維暫時忍了下來。一年之後，在一次校場集合的時候，克洛維當著所有人的面，怪罪那個「死腦筋」不好好保養自己的武器，然後把他的斧頭扔在地上。當「死腦筋」彎腰準備撿斧頭的時候，克洛維一斧子砍下去，「死腦筋」的腦袋就咕嚕嚕地在地上滾了幾圈。克洛維這時候才惡狠狠地指著他的頭說：「在蘇瓦松的時候你是怎樣對待那聖杯的？」從此克洛維的士兵們都對他又敬又怕，再也沒人敢違抗他的指令。

有了一支作戰力強、服從軍令的軍隊後，克洛維還打算找一個可靠的盟友。他沒有選擇臨近的西哥特、勃艮第等，而是把目光放到了遠在義大利的東哥特王國。這有點像「遠交近攻」的策略。於是他迎娶了東哥特國王狄奧多里克的妹妹，正式和東哥特王國成了「好哥們」。

克洛維還和基督教會「勾搭」上了。在一次抵擋阿勒曼人進攻的時候，克洛維陷入困境。當時敵軍攻勢很猛烈，眼見法蘭克軍隊要被擊潰，情急之下克洛維想起了自己其中一個妻子常對

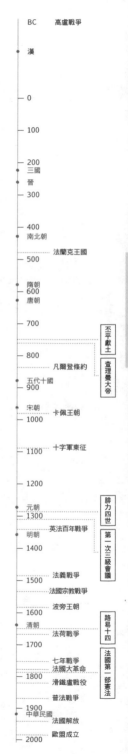

BC　高盧戰爭

漢

0

100

200
三國
晉
300

400
南北朝　　法蘭克王國

500

隋朝
600
唐朝
700

不平獻土
800　　　　　凡爾登條約　　查理曼大帝
五代十國
900
宋朝　卡佩王朝
1000

1100　十字軍東征

1200

元朝
1300　　　　英法百年戰爭
明朝
1400

腓力四世
第一次三級會議

1500　　法義戰爭
法國宗教戰爭
1600　　波旁王朝
清朝　　法荷戰爭
1700

路易十四
法國第一部憲法

七年戰爭
1800　法國大革命
滑鐵盧戰役
普法戰爭
1900
中華民國　法國解放
2000　歐盟成立

他嘮叨的基督教。這時候已經接近絕望的克洛維病急亂投醫，仰頭慟哭，大聲地喊：「上帝啊！你要是真像我老婆說的那麼神的話，就請你現在救救我吧！假如你幫我戰勝敵人，我一定會帶著大家一起信奉你！」也不知道是不是上帝真聽見了他的請求，此時敵軍突然出現內訌，主帥被殺，不戰自潰。克洛維奇蹟般戰勝敵人之後，就履行了自己對上帝的承諾。西元496年的耶誕節，他領著三千親兵在蘭斯接受雷米主教的洗禮。

　　克洛維接受洗禮，不單單是一個選擇宗教信仰的儀式，這其實還能達到他的政治目的。當時強大的羅馬帝國已經不復存在，基督教會失去了政治支柱，急需在眾多蠻族國家當中尋求一個強大的勢力當靠山。克洛維主動找上門來，對於基督教會來說再好不過了。而對於克洛維來說，能夠沾上教會的光，不僅令原本信仰不同的法蘭克族人從此有了統一信仰，還藉著基督教披上了「繼承羅馬帝國」的精神外衣。從此，克洛維得到高盧地區許多原來在羅馬時期就已經信奉基督教的舊貴族和居民的擁戴。

　　克洛維得到了盟友，又有了教會的支持，做起事來更加順利了。西元500年，他以「征服異教徒」的名義，出征勃艮第國。勃艮第王國由兩兄弟共同管理，但是兩兄弟的關係並不融洽。弟弟一聽說克洛維來了，居然主動去和克洛維聯繫，希望他能夠幫自己把哥哥趕走。克洛維爽快地答應了，立即帶兵去進攻兩兄弟中的哥哥。哥哥一看克洛維來了，趕緊去找弟弟幫忙，弟弟滿口答應，卻在戰場上突然倒戈，和克洛維一起攻打自己的哥哥。哥哥敗逃之後，引狼入室的弟弟也沒有好下場。他自己一個人，如何抵擋如狼似虎的克洛維？不久之後，克洛維即征服了勃艮第王國。西元507年，克洛維甚至把當初名震羅馬的西哥特人趕出高

盧，轟到西班牙去了。至此，克洛維已經征服了高盧大部分地區。

西元508年，克洛維接受東羅馬皇帝授予的執政官稱號，成為高盧地區名副其實的國王，建立了法蘭克王國。他創立的王朝以祖父的名字「墨洛溫」命名，這就是法蘭克人的開國王朝——墨洛溫王朝。

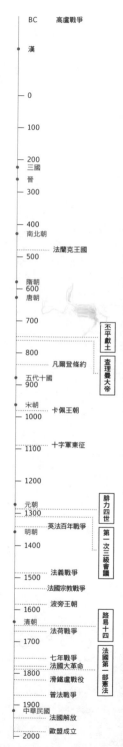

BC　高盧戰爭

漢

— 0

— 100

— 200
三國
晉
— 300

— 400
南北朝

········· 法蘭克王國
— 500

隋朝
— 600
唐朝

— 700

不平獻土
查理曼大帝

— 800
········· 凡爾登條約
五代十國
— 900

宋朝 ······ 卡佩王朝
— 1000

— 1100 ···· 十字軍東征

— 1200

腓力四世

元朝
— 1300
········· 英法百年戰爭
明朝
— 1400
第一次三級會議

— 1500 ···· 法義戰爭
········· 法國宗教戰爭

········· 波旁王朝
— 1600
清朝
········· 法荷戰爭
路易十四
— 1700

········· 七年戰爭
········· 法國大革命
— 1800
········· 滑鐵盧戰役
法國第一部憲法
········· 普法戰爭

— 1900
中華民國
········· 法國解放
········· 歐盟成立
— 2000

衰落！手足瓜分

BC

耶穌基督出生　0—

君士坦丁統一羅馬

羅馬帝國分成兩部

波斯帝國　500—

回教建立

東羅馬其頓王朝

神聖羅馬帝國建立
1000—

英國征服愛爾蘭

蒙古第一次西征

歐州流行黑死病

哥倫布發現新大陸
1500—

英國大破無敵艦隊

發明蒸汽機

美國獨立
拿破崙稱帝
美國南北戰爭開始

第一次世界大戰
第二次世界大戰

2000—

克洛維建立了法蘭克王國後，沒多久就離開了人世。這位開國之君晚年過得並不如意。為了維護國家的統一，他無時無刻不保持警覺。過多的殺戮令他自己也感到厭倦，經常慨歎：「我現在就像一個孤獨的香客，孤苦伶仃地在一群陌生人當中，當我遇到困難的時候，卻沒有一個人能夠幫我。」這個孤獨的國王於西元511年去世，享年46歲。

克洛維去世後，按照法蘭克人的傳統，他的王國留給了四個兒子：老大蒂埃利、老二克洛多米爾、老三西爾德貝爾特和老四克洛泰爾。強大的王國就此分成四塊。在一次對外戰爭中，老二中了敵人的埋伏陣亡了。同行的大哥見弟弟被敵人殺死，不是急於為弟弟報仇，反而帶領著軍隊匆匆趕回國內，和四弟聯手殺死了老二的兒子，然後瓜分了老二的領地。不久之後，大哥也壽終正寢，這時候老三、老四又想依葫蘆畫瓢，來瓜分老大的領地。不料這次老大的兒子卻迅速地站穩陣腳，還成功地離間了兩位叔叔，把老三拉到自己這邊，一起對付老四。可是人算不如天算，正當兩軍準備交戰的時候，突然來了一陣怪風，大侄子和老三的軍隊被吹得人仰馬翻，老四克洛泰爾的軍隊卻毫髮無傷。這場怪風令老四克洛泰爾在內戰中取得了優勢。等老大的兒孫都去世後，克洛泰爾吞併了他們的領地。後來沒有子嗣的老三去世了，

其領地也只能由老四來統管。四兄弟這麼折騰了一番，克洛維建立的法蘭克王國才又一次重歸一統。

克洛泰爾幾經辛苦才把老爸的王國重新整合，卻沒有記住兄弟相殘的教訓，他死後還是把國家分給四個兒子。這四個兒子的鬥爭比起他們的叔伯來是有過之而無不及，還鬧出了桃色風波。四兄弟中有兩個分別娶了西哥特國王的兩個女兒。但是兄弟倆中的一個風流成性，娶了漂亮老婆還不知足，幾年之後又找別的女人。某次這浪蕩子和情婦偷情被老婆發現後，夫婦倆起了爭執，老婆賭氣說要回娘家，負心漢居然一怒之下殺死了老婆。而嫁給另一個兄弟的西哥特妹妹知道這件事之後，發誓要替自己的姐姐報仇，她鼓動自己的老公和這個負心漢兄弟開戰。正好這傢伙也想吞併自己兄弟的地盤，於是，兩兄弟大打出手。

最後，西哥特妹妹和老公成功復仇，幹掉了負心漢和那個小三。但是負心漢和小三生的兒子克洛泰爾二世繼位之後，精明能幹，居然逆轉局勢，成功地統一了法蘭克王國。當他知道生母的死因後，就憤怒地把自己的殺母仇人處以極刑。西哥特兩朵姐妹花，就這樣被捲入權力鬥爭中，以悲劇收尾。

歷史不斷重複著。每一任墨洛溫王朝的國王，習慣性地在死後把領土平分給幾個兒子，令克洛維建立的王國長期處於分裂狀態。在克洛維之後，只有克洛泰爾、克洛泰爾二世以及迭戈貝爾特一世這三個國王在任時期，法蘭克王國才處於暫時統一。許多國王都以幼沖之齡登上王位，而且很少有能活過20歲。歷任的墨洛溫國王在位期間都沒為國家做過多少正經事，這些孩子國王、青年國王什麼也不會，每天只知吃喝玩樂。人們把這些不務正事的國王叫作「懶王」，這個時期也被人稱為「懶王時代」。既然

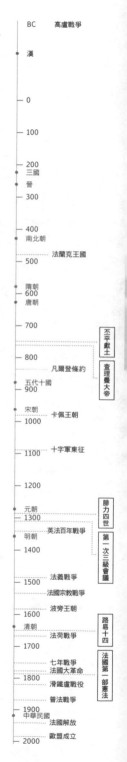

BC　高盧戰爭

漢

0

100

200　三國
晉

300

400　南北朝

500　法蘭克王國

隋朝
600
唐朝

700

800　凡爾登條約

五代十國
900

宋朝　卡佩王朝
1000

1100　十字軍東征

1200

元朝
1300　英法百年戰爭

明朝

1400

1500　法義戰爭
法國宗教戰爭
波旁王朝
1600
清朝
法荷戰爭

1700
七年戰爭
法國大革命
1800　滑鐵盧戰役
普法戰爭

1900
中華民國　法國解放
歐盟成立
2000

不平獻土　查理曼大帝

腓力四世　第一次三級會議

路易十四　法國第一部憲法

國王不管事，那總得有人來管理國家。在「懶王」輩出的時代裡，國家的大權逐漸落到了宮相的手中。

宮相本來只是王宮的管家，說白了就是個僕人。但是因為他們親近國王，很容易就能操控國家的事務，掌握大權。又加上國王多數都不務正業，久而久之，宮相成了法蘭克王國的實際統治者。很多時候，幾個宮相之間也會有激烈的鬥爭。7世紀晚期，奧斯特拉西亞、紐斯特里亞、勃艮第這三個封地的宮相就曾經大打出手。最後，奧斯特拉西亞的宮相丕平二世獲得了這場鬥爭的勝利，成為法蘭克王國唯一的宮相，從此獨攬大權，也為他的兒孫日後創立加洛林王朝打下了政治基礎。

國王沒有實權，宮相暗鬥，墨洛溫王朝的百姓基本上沒法過什麼好日子。除了生活條件差之外，還有疾病流行，嬰兒的死亡率也非常高，這些因素都導致當時人的平均壽命很短。當時的人活到45歲左右，就差不多該準備後事了，就連國王迭戈貝爾特去世的時候也只有36歲。在這種情況下，教會反而得到一定程度的發展，因為困苦的生活條件，百姓只能在教會的信仰生活裡尋找一絲慰藉。

國內的情況不容樂觀，而境外的敵人也正虎視眈眈，四邊接壤的國家都想趁著法蘭克王國混亂之際來撈點好處。直到查理・馬特（676年—741年）繼承他父親丕平二世的事業，成為法蘭克王國的宮相之後，他的文治武功才令這些頹廢的情況暫時得到緩解。

鐵錘！查理・馬特

查理・馬特繼承宮相的位置時，一定百感交集。雖然他已經成為了法蘭克王國的實際領導者，大權獨攬，榮華富貴隨他享用，但是這個位置並不好坐。當時法蘭克王國內外交困，國內的諸多封建小邦各懷異心：紐斯特里亞、勃艮第不承認查理・馬特的權力；阿基坦則屬於完全獨立的狀態；東部的佛理松、撒克森、巴伐利亞則否認法蘭克的宗主權，也準備趁機搗亂。

面對這樣一個危機四伏的狀況，查理・馬特要迎難而上。面對眾多敵人，查理・馬特深思熟慮，要靠自己的雙手創出一個未來。首先，他要有一支強大的軍隊，才能讓自己腰桿挺直。過去墨洛溫王朝的國王們習慣於把土地隨意封賞給大臣們。土地一旦被封出去，就屬於受封人，並且受封人的兒子、孫子一直傳下去，與王室再無關係。這種做法令王室的力量越來越弱，也導致了查理・馬特時期的各種窘況。

查理・馬特決心改變這種狀況，他推行新的采邑制度。采邑制規定，以後誰要想獲得國王的封地，就一定要自備馬匹、武器去參軍，國家才會以封地作為參軍的獎賞。當然，這塊土地國家是有權收回的，假如受封者作奸犯科，或者去世後他的兒子不繼續從軍，國家都會把他的封地收回來。這個新法規有兩個好處，其一就是令封建主和國王的關係比以前更加緊密，因為每一任封

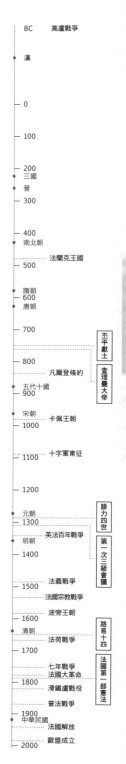

BC　高盧戰爭

漢

0

100

200
三國
晉
300

400
南北朝

500　法蘭克王國

隋朝
600
唐朝

700

不平獻土　查理曼大帝

800　凡爾登條約

五代十國
900

宋朝
卡佩王朝
1000

1100　十字軍東征

1200

腓力四世　第一次三級會議

元朝
1300
英法百年戰爭
明朝
1400

1500　法義戰爭
法國宗教戰爭
波旁王朝
1600
清朝
法荷戰爭　路易十四　法國第一部憲法
1700

七年戰爭
法國大革命
1800　滑鐵盧戰役
普法戰爭

1900
中華民國　法國解放

2000　歐盟成立

BC

耶穌基督出生　0—

君士坦丁統一羅馬

羅馬帝國分成兩部

波斯帝國　500—

回教建立

阿拉伯人攻佔西班牙

東羅馬其頓王朝

神聖羅馬帝國建立
　　　　1000—

英國征服愛爾蘭

蒙古第一次西征

文藝復興

歐州流行黑死病

哥倫布發現新大陸
　　　　1500—

英國大破無敵艦隊

發明蒸汽機

美國獨立
拿破崙稱帝
美國南北戰爭開始

第一次世界大戰
第二次世界大戰

　　　　2000—

建主都要從國王那裡接受封賞，才能繼續享有作為貴族的權益。這就保證了國王和封建主之間，以土地和服役為基本條件的臣屬關係，有利於國家的穩定和統一；其二就是這些貴族們自備精良的戰馬和裝備，使國家擁有了精銳的軍隊。

　　查理‧馬特積極地從教會、叛亂者手中奪得大量的土地，然後封給他的追隨者，使得他的實力大增，並且擁有一支裝備精良的軍隊，有資本和不同的敵人進行交戰。

　　查理‧馬特有了強有力的軍隊作為後盾之後，開始著手一個個對付那些威脅他統治的敵人。他先是向東踹飛了撒克森和佛理松，然後面對他一生之中最強大的敵人——來自阿拉伯的阿卜德。

　　自從穆罕默德創立了伊斯蘭教以來，原本一盤散沙的阿拉伯人，因為這位聖人團結了起來。這些狂熱的教徒追隨著他們政教合一的首領，在來到法蘭克之前，已經席捲了北非。後來他們又越過地中海，消滅了西哥特王國，占領了西班牙。本來他們還想攻陷東羅馬帝國的君士坦丁堡，但是在海上被「希臘火」大敗。於是阿拉伯人決定迂迴進攻，把西班牙作為進攻橋頭堡，先擊潰法蘭克、橫掃日爾曼地區，然後從陸上進軍東羅馬。阿拉伯大軍翻過庇里牛斯山，進入高盧地區後一路推進，大敗阿基坦公爵歐多。阿拉伯人來勢洶洶，似乎全歐洲已經沒人能阻擋他們前進的腳步。

　　查理‧馬特知道這個消息後，馬上調動軍隊前往阻擋阿拉伯軍。他在出發時給歐多公爵寫了一封信，叫他要聽自己的話，沉住氣，想一想，那群阿拉伯人一窮二白，跟著他們的老大遠渡重洋來到這裡，圖什麼？他們還不是為了錢！你現在和他們打，絕

對沒好處。我們先休養一下，讓他們多搶點錢，等他們覺得搶夠了，自然就想回家了，到那時才是我們動手的時候！

　　歐多公爵得到錦囊妙計，便龜縮在普瓦捷和都爾城中，堅決不與阿拉伯人交戰。這時候查理・馬特再率軍從後切斷了阿拉伯人的補給線。這下子，阿拉伯軍的主帥阿卜德就糾結了：前面是死守城中的「烏龜」，後面則被人切斷了補給線。繼續打，阿拉伯的輕騎兵在攻城戰中一點優勢都沒有；撒腿跑路，又好沒面子，而且之前搶了這麼多戰利品，要跑也不是一下子就能撒，這該怎麼辦呢？幾經思慮之後，阿卜德還是決定後退。但是他不捨得拋棄那些戰利品，於是帶著一起慢吞吞地走。西元732年，阿拉伯軍在都爾平原和法蘭克軍遭遇。迫不得已之下，阿卜德命人安置好那些財寶，然後才率軍和法蘭克軍進行決戰。

　　查理・馬特早就計畫好了。他知道阿拉伯軍的主力是輕騎兵，這些騎兵不穿鎧甲、不用弓箭，機動力非常強，但是缺點也很明顯，就是防禦性差。這樣的部隊進攻起來是真能做到「侵略如火」的效果，但是，只要做好充足的準備，對付他們也不是什麼難事。查理・馬特指揮大軍占據了有利的地理位置，他的重裝騎兵下馬和步兵一起，手持巨型方盾和長矛組成一條堅固的防線。在這道鐵牆後面，則佈置了巨型的希臘弩炮，這些弩炮是用長矛來作箭矢的，其威力可想而知。一切準備就緒之後，查理・馬特就等阿拉伯人來送死。

　　阿卜德並不瞭解自己的對手，他以為法蘭克軍和自己以前擊敗過的歐洲軍隊一樣，因此也沒有多做準備，還是採用老一套戰術，上來就讓他的騎兵突擊。伴隨著吶喊聲，阿拉伯5萬騎兵和法蘭克7萬大軍在平原上展開殊死搏鬥。漫山遍野疾馳過去的阿拉伯

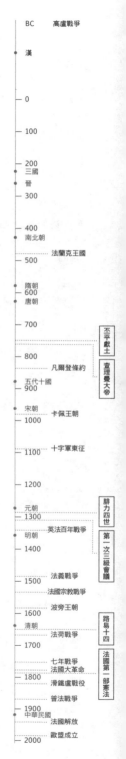

BC

耶穌基督出生 0

君士坦丁統一羅馬

羅馬帝國分成兩部

波斯帝國 500

回教建立

阿拉伯人攻佔西班牙

東羅馬其頓王朝

神聖羅馬帝國建立
1000

英國征服愛爾蘭

蒙古第一次西征

文藝復興

歐州流行黑死病

哥倫布發現新大陸
1500

英國大破無敵艦隊

發明蒸汽機

美國獨立

拿破崙稱帝

美國南北戰爭開始

第一次世界大戰
第二次世界大戰

2000

騎兵，衝到法蘭克軍陣前一箭之地，首先遭到弩炮的射殺。法蘭克人真是心狠手辣，射出去的長矛簇還是帶火的，這些「箭」陣令阿拉伯騎兵大量陣亡。被燒得焦頭爛額的阿拉伯人好不容易突破了弩炮射殺後，又要面對法蘭克軍布下的「矛盾」方陣。面對一個挨一個、堅甲巨盾組成的法蘭克軍陣線，身無片甲的阿拉伯輕騎兵甚至來不及做出任何反應，就連人帶馬全速撞上密密麻麻的長槍林，被活活刺死。

阿卜德一次次下令他的大軍向法蘭克軍發起衝鋒，可是法蘭克人的大方盾陣線從始至終完全沒有出現過一絲缺口，可謂「不動如山」。相反，阿拉伯騎兵則不停地做無用功，大批戰士在火力轟殺和鐵盾、長矛面前倒下。

經過一番廝殺之後，查理‧馬特覺得差不多了，果斷下令後陣的重騎兵上馬出擊。重騎兵在弩炮的火力掩護下，排好陣形，把鋼矛放平，向阿拉伯軍猛烈地攻擊。早已經筋疲力盡的阿拉伯軍，哪裡還擋得住重騎兵的突擊。許多人直接被法蘭克重騎碾壓或戳死。這時候歐多公爵也從城裡衝了出來，從側翼直撲阿拉伯軍後方的陣地。阿拉伯人慌了：媽呀，後面可是我們辛辛苦苦搶來的金銀財寶啊，被他們搶了我們豈不是什麼都沒了？這些要錢不要命的傢伙居然轉頭想撲回去趕走歐多公爵。這一退，前線直接就潰敗了。阿拉伯人不單沒能把那些財寶搶回來，還被殺得屍橫遍野，就連主帥阿卜德也在亂軍之中被殺。阿拉伯軍幾萬人喪命於此，而法蘭克軍只有一千多人傷亡。

都爾之戰以阿拉伯人慘敗，查理‧馬特全勝告終。擊退阿拉伯人後，查理‧馬特因為這場戰鬥的威名而獲得了「馬特」的稱號，馬特的意思就是鐵錘，所以有些資料裡也會把查理‧馬特譯

作「鐵錘查理」。查理‧馬特在都爾一錘子敲碎了阿拉伯人進軍歐洲的美夢，也為法蘭克王國贏得了西歐強國的地位。鐵錘的威名讓他在接下來幾年征服了更多的敵人，到他去世的時候，法蘭克王國已經再次統一。大權獨攬的查理‧馬特，也為他的兒子矮子丕平（714年—768年）建立下一個王朝奠定了堅實的基礎。

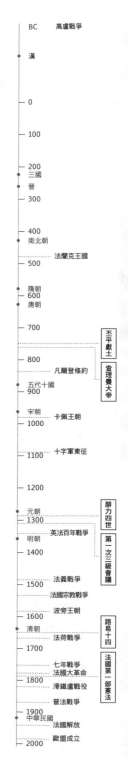

篡位！矮子丕平

　　都爾之戰大獲全勝後，法蘭克王國成為西歐最強大的國家。作為這個國家的實際統治者，查理·馬特並沒有對墨洛溫國王做出什麼逾越本分的事情。查理·馬特生前南征北討，改革制度，把一個本來分崩離析的法蘭克王國又重新捏合起來。打下嚴實的基礎後，查理·馬特就和中國的曹操一樣，把加冕王冠這個任務留給了自己的兒子。

　　西元741年，查理·馬特去世，他把國土平分給自己兩個兒子：長子加爾羅曼和次子矮子丕平（丕平三世）。兩兄弟先把墨洛溫家族的一個隱居後裔找了回來，扶助他登上王位，然後兄弟倆都以宮相的名義執政，一起掌管法蘭克王國。

　　兄弟分政自然又會引起兄弟爭權，查理·馬特的兩個兒子不久之後便互相攻伐。結果弟弟矮子丕平戰勝了哥哥。所幸矮子丕平是顧念親情的，他並沒有把哥哥殺死，只是逼他去修道院隱居，從此不問政事。正所謂人往高處走，矮子丕平獨攬大權之後，漸漸不甘心於區區一個宮相的職位，開始對王位產生欲望了。但即便是大權在握，丕平也不敢隨隨便便就把國王一腳踢走。畢竟墨洛溫王朝的國王從克洛維時期就已經得到了羅馬教會的認可，假如來硬的，很可能會令其他國家有了進攻自己的藉口，無異於引火自焚。

矮子丕平冥思苦想，既然墨洛溫王朝的王位是由羅馬教會的人肯定的，那我照樣把教皇請過來，讓他來幫我踢走這群窩囊廢，不就萬事大吉了嗎？恰好這個時候羅馬教皇也非常窘迫，他的轄地不斷被義大利北部的倫巴第人侵擾。矮子丕平看準了這個機會，派遣使者去見教皇，開門見山地問他：「現在我有兩個問題想問你：其一，你認為讓虛有其表卻沒有權力的人來當國王好呢，還是讓真正有權有勢的人來當國王更合適？其二，你覺得現在是法蘭克國王能救你呢，還是法蘭克宮相能救你？」教皇一聽就明白他的意思，立即心領神會地答道：「那當然是掌管實權的人才有資格當國王囉。」

矮子丕平得到這個肯定的答覆後，高興得合不攏嘴，馬上準備自己的登基儀式。他在蘇瓦松召集了全國的貴族開會。在會議上，矮子丕平被大家「推舉」為法蘭克的新國王，大家還把矮子丕平高舉在盾牌上，以示對他的擁戴；教皇的特使也畢恭畢敬地為他舉行了加冕禮。至於墨洛溫王朝的末代國王，則被矮子丕平關到一個修道院裡去了。自此，法蘭克王國進入了一個新王朝時期——加洛林王朝。

矮子丕平和教皇的「友誼」之所以存在，是因為他們正好各取所需。加洛林王朝得到羅馬教會的認可，矮子丕平的王位自然坐得穩穩的。而羅馬教皇得到強大的法蘭克王國作為後盾，也撈到不少好處。西元754年，新任教皇斯蒂芬二世翻山越嶺來會見矮子丕平，並且親自為他行「膏立禮」。教皇大老遠地跑過來當然不光是為了表達對矮子丕平的深厚友誼。他為矮子丕平抹聖油的時候，在矮子丕平耳邊說：「你要記得自己的承諾，幫我趕走那些該死的倫巴第人！」在巴黎的聖德尼教堂，教皇宣布把「羅馬

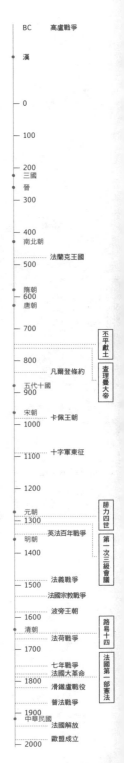

人貴族」的稱號授予矮子丕平；並且規定，假如有誰膽敢讓其他家族的人來擔任法蘭克國王的話，就要剝奪他的神職，並且永遠逐出教門。

這樣矮子丕平的王位就更加神聖不可侵犯了。

矮子丕平也不是光拿錢不做事的人，他對教皇許下的承諾還是說到做到。在西元754年和756年，矮子丕平兩次出兵義大利，進攻倫巴第人，逼迫倫巴第國王把之前侵占的羅馬一帶的土地還有拉文納都交還給了教皇。教皇得到這些土地後，才得以建立一個教皇國。歷史上把教皇和矮子丕平的這樁「買賣」稱為「丕平獻土」。

耶穌基督出生　0—

君士坦丁統一羅馬

羅馬帝國分成兩部

波斯帝國　500—

回教建立

阿拉伯人攻佔西班牙

東羅馬其頓王朝

神聖羅馬帝國建立
　　　　1000—

英國征服愛爾蘭

蒙古第一次西征

歐州流行黑死病

文藝復興

哥倫布發現新大陸
　　　　1500—

英國大破無敵艦隊

發明蒸汽機

美國獨立

拿破崙稱帝

美國南北戰爭開始

第一次世界大戰

第二次世界大戰

　　　　2000—

統一！查理曼大帝

　　矮子丕平獲得國王寶座後，四處征討，將法蘭克王國的國土擴張了不少。但是這些功績和他的兒子查理（742年—814年）相比，簡直就是小巫見大巫了。這位查理，就是歷史上有名的「查理曼大帝」。

　　查理在父親和弟弟都去世後，順利地接管王國。法蘭克在查理的帶領下，迎來了它最強盛的時期。查理在位45年，共發動了53次戰爭。他剛一上任，阿基坦人就不老實地密謀造反。查理把他們當作自己的開葷菜，連續發動了三場戰爭，把阿基坦人徹底地打趴，然後封自己的兒子為阿基坦國王。隨後，他接受羅馬教皇的請求，出兵義大利，進攻倫巴第王國，最後把倫巴第吞併。接下來他又進攻西班牙。在和西班牙戰鬥期間，有一次查理曼的親信羅蘭騎士負責殿後，卻被自己人出賣，率領少數兵力和敵人戰鬥到全軍覆滅為止。羅蘭壯烈犧牲的故事後來被口耳相傳，終於在詩人的筆下成為了經典篇章《羅蘭之歌》。查理揮軍戰勝了西班牙軍，占領了巴塞隆納後，他在西班牙的北部建立了「西班牙瑪克」（「瑪克」的意思是「邊區」），又把領土擴張了不少。

　　查理對外發動的歷時最長、規模最大的戰爭，是他對王國東北面薩克森人的征服。薩克森人居住在萊茵河下游和易北河之

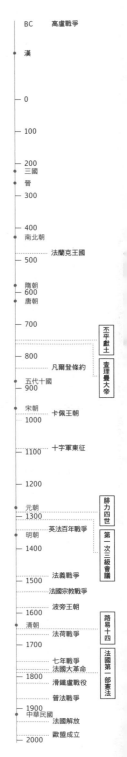

BC

耶穌基督出生　0—

君士坦丁統一羅馬

羅馬帝國分成兩部

波斯帝國　500—

回教建立

阿拉伯人攻佔西班牙

東羅馬其頓王朝

神聖羅馬帝國建立
　　　　1000—

英國征服愛爾蘭

蒙古第一次西征

歐州流行黑死病

文藝復興

哥倫布發現新大陸
　　　　1500—

英國大破無敵艦隊

發明蒸汽機

美國獨立
拿破崙稱帝
美國南北戰爭開始

第一次世界大戰
第二次世界大戰

　　　　2000—

間，民風淳樸，還處於原始公社的階段，不信仰基督教。查理早想把薩克森的領地納入自己王國的版圖內，正好這群傢伙不信奉基督，就給了他最冠冕堂皇的藉口——討伐異教徒。查理左手拿著十字架，右手舉著劍，展開了轟轟烈烈的傳教之戰。薩克森人對這種硬來的「恩澤」並不感興趣，他們頑強地反抗，就是不願意追隨上帝。查理面對這些冥頑不靈的異教徒徹底憤怒了，從西元772年開始，到西元804年為止，他對薩克森發動了18次戰爭。在這30多年裡，查理對這些異教徒採取了非常殘忍的手段，來逼迫他們加入基督教。他頒布公文規定：「凡是反對基督教的，或者參加反對基督教陰謀的，不去接受洗禮、輕視洗禮的，反對國王與基督教人民的，在齋戒日還吃肉的，全部都要殺無赦！」在這種高壓統治下，查理的十字架沾滿了無數薩克森人的鮮血。他曾經在一天之內就處死了4500名薩克森人。與此同時，查理還不斷地和巴伐利亞、布列塔尼四面交戰，把它們逐一擊破，並且納入自己的版圖裡。

　　經過幾十年的征討，查理成功地把法蘭克王國的版圖擴大了一倍。現在，東起易北河和多瑙河，西至大西洋，南邊從庇里牛斯山和義大利出發，一直往北走到北海，都是當時法蘭克王國的領域。如果光說這些地名還不太清楚這片領土有多大的話，那麼換個說法，假如把查理擴張後的法蘭克王國放到現在的話，他的領土就包括了法國、瑞士、荷蘭、盧森堡、比利時、奧地利，還有德國的大部分地區、義大利的一大半、西班牙的加泰隆尼亞，以及克羅西亞、捷克、匈牙利等國家的部分領土。

　　查理打下了這麼多地方，漸漸對「國王」這個稱號不滿足，他想當皇帝了。在君權神授的歐洲，想要穩坐帝王位置，必須要

得到羅馬教皇的肯定才可以。和他的父親矮子丕平的做法一樣，查理也和教會做起了買賣。這時好機會又來了。

西元799年，羅馬的貴族以教皇利奧三世生活放蕩為理由，發動叛亂把他囚禁了起來，還聲稱要挖他的眼，割掉他的舌頭。教皇被嚇得半死，想盡辦法成功越獄後，找到了查理，希望他能幫助自己。查理就是在等這個機會，他果斷出兵把那些羅馬貴族揍了一頓，把教皇安安穩穩地送回了羅馬。

為了報答查理護送之情，教皇在聖彼得大教堂祈禱的時候，突然把以前羅馬皇帝才能戴的金冠戴到他的頭上，然後高喊：「查理奧古斯都，這位偉大的羅馬皇帝，為我們帶來和平，祝他萬壽無疆和永遠勝利！」受到羅馬教皇的加冕後，查理成為了合法的羅馬帝國繼承者。從此人們稱他為「查理曼」，這個「曼」字就是大帝的意思。查理曼登上帝位後，可謂是威風八面，四方來朝。西班牙國王、蘇格蘭與愛爾蘭的部落酋長，甚至是遠在中東的哈里發都派來使者祝賀新皇登基。

查理曼除了武略之外，文治的功績也非常卓越。帝國疆土寬廣無比，他自己一個人根本沒辦法打理。為了保證對各地的統治，查理曼完善了爵位制度。他把全國分成幾百個伯爵區，然後分派不同的伯爵在各地代替自己管理政務。伯爵在各自的領地裡收稅、徵兵、維持治安，是查理曼的代理人。不過，這並不代表伯爵就可以在各地為所欲為了。為了防止伯爵的權力過大，查理曼也對伯爵們進行了很嚴格的管理。

首先，每個伯爵只能管理一個區域，不可以越界，而且要定期向皇帝報告自己的工作。除此之外，查理曼還建立了巡按使制度，在每個伯爵管理的區域再派遣兩個巡按使，一個是教會代

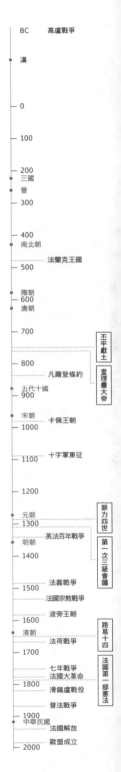

表，一個是俗人代表，負責向皇帝報告各地的情況。這些巡按使相當於查理曼在各地安插的耳目，目的就在於監督各地的伯爵。

為了防止巡按使和伯爵們相互勾結，查理曼還規定了巡按使每年都要更換，爵位制度和巡按使制度令查理曼更有效地管理他的大帝國。在保證各地區的統治後，查理曼更是銳意完善了帝國的法律制度。他先後制定的近千條法例，涵蓋了政治、刑事、民事、教會、家庭事務、道德範疇，這些規條令帝國更加有條不紊。

總之，查理曼用自己的鐵腕手段打造了一個強大的帝國，又用自己的執政能力，建設了這個強大的帝國。他做的一切，令自己的大名和他的帝國一起永久記載在史冊上，流芳萬世。

功績！加洛林文藝復興

除了在軍事上和政治上取得成就外，查理曼還非常重視對國民的教育。查理曼自幼受過良好的教育，精通多種語言，甚至連天文、算術都會。他曾經寫過一封信給某主教，信中說道：「這幾年來，我收到很多修道士為我做的禱告。從他們的信件裡，看得出他們的拳拳盛意，我也非常感激。但是呢，這些傢伙的文章真是寫得很糟糕，這都是不重視教育的結果。每次在信中看到他們的遣辭用句錯誤百出，完全不能表達出自己的意思，我都感到非常可惜。我也非常擔心我們國家的子子孫孫，他們的文字水準會不會越來越差，差到連《聖經》都看不懂的地步呢？這可是非常危險的事情啊！我真心希望你們能夠毫不懈怠地去研究文字，虛心地去學習，那你們一定能感受得到《聖經》當中令人絕妙的地方。」

查理曼用心良苦，在帝國內建立了許多宮廷學校和寺院學校，要求貴族和教會的子弟一定要到學校裡面去學習。他自己也做了一個很好的榜樣，經常虛心地向學院的學者求教知識。查理曼還對教會進行了整頓，加強對教士的文化教育，把品行不好、不稱職的教士革除出教會。透過對教會的改良，作為政教合一的首領，查理曼的地位更加穩固。

查理曼教育改革的價值還不止於此，這場運動對歐洲的文化

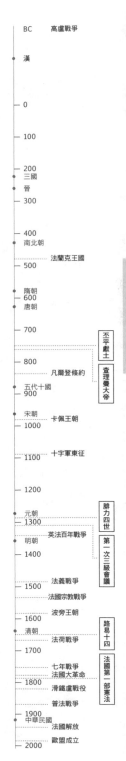

發展也大有好處。

　　從西羅馬帝國衰落開始，西歐的文化水準已經在走下坡。後來「蠻族」不斷入侵，令這個衰敗的過程加快。克洛維雖然用武力建立起了法蘭克，但是這位英勇善戰的猛將並沒有在他的國家裡重視國民教育。墨洛溫時期法蘭克王國內許多人都是目不識丁的文盲。所幸的是，當時的教會在與克洛維合作之後得以生存，法蘭克王國內碩果僅存的學校，就是由這群教士建的。

耶穌基督出生　0—

君士坦丁統一羅馬
羅馬帝國分成兩部

波斯帝國　500—

回教建立

阿拉伯人攻佔西班牙

東羅馬其頓王朝

神聖羅馬帝國建立
　　　　　1000—

英國征服愛爾蘭
蒙古第一次西征

歐州流行黑死病

文藝復興

哥倫布發現新大陸
　　　　　1500—

英國大破無敵艦隊

發明蒸汽機

美國獨立
拿破崙稱帝
美國南北戰爭開始

第一次世界大戰
第二次世界大戰

　　　　　2000—

　　這些教會學校一般分兩種，一種是由主教興辦的大教堂學校，這種學校一般要在主教區裡面才會有；另一種則是由修道院開設的學校，分佈比較廣，負責教導修道院裡的僧侶，或者是附近村莊的孩子。這兩種學校都傳承羅馬帝國時期的做法，主要給學生教授「七藝」，也就是語法、修辭、邏輯、算術、幾何、天文、音樂七門學科。其中前三種是主科，後面四門屬於「選修課」。

　　別看這七門學科好像涵蓋面比較廣，教授的內容其實都是圍繞著教會的，比如天文學只是用來計算教會的節日，音樂課是教他們如何在做禮拜時唱聖歌。墨洛溫時期的國家教育都被教會掌控，因此全國的文化水準一直不高，甚至一直到查理‧馬特時，法蘭克王國依舊是全國文盲。教士僅僅能謄抄一些古代手稿，讓這些典籍不至於失傳而已。

　　這種狀況一直到查理曼時期才得以改善。如前所述，查理曼自身受過良好的教育，也深深地為國家大部分人的文化知識水準低下而感到不安。他下定決心要改變這種狀況，並且付出了很大的努力。

　　首先，他對教會進行了規範化的改造，除了前文提及他肅

清了教會內部不符合要求的教士之外，還找來了當時最有名望的大學者阿爾昆，讓他帶領著一大群學者，一起重新整理各種版本的《聖經》，進行一次全面的校對和翻譯，出版了一套正規拉丁文版的《聖經》，這個版本還成為了天主教指定的通用版本。其次，查理曼又大力興建了許多新學校和圖書館，彌補了墨洛溫時期學校被教會壟斷的不足。

查理曼不單只是在硬體設施上下工夫，除了蓋學校之外，他還擔心學校的師資水準低下和老師數量不足。他在忙著攻城掠地的同時，也不忘在各地聘請許多有學識的學者到學校裡面當老師。除了之前講到的阿爾昆，還有來自比薩的彼得、倫巴第的保羅等。只要是有學問的人，查理曼都不會放過，甚至女人也可以在查理曼手下得到發光發熱的機會。

修女利奧巴就是很好的例子。利奧巴出身貴族，從小就在修道院裡長大，受過良好的教育，還能用拉丁文寫出優美的詩。她深受查理曼賞識，被任命為陶伯比索夫海姆修女院院長，查理曼自己也時常跟她學習知識。在這些外國專家的幫助下，查理曼帝國的教育系統才得以完善。

最後，查理曼針對全國上下大部分人都還是文盲這一點，又找到阿爾昆對古拉丁文進行了改革，做了一些新的書寫方式和行文規定。他們還研發了一種新的字體，這種字體寫起來非常漂亮，最重要的是易懂又好學，這種字體後來被稱作「加洛林字體」。這次文字改革中有一些新規則一直沿用至今。比如句子首單詞的首個字母要用大寫、句子用標點作為暫停和結束，都是這個時期流傳下來的。

在完成了這些工作後，查理曼還時時鼓勵他的臣民要多學

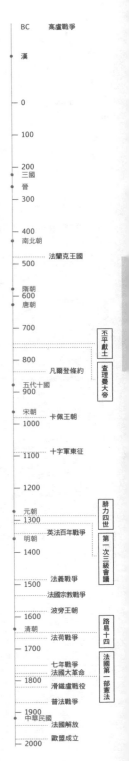

BC	高盧戰爭
漢	
0	
100	
200 三國 晉	
300	
400 南北朝	
500	法蘭克王國
隋朝 600 唐朝	
700	
800	不平獻土 / 查理曼大帝
五代十國 900	凡爾登條約
宋朝 1000	卡佩王朝
1100	十字軍東征
1200	
元朝 1300	腓力四世 / 第一次三級會議
明朝 1400	英法百年戰爭
1500	法義戰爭 法國宗教戰爭
1600 清朝	波旁王朝 / 路易十四
1700	法荷戰爭
1800	七年戰爭 法國大革命 / 法國第一部憲法
1900 中華民國	滑鐵盧戰役 普法戰爭 法國解放
2000	歐盟成立

BC

耶穌基督出生　0—

君士坦丁統一羅馬
羅馬帝國分成兩部

波斯帝國　500—

回教建立

阿拉伯人攻佔西班牙

東羅馬其頓王朝

神聖羅馬帝國建立
1000—

英國征服愛爾蘭
蒙古第一次西征

文藝復興

歐州流行黑死病

哥倫布發現新大陸
1500—

英國大破無敵艦隊

發明蒸汽機

美國獨立
拿破崙稱帝
美國南北戰爭開始

第一次世界大戰
第二次世界大戰

2000—

習。他還經常以身作則，在他的帝國裡營造了一股「好好學習，天天向上」的氛圍。後人把加洛林王朝這一積極向上的學習時期，稱為「加洛林文藝復興」。這次文藝復興帶來的正面意義，在於羅馬衰落之後，西歐終於有人開始有組織地建設文化事業，令古典文化不至於失傳，也讓法蘭克王國一掃過去全國文盲的弊端。

　　但是，也不要看到「文藝復興」幾個字，就以為這次改革能讓法蘭克一躍成為思想文化上的大國。其實加洛林的文藝復興本質上只是一場對過去文化的整理，以及對國民的一場「掃盲」運動，因此取得的效果還很有限。查理曼成功地用武力征服了一大片土地，而這次文藝復興並沒能幫助他在文化上統一這片土地上的人民，從後來「雙語廣播」的斯特拉斯堡盟約中，就可以看出來這點。

分裂！父子之爭

查理曼構建了一個龐大的帝國，這個表面上強大的國家是由查理曼一人用武力征服得來的。當查理曼在世的時候，那些被他用武力使之臣服的人，還能保持對帝國畢恭畢敬的態度。但是一旦查理曼去世，這個帝國就維持不了多久了。

西元814年，享年72歲的查理曼逝世。他的三個兒子當中，只有幼子路易一世（778年—840年）還在世。路易一世理所當然地繼承了查理曼所有的遺產，帝國很幸運地避免了一次因為兄弟爭權帶來的災難。

可惜好景不長，自幼信奉上帝的路易登基後，遇到了一次意外。西元817年，這個「虔誠者路易」在去大教堂做彌撒的時候，差點被年久失修而脫落下來的天花板砸死。大難不死的路易認為這是上帝給他的警示，老天爺很快就要來收他的命了，他認為：「還好我平時篤信上帝，這次先提醒我一下，還留了點時間給我安排後事。不然假如我突然死亡了，國家不就亂套了？」

「虔誠者路易」認為事不宜遲，就趕緊把自己的帝國分成了三份：把義大利分給長子洛泰爾，阿基坦分給次子丕平，巴伐利亞以東分給小兒子路德維希（多數文獻把這個小兒子的名字譯作「日爾曼人路易」，為了避免在敘述中與他父親「虔誠者路易」混淆，本書稱其「路德維希」）。為了防止兩個小兒子亂來，

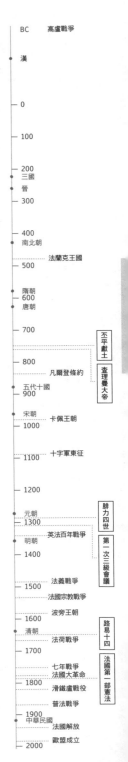

BC

耶穌基督出生　0—

君士坦丁統一羅馬

羅馬帝國分成兩部

波斯帝國　　500—

回教建立

東羅馬其頓王朝

神聖羅馬帝國建立
　　　　　1000—

英國征服愛爾蘭

蒙古第一次西征

歐州流行黑死病

哥倫布發現新大陸
　　　　　1500—

英國大破無敵艦隊

發明蒸汽機

美國獨立
拿破崙稱帝
美國南北戰爭開始

第一次世界大戰
第二次世界大戰

　　　　　2000—

「虔誠者路易」還特地為長子洛泰爾樹立更加高的地位，提前讓洛泰爾和自己一起並稱皇帝。這樣的安排可謂是煞費苦心。「虔誠者路易」自以為這樣的安排已經萬無一失，這下終於可以安心走人，去天堂見他最崇敬的上帝了。

不過事情哪有他想得這麼簡單？這個指令一發布，「虔誠者路易」的侄子伯納德就第一個不服。因為義大利本來是他的封地，憑什麼現在平白無故地就要拱手讓給洛泰爾？這個侄子心懷不忿，於是起兵叛亂。在他叛亂的時候，過去被查理曼征服的倫巴第人也跳出來湊熱鬧，一洩之前被查理曼狠揍的怨氣。「虔誠者路易」廢了九牛二虎之力才把叛亂平息下來。

一波未平一波又起，命運對「虔誠者路易」不斷地捉弄。路易本是擔心自己命不久矣，才會這麼急急忙忙地把國家分成好幾塊。等他把國家都分好之後，不知道是不是虔誠帶來的「好報」，他的身體依然非常健康，活蹦亂跳地又是平叛又是管理國家，一點事都沒有。不但如此，生龍活虎的路易，還能在結髮之妻去世之後再娶一個漂亮妹子回家，並且和她生了個小兒子。這個小兒子日後被人稱為「禿頭查理」。生個孩子還不要緊，要命的是正如俗話說的，老公愛後妻，老爹愛幼子，「虔誠者路易」很喜歡孩子的媽，也很喜歡這個孩子。美女經常在「虔誠者路易」耳邊吹枕頭風，為自己孩子日後謀利益。「虔誠者路易」一時心軟，居然把當初已經答應要分給洛泰爾他們三兄弟的封地，改封給禿頭查理這個么兒。這下洛泰爾可不依了，他和丕平準備謀反，反對自己的父親，要從小弟弟手中奪回屬於自己的封地。

「虔誠者路易」倒不是那麼容易就被搞定的主，他成功地平

定了這次叛亂。擊敗自己的兒子後，「虔誠者路易」並沒有嚴懲他們，還把他們都釋放了。怎知道這兄弟倆死不悔改，回去之後還把路德維希也拖下水，兄弟三人一起造反。這一次，他們成功地打倒了自己的老爸。西元833年，洛泰爾耀武揚威地坐在自己老爹面前，命人扒光他的衣服，就這麼讓老爸赤裸裸地躺在毛毯上，強迫他在眾目睽睽之下宣讀懺悔書。

　　「虔誠者路易」被自己兒子關在修道院裡一年多，直到一些伯爵發兵勤王才把他救出來，重登帝位。沒過多久，老三路德維希又和老二丕平的兒子聯合造反。面對兒子和孫子對自己的夾擊，「虔誠者路易」只好找老大洛泰爾幫忙，並且向他承諾，假如這次自己能度過危機，那麼自己去世之後就由洛泰爾和禿頭查理平分帝國。洛泰爾答應了父親的請求，幫助他擊敗了自己的弟弟和姪子。西元840年，「虔誠者路易」分土23年之後，終於鬱鬱而終。

　　但是別以為「虔誠者路易」死了，他們父子爺孫幾人的破事就完結了。洛泰爾在老爹死了之後，迫不及待地登上了帝位，並且把弟弟「禿頭查理」踢到一邊涼快去。這引起了「禿頭查理」強烈不滿，他找到三哥路德維希，兩人在斯特拉斯堡定下盟約，宣誓一起進攻洛泰爾。有趣的是，在這次結盟中，兩兄弟帶領的軍官士兵語言不通，兩批人互相聽不懂對方說的話。在這種情況下，路德維希只好對著「禿頭查理」的那幫西歐打手講羅曼語，也就是最初的法語；而「禿頭查理」對著路德維希的中歐嘍囉發誓時講的是條頓語，也就是德語的原型。經過這場折騰人的「雙語播音」宣誓後，兩人正式結盟。兄弟倆從東西兩面夾擊洛泰爾，洛泰爾節節敗退，最後退到義大利死守。打到這裡，三方都

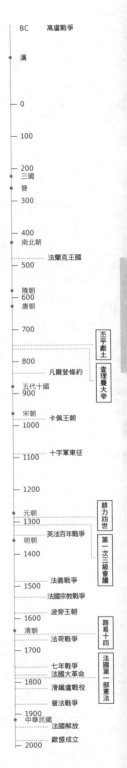

BC　高盧戰爭

漢

0

100

200
三國
晉　300

400
南北朝

法蘭克王國
500

隋朝　600
唐朝

700

丕平獻土　查理曼大帝

800
凡爾登條約
五代十國　900

宋朝
卡佩王朝　1000

1100　十字軍東征

1200

腓力四世　第一次三級會議

元朝
1300
明朝　英法百年戰爭

1400

1500　法義戰爭
法國宗教戰爭
波旁王朝
1600
清朝　法荷戰爭
路易十四　法國第一部憲法

1700

七年戰爭
法國大革命
1800
滑鐵盧戰役
普法戰爭
1900
中華民國
法國解放
歐盟成立
2000

有心無力了，他們誰也沒辦法吃掉誰。這樣子悲劇就發生了——查理曼嘔心瀝血打造出來的帝國分崩離析了。

　　西元843年，洛泰爾、「禿頭查理」、路德維希三人在凡爾登開會，三方協商後簽署了《凡爾登條約》，決定來一個三分天下。帝國萊茵河以東的地區歸路德維希，稱東法蘭克王國；四河（埃斯科河、默茲河、索恩河和羅納河）以西則歸屬「禿頭查理」，稱西法蘭克王國；老大洛泰爾繼承帝國的皇帝位置，但是對兩個弟弟沒有統轄權，只是管轄義大利北部，還有東、西法蘭克王國之間的地區，稱為中法蘭克王國。在往後的日子裡，西、中、東法蘭克王國各有各的發展，成為了法蘭西、義大利和神聖羅馬帝國，也就是我們今天所熟悉的法國、義大利和德國的前身。

| 第三章 | 法蘭西出現

北海

英吉利海峽

比利時

德國

凡爾登 ⊙

1. 大東部大區
2. 勃艮第-弗朗什-孔泰
3. 奧弗涅-羅納-阿爾卑斯
4. 普羅旺斯-阿爾卑斯-蔚藍海岸
5. 科西嘉
6. 上法蘭西
7. 法蘭西島
8. 諾曼第
9. 中央-羅亞爾河谷
10. 布列塔尼
11. 羅亞爾河地區
12. 新亞奎丹
13. 歐西坦尼亞

諾曼第 8

⊙ 巴黎

7

凡爾賽

6

1

10

11

9

勃艮第 2

瑞士

3

⊙ 維希

義大利

比斯開灣

12

⊙ 波爾多

13

坎城 ⊙ ⊙ 尼斯

4

馬賽 土倫港

西班牙

科西嘉 5

地中海

法蘭西！英雄染指

BC

耶穌基督出生　0—

君士坦丁統一羅馬

羅馬帝國分成兩部

波斯帝國　500—

回教建立

東羅馬其頓王朝

神聖羅馬帝國建立
　　　　1000—

英國征服愛爾蘭

蒙古第一次西征

歐州流行黑死病

哥倫布發現新大陸
　　　　1500—

英國大破無敵艦隊

發明蒸汽機

美國獨立
拿破崙稱帝
美國南北戰爭開始

第一次世界大戰
第二次世界大戰

　　　　2000—

就在西法蘭克國王「禿頭」查理興致勃勃地和他的兄弟爭權奪位的時候，又一群「蠻族」悄悄地來到了。這群被稱作諾曼人或者是維京人的海盜來自丹麥，他們乘船而來，隨風而去。面對兵力分散的西法蘭克，他們利用船艦的優勢四處侵擾，令臨近海岸線的西法蘭克貴族們非常頭疼。「禿頭」查理和自己兄弟爭權的時候遠交近攻、縱橫捭闔，最終分得西法蘭克王國，給人的感覺還不算太笨；可一旦遇到這些海盜，他就頓時不知所措了。

在西元845年，也就是凡爾登條約簽訂的兩年後，3萬諾曼大軍乘船而至，包圍了巴黎。當時「禿頭」查理率軍在外，巴黎城內只剩下巴黎伯爵厄德和他屬下的200名騎士守城。面對數量百倍於他們的敵人，厄德並沒有退縮，他帶領著屬下進行了艱苦卓絕的巴黎保衛戰，並且奇蹟般成功地把諾曼人擋在城外直到第二年。奇怪的是，這場保衛戰進行了這麼久，國王「禿頭」查理居然從頭到尾無所作為。到最後他不是出兵巴黎解圍，而是掏錢送給諾曼人，以求他們退兵。這麼窩囊的行為令國內的貴族們都很失望，而厄德伯爵則在此戰中聲名大噪。

「禿頭」查理去世之後，繼任的三個國王都短命又平庸。西元884年，本該繼位的是後來被人稱為「天真漢」的查理；但是當時「天真漢」查理還是個小孩子，貴族們擔心他不能打理國事，

阿拉伯人攻佔西班牙

文藝復興

於是他們從東法蘭克王國請來了路德維希的兒子「胖子」查理來擔任監國。可惜這「胖子」查理也是個窩囊廢，他照樣沒能保衛西法蘭克。西元885年，4萬諾曼人捲土重來，這一次又是厄德伯爵力挽狂瀾，死守巴黎。而「胖子」查理則是沿用「禿頭」查理過去的政策，用錢買和平，又讓諾曼人大發了一筆。

「胖子」查理的行為令王國的貴族十分不滿，他們一起廢黜了「胖子」查理，然後推舉大英雄厄德為國王。但是厄德的王位也沒能坐太久，幾年之後，諾曼人的攻勢稍微減弱，這些貴族覺得危險過去了，窩囊廢國王比能幹國王好打發，渡過河就不需要船了，又企圖把厄德拉下來，推舉「天真漢」查理為國王。厄德不願意聽人擺佈，雙方就開始了長達六年的內戰。厄德還沒有取得勝利就不幸去世，他的弟弟羅貝爾不想再打下去，就和「天真漢」查理妥協，接受「法蘭西公爵」的稱號，雙方罷兵。這樣，西歐這塊土地出現「西法蘭克國王」和「法蘭西公爵」雙雄並立的局面。

「天真漢」查理聽名號就不可靠，他繼位後取得的成績也真配得上這個「美譽」。沒有了厄德的幫助，他根本抵擋不住諾曼人的入侵。幾年之後，他選擇「曲線救國」，和入侵者諾曼人的首領羅洛訂約：只要諾曼人改信基督教，並且向西法蘭克國王行君臣禮，那就既往不咎。這聽著好像還算合理，但「天真漢」查理為了籠絡諾曼人，還把塞納河下游一大片領土割讓給諾曼人，並且封他們的首領羅洛為諾曼公爵。那塊地後來改名為諾曼第，而後任的諾曼公爵威廉征服了英格蘭，從此埋下了日後英、法百年戰爭的導火線，當然，這些都是後話。

「天真漢」查理賣國家土地給強盜的舉動，令國內許多貴族

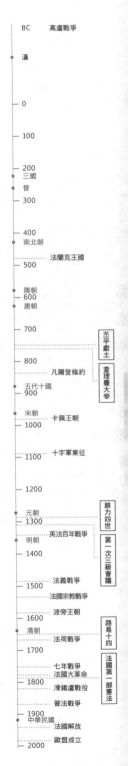

不滿。憑什麼把他們的地分給這些強盜？他們故技重施，一起推舉法蘭西公爵羅貝爾為國王。羅貝爾和「天真漢」之間的鬥爭又引致了王國的內戰。在蘇瓦松之戰中，羅貝爾的聯軍擊敗了「天真漢」查理的軍隊，但是羅貝爾自己卻不幸在戰鬥中陣亡。他的盟友急中生智，趕緊假裝向「天真漢」查理投降，並且請他來軍中議和。「天真漢」果然天真，信了他們的鬼話，玩了一次「單刀赴會」。可惜他不是關公，一到羅貝爾聯軍的軍營就被人捆了起來。國王都被人綁架了，那些擁立國王的人也都就此作罷。不久，羅貝爾的女婿魯道夫被推選為國王。從魯道夫開始，厄德家族的後人和「禿頭」查理的後裔交替為國王。「禿頭」查理後人的稱號多數是「結巴」、「天真漢」、「懶王」，一聽就知道都是些平庸之輩，所以大權一直都在厄德家族的手上。直到西元987年，羅貝爾的孫子雨果・卡佩（約938年—996年）一腳把加洛林末代國王踢走，自己稱王，加洛林王朝終於結束。法國進入了卡佩王朝時期，西法蘭克王國被法蘭西王國正式取代。

君士坦丁統一羅馬

羅馬帝國分成兩部

波斯帝國　500—

回教建立

阿拉伯人攻佔西班牙

東羅馬其頓王朝

神聖羅馬帝國建立
　　　　1000—

英國征服愛爾蘭

蒙古第一次西征

文藝復興

歐州流行黑死病

哥倫布發現新大陸
　　　　1500—

英國大破無敵艦隊

發明蒸汽機

美國獨立
拿破崙稱帝
美國南北戰爭開始

第一次世界大戰
第二次世界大戰

　　　　2000—

動盪！公國林立

　　雨果‧卡佩在眾人的擁戴下登上了王位。法國因查理曼的兒孫相爭分裂，導致外族入侵，紛紛擾擾了許久後，現在終於重新迎來和平。但是卡佩王朝前幾任國王的王位都坐得不太安穩，原因在於他們控制不住國家的貴族。在「天真漢」查理和卡佩祖先爭權的時候，那些大貴族已經開始顯示出很強大的影響力。卡佩的祖先們是因為得到眾多貴族支持才登上王位的。卡佩王朝建立初期，各地伯爵、公爵林立：諾曼第、勃艮第、加斯孔尼、阿基坦、布列塔尼、佛蘭德、圖盧茲、安茹……這些伯爵公爵個個都是大爺，在自己領地內有權頒布法令、和其他諸侯作戰、聯姻、審理案件、徵收賦稅，甚至是自己鑄造錢幣。這些大貴族不但有權，還很有錢，比如佛蘭德伯爵就是著名的大富豪，他的財富比國王多好幾倍。大貴族們從來不會把國王的話當一回事，國王的法令根本走不出自己那狹窄的領地。

　　除了沒有多少實權之外，卡佩王朝的國王還窮酸得要命。當時王國的領土一共有45萬平方公里，而王室實際控制的地方只有3萬平方公里。這些領地還被其他貴族的領地隔成幾塊，國王想去其中一些領地可能還要經過其他貴族的地盤。假如這些貴族心情不好，不許國王通過，那麼可憐的國王就連巡視一下自己的領地都做不到。

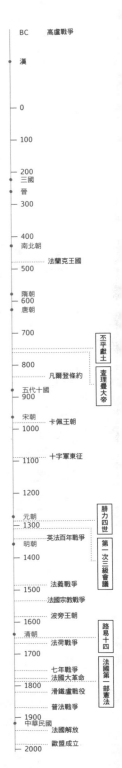

BC　高盧戰爭
漢
0
100
200
三國
晉
300
400
南北朝
法蘭克王國
500
隋朝
600
唐朝
700
不平獻土　查理曼大帝
800
凡爾登條約
五代十國
900
宋朝
卡佩王朝
1000
十字軍東征
1100
1200
元朝
腓力四世　第一次三級會議
1300
英法百年戰爭
明朝
1400
法義戰爭
1500
法國宗教戰爭
波旁王朝
1600
清朝
法荷戰爭　路易十四
1700
七年戰爭
法國大革命
1800
滑鐵盧戰役　法國第一部憲法
普法戰爭
1900
中華民國
法國解放
歐盟成立
2000

BC

耶穌基督出生　0—

君士坦丁統一羅馬

羅馬帝國分成兩部

波斯帝國　500—

回教建立

阿拉伯人攻佔西班牙

東羅馬其頓王朝

神聖羅馬帝國建立
　1000—

英國征服愛爾蘭

蒙古第一次西征

文藝復興

歐州流行黑死病

哥倫布發現新大陸
　1500—

英國大破無敵艦隊

發明蒸汽機

美國獨立
拿破崙稱帝
美國南北戰爭開始

第一次世界大戰
第二次世界大戰

　2000—

國王甚至淒慘得連固定的住所都沒有，時常在巴黎和奧爾良兩地搬來搬去。他從那麼一丁點地方收到的賦稅也少得可憐。為了增加收入，國王有時候還要做一些下三濫的勾當，比如最離譜的菲力浦一世，這個國王曾經試過打劫路過的義大利商人。

儘管國王的「物質生活」貧乏得不像話，但是他們的「精神生活」卻豐富得很。雖然各地貴族不怎麼把國王的指令當回事，但是他們還是會承認國王是他們的老大，也不會妄圖篡奪王位。每代國王進行加冕儀式的時候，都要很隆重地到蘭斯大教堂，用最高級的聖油來塗身。這些聖油據說還是當年克洛維受洗時，上帝委託一隻鴿子送過來的。國王這種隆重的加冕儀式，代表著他的王位是由神授予的，他是法蘭西唯一的國王。

從一些描述當中可以看得出來，當時的國王還頗受老百姓尊敬：「至少有300名窮人蒙受神的召喚聚集到一起，國王羅貝爾用他聖潔的手把蔬菜、麵包以及一個銀幣放到他們手裡，而他們每個人都行屈膝禮……」也就是說，雖然這些國王們吃不飽穿不暖，卻依然從牙縫裡省出錢來救濟貧民，受到萬人敬仰。

雨果·卡佩在位期間就已經為自己的兒子登基鋪好了路。他把國內的貴族都叫來開會，在會議上他讓大家達成共識，推舉他的一個兒子作為法定接班人。在他去世之後，他的兒子非常順利地登上了王位。這種做法被卡佩王朝以後的歷代國王所沿用。這樣的方法當然比墨洛溫、加洛林兩朝習慣性地由「兄弟分贓」先進得多。過去像克洛維、查理·馬特、查理曼這樣雄才偉略的人，都曾經依靠自身能力建立了一個強大的國家。但是如果英雄突然離世，之前取得的一切成績，就有毀於一旦的危險。查理曼帝國的分裂就是最好的例子。

雨果・卡佩開創了這種類似於中國冊封太子的制度，令卡佩王朝存活了300多年。而在它之後統治法國的瓦盧瓦和波旁王朝，都算是卡佩王室的親戚，所以如果往寬裡說，卡佩王朝的後人可以算是一直統治法國到近代才結束。正是有了這種能夠穩固王位的制度，法蘭西才有機會逐漸孕育出屬於自己的文化和民族意識。在這一點上，雨果・卡佩確實功不可沒。

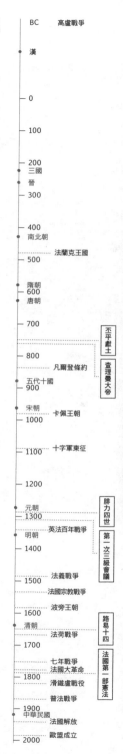

BC　高盧戰爭

漢

0

100

200
三國
晉
300

400
南北朝

法蘭克王國
500

隋朝
600
唐朝

700

不平獻土

800
凡爾登條約　查理曼大帝
五代十國
900

宋朝　卡佩王朝
1000

十字軍東征
1100

1200

元朝
1300　腓力四世

英法百年戰爭
明朝
1400　第一次三級會議

1500　法義戰爭
法國宗教戰爭

波旁王朝
1600　路易十四
清朝
法荷戰爭
1700

七年戰爭　法國第一部憲法
法國大革命
1800
滑鐵盧戰役

普法戰爭

1900
中華民國
法國解放

歐盟成立
2000

森嚴！三級制度

BC

耶穌基督出生　0—

君士坦丁統一羅馬
羅馬帝國分成兩部

波斯帝國　500—

回教建立

阿拉伯人攻佔西班牙

東羅馬其頓王朝

神聖羅馬帝國建立
　　　　1000—

英國征服愛爾蘭
蒙古第一次西征

文藝復興

歐洲流行黑死病

哥倫布發現新大陸
　　　　1500—

英國大破無敵艦隊

發明蒸汽機

美國獨立
拿破崙稱帝
美國南北戰爭開始

第一次世界大戰
第二次世界大戰

　　　　2000—

　　卡佩王室穩固了王位之後，法國社會終於開始形成比較穩定的階級觀念。在這個時期，像「男奴隸」、「女奴隸」這樣一些從羅馬時期流傳下來的詞語已經無人使用了，因為當時的大眾已經擺脫了奴隸的身分，成為農奴。他們在卡佩王朝時期多數聽命於各地的領主，為其耕作並且上交賦稅，他們的領主因此可以不用耕作就有飯吃。但是這不代表著領主們就什麼事都不用幹了，每個城堡的主人都會在家裡面養一群年輕人，由這些年輕人組成城堡的防禦部隊。城堡主人要自己籌備武器、馬匹、防具，一旦發生戰爭，他們便要肩負起保衛城堡和領民的責任。這一群人就是所謂的騎士。

　　在中世紀，騎士是歐洲大舞臺上最重要的角色。經過訓練以及授甲儀式後，一個騎士就要向自己的領主效忠，保護弱者和教士。每年春天，他們常會在自己領主的帶領下發動遠征。這樣的戰鬥可能送命，也可能獲得大筆財富。就算沒有戰事，這些騎士也會給自己找事做，比如外出打獵，或者和其他騎士進行比武決鬥。這種比武還不是點到即止的過招，而是往死裡打的玩命。比武過程中會有人受傷，甚至死亡。獲勝的一方可以把對方視為俘虜，而抓俘虜的目的就是勒索贖金。

　　並不是所有騎士都會一直信守他們的諾言。騎士之間的戰鬥

和比武帶來的人員傷亡和利益衝突，令各地騎士之間的矛盾逐漸加深。一些性格比較火爆、喜歡胡來的騎士為了爭奪利益或者報仇，有時候會做出比較過分的事，比如背後暗算、造謠中傷甚至濫殺無辜。這些鬥爭令當時的法國變成一個刀光劍影的角鬥場。有時候，甚至是同一個領主屬下的幾個騎士之間都會發生爭執。

面對這種局面，總得有人出來引導這些騎士去做點有意義的正經事。這時候，教士們又一次登場了。教士開始干涉騎士們的日常行為。最開始，教士把教會的一些規則拿來要求騎士，比如騎士要虔誠信奉上帝，騎士的兒子一出生就要接受基督教的洗禮。在時機成熟後，教會更是煽動西歐的騎士去參加東征，討伐「異教徒」。

戰爭中湧現了許多著名的教會騎士團，成為獨立於世俗封建領主的強大政治軍事勢力。依靠宗教的影響力，教士也和騎士一樣，在中世紀獲得了較高的社會地位。他們宣稱，世界上地位最高等級的是教士，精英等級則由騎士組成，最底層的就是辛勤勞動的大眾，他們無法擺脫自己的義務，只能為教士和騎士提供生活的必需品。一個主教則用一句話概括了當時的社會面貌：「塵世之上，有人祈禱，有人戰鬥，還需有人勞作；此三者為一整體，不可分離，一方之職責，實為餘下二者之所依，故三者皆彼此相助。」

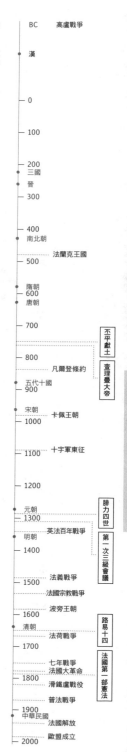

BC　高盧戰爭

漢

0

100

200
三國
晉

300

400
南北朝
　　　法蘭克王國
500

隋朝
600
唐朝

700

不平獻土
800
凡爾登條約
查理曼大帝
五代十國
900
宋朝
卡佩王朝
1000

1100　十字軍東征

1200

元朝
腓力四世
1300
明朝　英法百年戰爭
第一次三級會議
1400

1500　法義戰爭
　　　法國宗教戰爭
路易十四
波旁王朝
1600
清朝
法荷戰爭
1700
　　　七年戰爭
　　　法國大革命
1800　滑鐵盧戰役
法國第一部憲法
普法戰爭
1900
中華民國
法國解放
歐盟成立
2000

綠帽！賠了夫人又折兵

　　卡佩王室一直到了第五任國王路易六世（1108年—1137年）上任之後，才開始為加強王室統治而有所行動。這位被人稱為「胖子路易」的國王藉由自己的努力，不斷地征伐國內桀驁不服的貴族，摧毀他們的城堡，讓他們沒有耍賴的資本。除此之外，他還改組了御前會議，讓更多小貴族、市民參加會議。這些人手中的權力和財力都比較小，他們更願意向國王效忠以換取更多利益，因此比那些大貴族好控制。得到更多人支持的王室，地位比過去更加穩固。不過只有這點是不夠的，「胖子」路易知道要想站得穩，實力一定要夠強，對封建君主來說，手中掌握實在的領土才是資本。

　　為了謀求更多的領土，西元1137年，他為自己的兒子迎娶了阿基坦公爵的獨女埃莉諾公主。這樣，等自己和阿基坦公爵相繼去世後，兒子和媳婦繼承各自父親的領土，到時候王室的實力就可以大大增強了。

　　可憐天下父母心。「胖子」路易處心積慮為自己的兒子謀福利、謀老婆，盯著的是阿基坦那一大片領土。遺憾的是，感情是不能勉強的，他的兒子路易七世（1121年—1180年）和埃莉諾公主這段婚姻並不算成功。埃莉諾是獨生女，從小就嬌生慣養，她的爺爺又是一個大詩人，在這種家庭環境下成長，埃莉諾骨子

裡總渴望自己能夠擁有一段浪漫的愛情。身為阿基坦公國的唯一繼承人，埃莉諾以後將會是個大富婆，誰娶了埃莉諾就意味著能夠獲得一份厚重的嫁妝——整個阿基坦公國！再加上埃莉諾本人是個美女，這些因素讓她成為各國國王眼中當之無愧的女神。身為「女神」的埃莉諾，身邊不缺乏大量優秀追求者，還有獨生女的身分，這位女神早已經習慣了身邊的男人無時無刻地圍著自己轉。

至於這個路易七世是一個怎樣的人呢？他是「胖子」路易的次子，小時候大家並沒有打算讓他當「太子」，只是把他送到修道院裡面學習，準備長大了要當大主教。可是人算不如天算，正當他在修道院裡潛心篤學，聆聽上帝對世人的忠告的時候，他的哥哥去世了。沒有辦法，他只好不情不願地告別了心愛的修道院，頂替哥哥擔當國家接班人。年幼時的宗教教育對路易七世影響非常深，他每天做得最多的事就是祈禱，和他最敬愛的上帝神交。

這令他的老婆埃莉諾非常不滿，她不知道自己的丈夫到底是喜歡自己，還是喜歡上帝。路易七世的清心寡欲嚴重到怎樣的地步呢？按道理來說，任何一個男人能娶到埃莉諾這樣的女神，一定是滿心歡喜，從此夜夜笙歌，君王不早朝。但是這個路易七世偏偏擺起「坐懷不亂」的姿態，讓他踏入埃莉諾的房間，就好像要把他和獅子關在同一個籠子那樣為難。大美女埃莉諾向他撒嬌、賣萌，甚至是露骨地挑逗，路易七世就是對自己貌美如花的妻子不感興趣。

他們兩人結婚七年之後，才生下了第一個孩子——瑪麗公主。不和諧的夫妻生活會令婚姻破裂，假如路易七世和埃莉諾都

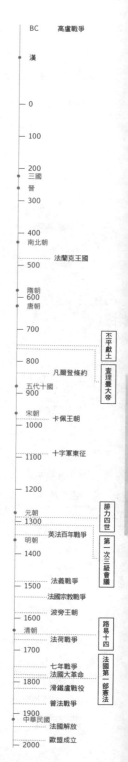

是平民百姓，那頂多也就算是七年之癢，雙方最終離婚罷了。但他們都是權傾一方的大人物，尤其是埃莉諾，背後可是意味著一大片領土的歸屬啊！一場圍繞著他們婚姻破裂而帶來的國家之間的鬥爭就要爆發了。

對路易七世很失望的埃莉諾，決定不再搭理這個虔誠的教士。既然路易七世愛上帝，就讓他一個人孤獨終老，然後去陪他的上帝吧！自己可要趁年輕風流快活呢，她開始琢磨著紅杏出牆。

正當法國國王頭上綠光隱隱浮現之時，教皇在西元1147年發動了第二次東征。路易七世雖然對國家大事不感興趣，但作為一個虔誠的教徒，當仁不讓地決心討伐異教徒，收復聖地。他毅然帶領法國貴族騎士組成7萬大軍，參與了這次東征。這次東征，也給了埃莉諾一個「偷腥」的機會。

如果大家認為這時候埃莉諾肯定會趁丈夫遠征在外，自己留在家裡私會情郎，那就太低估這位女神了。這位阿基坦女公爵大人聽說自己老公要參加東征之後，開心得跳起來。結婚這麼多年了，她還是第一次看見自己的丈夫像一個堂堂男子漢了。她倒想看看，路易七世到底能有多大的能耐，於是也興致勃勃地帶上自己的騎士團，隨軍出征了。殊不知埃莉諾不出門還好，一出去她就管不住自己的心了。在大軍中她看上了一個帥哥——安條克公爵雷蒙德。雷蒙德不但英俊瀟灑，而且風趣幽默，和路易七世那個呆子相比當然是魅力四射。

哥倫布發現新大陸
　　　　1500—

英國大破無敵艦隊

發明蒸汽機

美國獨立
拿破崙稱帝
美國南北戰爭開始

第一次世界大戰
第二次世界大戰

　　　　2000—

大軍進入東歐，在軍事部署上發生了分歧。路易七世主張直接攻取耶路撒冷，雷蒙德等人則認為應該先收復埃德薩城。也不知道是不是愛屋及烏，埃莉諾不但贊同雷蒙德的意見，而且為了

支持雷蒙德，和自己的丈夫在軍營裡吵得不可開交。

　　路易七世本來就對自己的妻子和雷蒙德眉來眼去非常不滿，現在這娘們居然還胳膊肘往外拐，再不做點什麼，一大頂綠帽要扣到自己腦袋上了！路易七世在這關頭倒是「英勇」了一次，他綁架了自己的老婆，把她強行擄到自己軍中，一意孤行地帶兵前往耶路撒冷，拋下雷蒙德不管。結果路易七世的軍隊被打退了，而孤立無援的雷蒙德更是不幸戰死。

　　埃莉諾這次對路易七世可謂是絕望了，他不僅沒有好好地盡一個丈夫的責任，還拆散了自己和雷蒙德，最後間接害死了她深愛的情人。她公開宣布自己不願意繼續和路易七世做夫妻了。起初還有教皇出面調解，兩人又勉強維持了一段時間。

　　好不容易埃莉諾為路易七世生下第二個孩子，結果也是個女兒，這時候路易七世也不想再和這個女人糾纏了，他在西元1152年以埃莉諾未能替自己生下男孩為理由提出離婚。埃莉諾知道後，不哭不鬧不生氣，連句「道別」也沒講就逕自回阿基坦了。

　　埃莉諾的回鄉之旅一點也不寂寞。知道了昔日的女神恢復單身之後，沿途各地的公侯、伯爵都瘋狂了。他們當中還沒結婚的人都欣喜若狂，馬上準備鮮花戒指，要向這位女神示愛求婚；結了婚的呢，則捶胸頓足，痛罵自己當初為什麼要那麼早就結婚，絕對是腦子有問題了，現在女神恢復單身了，自己卻被家裡的「母老虎」盯得死死的，只能望洋興嘆。這群埃莉諾的忠實粉絲一點也不比今天的追星族差。

　　他們當中最瘋狂的要數布盧瓦伯爵蒂博特五世，他為了博得女神垂青，居然出兵去綁架埃莉諾。所幸的是埃莉諾歷經千辛萬苦，最終還是安全地回到了阿基坦，並且在那裡和她第二個情人

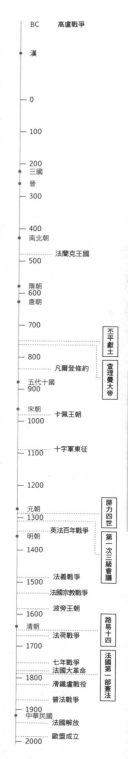

BC　　高盧戰爭

漢

0

100

200
三國
晉
300

400
南北朝
法蘭克王國
500

隋朝
600
唐朝

700

不平獻土

800
凡爾登條約

查理曼大帝

五代十國
900

宋朝
卡佩王朝
1000

1100　十字軍東征

1200

元朝
1300

腓力四世

明朝　英法百年戰爭
1400

第一次三級會議

1500　法義戰爭
法國宗教戰爭

1600　波旁王朝

清朝
路易十四
法荷戰爭
1700

七年戰爭
法國大革命
法國第一部憲法
1800
滑鐵盧戰役
普法戰爭

1900
中華民國　法國解放
歐盟成立
2000

BC

耶穌基督出生　0—

君士坦丁統一羅馬

羅馬帝國分成兩部

波斯帝國　500—

回教建立

東羅馬其頓王朝

神聖羅馬帝國建立
　1000—

英國征服愛爾蘭

蒙古第一次西征

歐州流行黑死病

哥倫布發現新大陸
　1500—

英國大破無敵艦隊

發明蒸汽機

美國獨立
拿破崙稱帝
美國南北戰爭開始

第一次世界大戰
第二次世界大戰

　2000—

阿拉伯人攻佔西班牙

文藝復興

亨利二世完婚。埃莉諾再婚的日子，距離她和路易七世離婚僅僅六個禮拜。

這個亨利二世可不是等閒之輩，背景深得很。他的爸爸是法蘭西安茹伯爵，媽媽是英格蘭國王的女兒，他本人則是諾曼第公爵、安茹伯爵。早在埃莉諾還沒和路易七世離婚的時候，某天亨利二世去覲見路易七世，就已經使勁對當時在場的埃莉諾放電，埃莉諾很受這套，兩人就這麼迅速地勾搭上了，等埃莉諾離婚後又閃電般地和亨利二世結了婚。這時亨利二世已經從老媽那裡繼承了英格蘭國王的王位，又從老婆那裡得到了阿基坦，實力大增。

而路易七世呢？他不單頭頂發綠，還丟了一大片領土，可謂是賠了夫人又折地。還好，他有一個爭氣的兒子，在以後把亨利二世及其兒子當猴耍，不僅替路易七世報了這個綠帽之仇，還為法國贏得了大片領土。

這個孩子就是腓力二世（1165年—1223年）。

東征！全明星陣容

路易七世當初以「未能生下男孩」為由和埃莉諾離婚，結果埃莉諾和亨利二世結婚後一口氣生了四個兒子和三個女兒，路易七世當然很不是滋味。而路易七世自己呢，在娶了第二個老婆之後，依然是沒生下兒子，這讓他更加消沉。腓力二世是路易七世的第三個妻子阿黛勒生下的。這小傢伙出生後不久，父親路易七世就已經被英王亨利二世欺負得身心俱疲了。於是等到腓力二世14歲，路易七世便以健康欠佳為理由，讓他在蘭斯教堂加冕。

腓力二世登基之初，由很多大貴族一起攝政，他們指手畫腳，將腓力二世當成傀儡。小小年紀的腓力二世在這種情況下忍辱負重，迎娶了佛蘭德伯爵的姪女，增強了自己的實力，最後不動聲色地把當初騎在自己頭上的攝政貴族們一腳踢開，掌管了法蘭西王國的大權。

俗話說得好，不是不報，時候未到。這個時候英王亨利二世已經風流快活很久了，他和埃莉諾生下了第八個孩子「無地王」約翰之後，對這個比自己大10歲、並且給自己帶來無數領土的糟糠之妻厭倦了。魅力不減當年的他，開始四處「覓食」，和各式各樣的美女繼續著自己風花雪月的生活。

本來埃莉諾對亨利二世的出軌行為是毫不在意的，老娘什麼身分，還愁找不到伴？女神就自個兒回阿基坦娘家了，那裡不缺

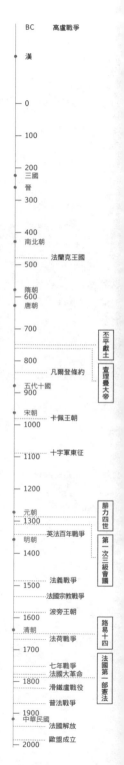

BC　高盧戰爭

漢

0

100

200
三國
晉
300

400
南北朝
　　　法蘭克王國
500

隋朝
600
唐朝

700

800　　凡爾登條約
五代十國
900
宋朝　　卡佩王朝
1000

1100　十字軍東征

1200

元朝
1300
　　　英法百年戰爭
明朝
1400

　　　法義戰爭
1500
　　　法國宗教戰爭
　　　波旁王朝
1600
清朝
　　　法荷戰爭
1700

　　　七年戰爭
　　　法國大革命
1800
　　　滑鐵盧戰役
　　　普法戰爭

1900
中華民國　法國解放
　　　歐盟成立
2000

不平戮土｜查理曼大帝

腓力四世｜第一次三級會議

路易十四｜法國第一部憲法

乏她最喜歡的詩歌、美男。兩夫妻居然就這麼各玩各的，河水不犯井水。但是好景不長，埃莉諾的兒子「獅心王」理查和「無地王」約翰成年後，和父親產生了衝突。疼愛兒子的埃莉諾仍然像她年輕時參加東征那樣，立即出兵幫助自己的兒子「獅心王」理查，和自己的丈夫作對。英王亨利二世這時候認定，這群孩子是受到自己老婆的唆使，才敢這麼大膽和老爹作對。英國王室父子夫妻之間，就開始了糾纏不清的鬥爭。

亨利二世學了埃莉諾前夫路易七世的絕招——綁架。他把自己的妻子抓起來，足足將她關了十幾年，而「勇者」理查則勇鬥父親這條「惡龍」，努力要救出母親這個「公主」。遠在法蘭西的腓力二世知道這事之後，高興得合不攏嘴，他在背後煽風點火，讓這些英國人打得更加起勁。腓力二世自己就趁這個機會，趕緊出兵蠶食亨利二世在法蘭西的領土，而且收穫不小，成功地撈到一大片領地。

不久之後，英王亨利二世被自己的兒子和老婆給折騰死了，繼位的是他的兒子「獅心王」理查。對於腓力二世來說，這可不是個容易對付的對手——光聽名字就知道他的厲害了。「獅心王」這麼炫的稱號是來自一個傳聞，說是理查小時候自己跑出去玩耍，結果好久都沒回家。他母親埃莉諾非常擔心，派人去找孩子，結果發現小理查就在野外躺著睡著了，兩手全是血，身旁是一頭被打死的獅子。

論勇猛，「獅心王」理查能甩腓力二世九條街，但是論智謀和奸詐，這位「獅心王」就差遠了。腓力二世鬥智不鬥力，決定看準機會再給「獅心王」下猛藥。

西元1187年，穆斯林在他們的首領薩拉丁的率領下攻克耶路

撒冷。兩年後，歐洲發動第三次東征，意圖光復聖城。這次東征可謂是陣容最豪華的一次：神聖羅馬帝國皇帝腓特烈一世（也就是「紅鬍子」，或者也叫「巴巴羅薩」）、英國國王「獅心王」理查一世、法國國王腓力二世，歐洲三大強國的帝王一起率軍出戰，風光一時。

然而這樣的「全明星」陣容卻中看不中用，神聖羅馬帝國皇帝腓特烈一世半路落水淹死了，剩下了腓力二世和「獅心王」。在這種情況下，「獅心王」竟還遲到了。腓力二世一向看英國人不順眼，乾脆徹底走人不打了，留下「獅心王」一個人去和薩拉丁死鬥，自己先回法國。有意思的是，在「盟友」一一離去之後，「獅心王」還真的一個人領著剩下來的人和薩拉丁進行了一次次殊死搏鬥。在一次戰鬥中，薩拉丁甚至被自己的敵人表現出來的勇氣所折服。在「獅心王」的坐騎被射死後，薩拉丁派人送他兩匹好馬，還說：「這樣的漢子不應該無馬！」

這邊「獅心王」在和薩拉丁戰得痛快，那頭腓力二世已經回到老家，又開始玩起他最擅長的挑撥離間。趁著「獅心王」不在國內，他找到了「獅心王」的弟弟「無地王」約翰。這個「無地王」沒有大能耐，卻一肚子壞水，因為老爸把大部分領地留給了哥哥而一直很不服氣，亨利二世在世的時候和妻兒之間的問題，很多都是因為這個么兒鬧彆扭給搞出來的。現在老爹死了，哥哥又不在，腓力二世一唆使，這個「無地王」就迫不及待地發動叛亂了。

「獅心王」遠在天邊，知道這個不聽話的弟弟又在國內瞎搞，只好趕緊結束東征，趕回國內。可是禍不單行，他在回國的途中又被仇人奧地利公爵雷奧波爾德逮住，而且被關了3年。在這

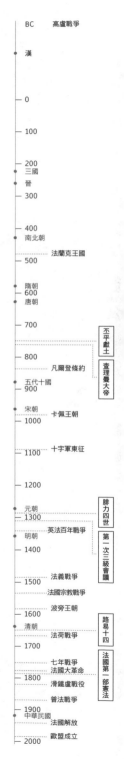

BC　高盧戰爭

漢

0

100

200
三國
晉

300

400
南北朝　　法蘭克王國

500

隋朝
600
唐朝

700

800　　凡爾登條約
五代十國
900
宋朝　　卡佩王朝

1000

1100　十字軍東征

1200

元朝
1300
明朝　　英法百年戰爭

1400

法義戰爭
1500
法國宗教戰爭
波旁王朝
1600
清朝　　法荷戰爭
1700
七年戰爭
法國大革命
1800
滑鐵盧戰役
普法戰爭
1900
中華民國　法國解放

2000　歐盟成立

不平獻土　　查理曼大帝

腓力四世　第一次三級會議

路易十四　法國第一部憲法

3年裡，腓力二世趁英國內亂，再度出兵，奪取英王在法國境內的領土安茹。等到「獅心王」回國，法國的領土又擴張了不少。

　　「獅心王」的母親埃莉諾好不容易湊齊了贖金，把「獅心王」接了回來，這位能征善戰的國王很快平定了弟弟挑起的內亂，而且寬恕了他。隨後，他帶領著英軍和腓力二世正面交鋒。腓力二世雖然擅長搞陰謀，但戰場上就絕不是「獅心王」的對手了。「獅心王」並沒有花太多時間就收復了許多失地。不過「獅心王」不懂得見好就收，他越打越起勁，結果在一次圍城戰中不慎中箭，傷口受感染而死。

　　「獅心王」去世後，「無地王」約翰繼承英格蘭王位。就連勇猛如「獅心王」，都被腓力二世這隻老狐狸耍得團團轉，這個從小就只知道向父兄耍賴的「無地王」，就更加不是腓力二世的對手了。在不久的將來，腓力二世將會迎來他一生中最輝煌的時刻，使卡佩王朝成為當之無愧的法蘭西之主。

腓力二世！狐狸的笑容

「無地王」約翰繼任英國王位後，腓力二世故技重施，找到「無地王」的侄子布列塔尼公爵亞瑟，慫恿他造反。也不知道是因為當初亨利二世勾引別人老婆活該遭報應，還是埃莉諾生下的兒孫都遺傳了她那種不安分守己的基因，腓力二世這一招是屢試不爽，於是，亞瑟真的傻傻地起兵向叔叔約翰宣戰。腓力二世打著擁立亞瑟為英王的旗號，對約翰步步緊逼。約翰也是個不爭氣的傢伙，這種緊要關頭他不好好應付腓力二世，還興致勃勃地跑去搶親，因而得罪了鄰國。身為阿基坦公爵的他，還拒絕出席腓力二世的御前會議，腓力二世趁機定「無地王」一個叛國罪，並且宣布要剝奪他在法國境內的領土，然後出兵進攻安茹、諾曼第等領地。

「無地王」約翰豈肯乖乖就範，他迅速組織力量，準備先圍剿亞瑟。亞瑟知道叔叔約翰能當上英格蘭國王，是因為得到奶奶埃莉諾的支持。要想對付這個叔叔，就要來個釜底抽薪，斷絕奶奶對叔叔的支持。

這個想法是不錯，但是亞瑟的做法似乎太過粗暴了點。為了達到這個目的，亞瑟居然直接出兵綁架了奶奶！其實當初埃莉諾寧願支持「無地王」約翰這個不聽話的孩子當國王，很大程度上是因為她不喜歡亞瑟的母親。假如亞瑟肯溫柔點，對奶奶賣一下

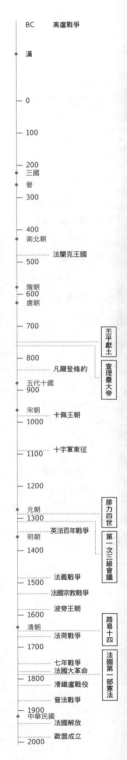

BC　高盧戰爭

漢

0

100

200
三國
晉

300

400
南北朝
法蘭克王國

500

隋朝
600
唐朝

700

丕平獻土

800
凡爾登條約
查理曼大帝

五代十國
900

宋朝
1000　卡佩王朝

1100　十字軍東征

1200

元朝
1300
腓力四世
英法百年戰爭
明朝
第一次三級會議
1400

1500　法義戰爭
法國宗教戰爭
波旁王朝
1600
清朝　法荷戰爭
路易十四
1700

七年戰爭
法國大革命
1800　滑鐵盧戰役
法國第一部憲法
普法戰爭
1900
中華民國
法國解放
歐盟成立
2000

乖，很難說埃莉諾不會回心轉意。畢竟當初「獅心王」在外面被人俘虜時，正是埃莉諾在國內領著其他貴族抵擋「無地王」約翰叛亂的。

歷史沒有假如。埃莉諾這時已經是一個老太太，但她依然逃不過自己的宿命，她第四次被綁架了，這次的綁匪是自己的孫子。「無地王」約翰得知母親又一次被人綁架，而且綁匪就是亞瑟這個兔崽子，氣得臉都綠了，立即發兵攻打亞瑟。亞瑟那點兵力，完全不是約翰的對手，三兩下就被收拾了。「無地王」不僅順利地救出了母親埃莉諾，還把亞瑟關了起來。

誰知道，埃莉諾一個老奶奶被人關了這麼多年什麼事都沒有，亞瑟這年輕力壯的小夥子被叔叔關一下就稀裡糊塗地掛掉了。亞瑟的領地布列塔尼地區的貴族們懷疑「無地王」約翰做了什麼手腳，暗殺了他們的亞瑟大人。他們為了報仇，決定反對「無地王」。法王腓力二世見縫插針，迅速地配合他們行動，很快就侵占了英王的許多領地。末了，安茹、諾曼第、布列塔尼等地都被腓力二世納入囊中，「無地王」約翰在法國的領地只剩下吉埃內。

這時候「無地王」終於嘗到腓力二世的厲害了。他的學習能力倒還挺強，很快就想到了以其人之道還治其人之身。你腓力二世老讓我們自家人打架是吧，你以為我不會找其他人一起揍你嗎？出來混，遲早要還的。因為奸詐的腓力二世和逐漸強大的法蘭西得罪了不少人，「無地王」約翰沒費多大力氣，就找到了和他志同道合的人：神聖羅馬帝國（就是德意志）皇帝奧托四世、佛蘭德伯爵、布洛涅伯爵。這些人要嘛是眼紅腓力二世，要嘛是覺得腓力二世將要威脅自己的利益，他們也和「無地王」約翰一

樣忍無可忍。這些人湊在一起，準備一起獵殺這隻老狐狸。

很快，「無地王」約翰帶領英軍橫跨英吉利海峽，從法蘭西西邊登陸，進攻安茹；奧托四世則帶著神聖羅馬帝國大軍從法蘭西的北部插入。「無地王」的計畫是，自己在西線和法軍周旋拖時間，而奧托四世則趁機直撲巴黎。

一開始「無地王」的計畫是成功的，腓力二世帶領法軍準備切斷「無地王」的退路，「無地王」就和他玩躲貓貓，縮到南方去，企圖把腓力二世再引過去。本來腓力二世都幾乎中計了，但是負責「捅刀子」的奧托四世卻完全沒有考慮隊友的苦處。「無地王」辛辛苦苦地拖住法軍，奧托四世卻優哉遊哉地來了個法國自助旅遊，左看看右望望，還磨磨蹭蹭地舉行了一場婚禮。這樣也就算了，奧托四世連自己軍隊裡有內奸都不知道，內奸通風報信，告訴腓力二世，奧托四世從北方來了。

腓力二世感覺形勢不對，立刻讓太子路易帶部分兵馬繼續追擊「無地王」，自己則帶著大軍趕回去對付奧托四世。西元1214年，腓力二世來到了布汶城，與德軍主力遙遙相對。腓力二世確認了德軍位置後，認為這裡不太安全。萬一奧托四世攻打自己的南邊，就會切斷自己和巴黎之間的聯繫。他決定暫時後退一點，避免這種危險，於是讓大軍迅速通過布汶橋，準備離開這裡。奧托四世哪裡容得法軍逃走，立馬揮師追趕。一個不停地逃，一個拼命地追。等德軍趕到布汶橋的時候，法軍大部隊已經過橋，殿後的軍團卻被德軍給逮住了。奧托四世看到大隊法軍正在匆匆忙忙地撤退，以為自己的攻勢把腓力二世嚇怕了，更加志得意滿，就催促德軍勇猛突進，先吃掉法軍殿後軍團，再去追趕腓力二世的主力。

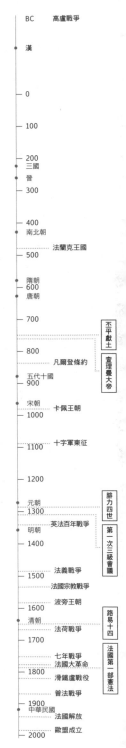

腓力二世在橋那邊，眼看著殿後部隊被敵人圍困，大軍「過河拆橋」的計畫可能完成不了。當大家都以為腓力二世會拋棄殿後部隊的時候，他卻果斷命令大軍轉頭，趕回去救那群兄弟！於是法軍雄赳赳氣昂昂又殺了個回馬槍。殿後的那些法軍本來以為自己必死無疑了，沒想到國王居然帶著大家回來救自己。士為知己者死，備受鼓舞的他們猶如打了強心針一般，拼命地抵擋敵人，讓擁有優勢兵力的德軍一時措手不及。相反地，德皇奧托四世沒想到這群正在敗逃的膽小鬼竟然殺個回馬槍。面對法軍忽然高漲的士氣和瘋狂的反撲，奧托四世傻了，腦子裡只剩下空白。他只是一個勁下令全軍不許後退，無論如何都要拿下法軍，卻完全沒有做出針對性的變陣。

在殿後軍隊拼命抵抗的時間裡，法國主力騎兵做好了準備，開始向敵人展開衝擊。布汶地形開闊，法軍的騎兵能很好地在這裡發揮他們的優勢。

雖然贏得了準備時間和有利地形，但是這場戰鬥法軍還是打得異常艱難。腓力二世本人還在亂軍中墮馬，幸虧他的部下迅速地衝散包圍的敵人，才得以倖免於難。隨著時間的推移，奧托四世以步兵為主力的聯軍逐漸抵擋不住法軍騎兵的衝擊。最後，奧托四世本人拍馬敗逃，聯軍隨之潰散。法軍剩下的任務就是摧枯拉朽了，他們俘虜了聯軍將近九千人，還砸毀了奧托四世的鑲金戰車。在另一個戰場上，「無地王」約翰也被英勇的太子路易擊敗。

布汶大捷令腓力二世最終贏得了和三代英王的角力，也令卡佩王朝統治下的法蘭西擺脫了建國之初困守狹隘領土的局面，一躍成為歐洲強國。在腓力二世數十年的努力下，法蘭西王室統治

的領土和原來相比擴大了將近三倍。

除了領土上的擴張，腓力二世在內政上也為法國留下了豐厚的遺產。前面講過，腓力二世的祖先們連一個固定的家都沒有，而到了腓力二世在位的時候，他著力建設巴黎。在他的帶領下，巴黎城終於被修建成一座有模有樣的大城市。從此法蘭西王室把首都定在巴黎，巴黎許多聞名至今的建築被修建起來，包括羅浮宮、孕育了居里夫婦的巴黎大學前身索邦神學院，都是那時候落成的。腓力二世還廢除了以前歷代卡佩國王都要在生前透過選舉確定下一任君主的規定。因為在腓力二世時期，王室的威信比過去高了許多，這種多此一舉的儀式已經不再需要了。人們甚至把以前稱呼屋大維和羅馬皇帝的稱號「奧古斯都」都加在了腓力二世的頭上，來讚美他的功績。

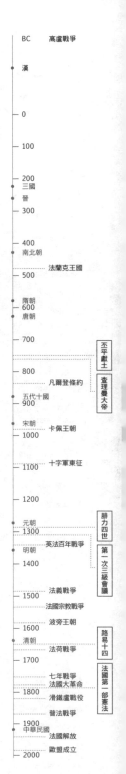

BC	高盧戰爭
漢	
0	
100	
200 三國	
晉	
300	
400 南北朝	
500	法蘭克王國
隋朝 600 唐朝	
700	
800	不平獻土 查理曼大帝
凡爾登條約	
五代十國 900	
宋朝 1000	卡佩王朝
1100	十字軍東征
1200	
元朝 1300	腓力四世
明朝	英法百年戰爭 第一次三級會議
1400	
1500	法義戰爭
	法國宗教戰爭
1600	波旁王朝 路易十四
清朝	
	法荷戰爭
1700	
	七年戰爭
	法國大革命 法國第一部憲法
1800	滑鐵盧戰役
	普法戰爭
1900 中華民國	
	法國解放
	歐盟成立
2000	

布朗歇！偉大的母愛

BC

耶穌基督出生　0—

君士坦丁統一羅馬

羅馬帝國分成兩部

波斯帝國　500—

回教建立

阿拉伯人攻佔西班牙

東羅馬其頓王朝

神聖羅馬帝國建立
　1000—

英國征服愛爾蘭

蒙古第一次西征

歐州流行黑死病

文藝復興

哥倫布發現新大陸
　1500—

英國大破無敵艦隊

發明蒸汽機

美國獨立

拿破崙稱帝

美國南北戰爭開始

第一次世界大戰

第二次世界大戰

　2000—

　　腓力二世在西元1223年去世，太子繼位，是為法王路易八世。路易八世就是當初在布汶戰役當中負責追擊「無地王」的那位太子，他在戰場上英勇善戰，這一點在布汶戰役當中已經體現出來。但是路易八世這輩子最成功的地方並不在此，而在於他娶了個好老婆。

　　路易八世的妻子布朗歇是「女神」埃莉諾的外孫女。布朗歇遺傳了外婆的美貌，自幼受過良好的教育。西元1200年，埃莉諾為了暫時緩解英、法兩國的紛爭，親自把布朗歇送到法國，把她嫁給了當時還是太子的路易八世。

　　和爺爺路易七世的悲劇不同，路易八世和布朗歇婚後琴瑟和諧。路易八世性格比較溫和，而布朗歇也非常甜美動人。娶了布朗歇之後，路易八世還獲得了不少封地，這次婚姻可謂是天設地造。因為布朗歇是埃莉諾的後代，路易八世甚至有資格在「無地王」約翰去世後，爭取英格蘭國王的位置。雖然最終失敗了，但由此可以看出布朗歇的價值。

　　可惜好景不長，路易八世繼承法蘭西王位後僅僅三年就英年早逝，留下了布朗歇和年僅11歲的兒子路易九世（1214年—1270年）。

　　自古以來，不少政客都熱衷於欺負孤兒寡婦，把權力從弱者

手上搶過來。路易九世的叔叔布洛涅伯爵也想這樣做，他反對自任攝政的太后布朗歇，聯合了幾個貴族擁兵自重，要求布朗歇把攝政的位置交給自己。

　　面對如此無禮的小叔，布朗歇開始向世人證明，她有的可不單單只是漂亮的臉蛋，她無視這些不聽話的貴族，直接帶上自己的兒子出兵蘭斯，在那裡為他加冕，繼承王位。布洛涅伯爵知道後，哪肯這麼容易罷手？他糾集同夥，公開叛亂，反對布朗歇。為了平定這群不識好歹的親戚，布朗歇費盡了九牛二虎之力，一會兒出兵驅逐他們，一會兒利用外交手段瓦解他們的聯盟。在路易九世還沒能親自處理政事之前，布朗歇一個女人苦苦支撐了法國十年之久。多虧了她，法國才沒有因為繼任人年幼而遇上什麼分裂危機，保住了她的公公腓力二世努力一輩子獲得的成果。

　　更難能可貴的是，布朗歇並不是完全出自私心才攝政的。從她對路易九世的嚴格教育可以看出來，她不像一般婦人那樣溺愛自己的孩子，也沒有為了能長期把持朝政，而把兒子培養成只聽命於自己的傀儡。她對路易九世可謂傾注了所有的愛，只是一心一意想令他成長為一位懂得為百姓著想的君主。布朗歇曾經對路易九世說過：「我全心愛你，可是我寧願看見你死，也不願意看見你犯一個大罪。」雖然自幼喪父，但有這樣一個集慈母和嚴父於一身的母親令路易九世更加懂事。他篤信上帝，每天做兩次彌撒，睡前還要背誦五十遍《聖母經》。西元1235年，路易九世終於成年，布朗歇把權力正式交給他，路易九世成為了名副其實的國王。

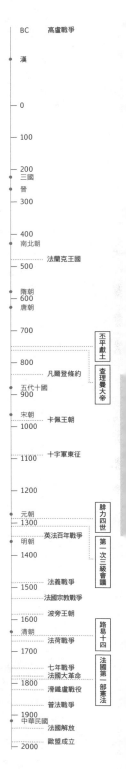

聖徒！東征軍的絕響

　　在布朗歇的嚴格教育下，路易九世成長為一個中世紀全歐洲的「模範國王」。他掌權之後，進行了司法和幣制改革，增強了國王的權威。

　　為了能把司法權掌控在國王的手中，他多次頒布法令，禁止在王室的領地內進行私自決鬥。又規定但凡叛逆、造假幣、偽傳王室法令、私藏武器的人，通通都要帶到王室的法庭進行審判。除了王室領地內禁止私鬥之外，還在王室領地外實行「國王四十日」。就是說，法國的所有王親貴族，假如遇到什麼不公平的事，不管是大事還是小事，如果你想報仇雪恨，不能像過去那樣直接帶著兵殺過去，你必須提前四十天通知對方：我要帶兵來報仇了哦！在這四十天之內，對方可以選擇向王室法庭提出訴訟請求，由國王出面進行仲裁。當然，如果對方過了四十天不提出訴訟，那你可以帶兵過去，兩家盡情打個痛快。這種制度，在原有的貴族之間純以武力相互報復的基礎上，增加國王仲裁這一種選擇，既減少了諸侯之間的血拼，也提高了國王的威望和影響力。

　　路易九世加強了對王國發行貨幣的控制。以前法國境內許多貴族都擁有鑄造和發行貨幣的權力，一個國家多種貨幣的確是非常不便。路易九世在西元1263年頒布法令，規定在王室的領地內只允許使用王室發行的貨幣，並且收緊貴族鑄幣的許可權。這兩

項改革讓法國進一步強盛。

　　在路易九世任內，法蘭西偶爾和鄰國發生戰事，基本上都能獲勝。但他並沒有瘋狂地向四周挑起戰事以擴張領土，而是利用外交手段和鄰國保持友好的關係。他和英王亨利三世簽訂《巴黎條約》，互相交換領地，亨利三世作為封臣對路易九世行臣服禮。後來又與西班牙簽訂《科爾貝條約》，基本上確定了兩國的邊界。在他統治時期，法國難得地過上一段和平安穩的日子。

　　除了行政上的改革，篤信天主教的路易九世還在國內推行強硬的宗教政策。他以身作則，經常捐錢給教會，而且還成為聖芳濟修會的一員。他鼓勵設立宗教法庭，有時候甚至狂熱到有點過了頭，對異教徒尤其是猶太人的政策太過強硬。但在天主教得勢的大環境下，這些迫害行為並沒有損害他仁慈的聲譽。路易九世經常自掏腰包建立醫院、救濟院、招待所、盲人院及贖身妓女的住所。他出外的時候總順道分糧食給窮人，而且還會親自和他們一塊吃飯。能和國王一塊吃飯，已經是平頭百姓一輩子都盼不來的事情了，但是路易九世能為他的子民做的遠不止這些。據傳，他還曾經為濟貧院裡面的窮人洗腳，甚至還親自照料過痲瘋病人。這樣親民的舉動就算放在講求民主自由的今天，也未必有多少位總統、總理能做到。而在將近800年前，身為國王的路易九世能夠如此平易近人，的確令許多人折服。這也讓他獲得了「完美怪物」的稱號。

　　在中世紀的歐洲，一個好國王的標準主要有幾樣：虔誠的基督徒、執法公正、參加東征。被人稱為「完美怪物」的路易九世已經滿足了前兩項條件，又怎麼少得了在浩浩蕩蕩的東征隊伍中留下自己的蹤跡呢？他響應了教會的號召，先後參加了兩次東

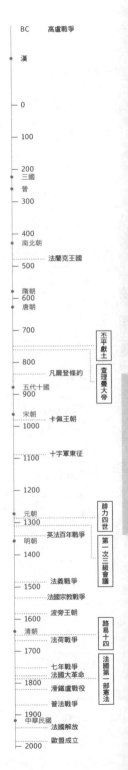

BC　　高盧戰爭

漢

0

100

200　三國
晉

300

400
　南北朝

法蘭克王國

500

隋朝
600
唐朝

700

不平獻土　查理曼大帝

800
　凡爾登條約
五代十國
900

宋朝　卡佩王朝
1000

1100　十字軍東征

1200

元朝　　腓力四世　第一次三級會議
1300

明朝　英法百年戰爭
1400

1500　法義戰爭
　法國宗教戰爭
　波旁王朝　路易十四
1600
清朝　法荷戰爭　法國第一部憲法
1700

　七年戰爭
　法國大革命
1800　滑鐵盧戰役
　普法戰爭
1900
中華民國
　法國解放
　歐盟成立
2000

征。

路易九世曾經患過一次重病，人在生病的時候總喜歡跟上天許下一些稀奇古怪的諾言，比如克洛維就因此皈依了基督教，而路易九世生病時向上帝答應的，則是在病好之後發動東征。

當時距離第一次東征時已經將近150年了，耶路撒冷、大馬士革都已經被穆斯林占領。如果西歐國家再不出兵的話，東方那些信仰基督教的小國家就要堅持不住了，但是當時的教廷似乎沒什麼興趣再來搞這麼浩大的軍事行動。教廷不上，我路易九世自己一個人也要上！這一次東征軍主力由法軍組成，隨同的還有一些路易九世的盟友。最重要的是，路易九世這次不僅和自己的幾個兄弟一起上陣，還把自己的老婆也帶上了，只留下太后布朗歇在國內攝政。

西元1248年，路易九世帶著大軍乘船浩浩蕩蕩出發，準備攻打埃及的阿尤布王朝。遠征軍一開始因為天氣等原因拖拖拉拉，在半路等了好幾個月，幸運的是他們沒有遇到太多敵人。到次年6月，路易九世的大軍終於跨過地中海，在埃及登陸，攻陷了達米樂塔。此時埃及那邊情況很糟糕，阿尤布的蘇丹（國王）薩利赫突然死掉了。按照正常的劇情發展下去，應該是路易九世的大軍勢如破竹，搗毀群龍無首的埃及軍，取得大勝，然後奪回聖地，美哉美哉。

哥倫布發現新大陸

1500—

英國大破無敵艦隊

發明蒸汽機

美國獨立

拿破崙稱帝

美國南北戰爭開始

第一次世界大戰

第二次世界大戰

2000—

歷史似乎很少會讓這種一點曲折性都沒有的劇情上演，這次也不例外。過世的蘇丹薩利赫和路易八世一樣，有一個非常了不起的老婆，叫作珍珠小枝（音譯謝傑萊·杜爾）。這個女人在丈夫死了之後表現得非常冷靜，立即招來自己的親信，和他們商議日後的安排。珍珠小枝一邊封閉蘇丹去世的消息，指揮軍隊作

戰，一邊迅速地叫自己的兒子回來繼承王位。

　　至於東征軍方面，經過之前一些小戰鬥的勝利，他們自信滿滿，準備進攻曼蘇拉城。路易九世還能保持冷靜，他下令全軍將領一定要聽從指揮，保持步調一致。但是其他貴族紛紛表示他們的戰斧早已經飢渴難耐，要衝進城內戰勝這群異教徒。尤其是路易九世的弟弟羅伯特，更是一馬當先地率領自己的部屬，頭都不回就衝進城內。羅伯特擅自出擊，他的友軍為了避免他孤軍深入，只能硬著頭皮也跟著進攻。

　　此時曼蘇拉城的守軍將領是拜伯爾斯。拜伯爾斯原先是一個農民，在打穀草時被俘獲為奴隸，然後又被帶到大馬士革當奴隸賣。最初的買主發現他的一隻眼睛不太好，還吵嚷著要退貨，說他「連當奴隸都不夠格」。之後拜伯爾斯被人當成貨物一樣賣來賣去，最後被賣給薩利赫蘇丹。蘇丹把他送去接受軍事訓練，他在軍訓時終於表現出自己的價值。軍訓結束後，拜伯爾斯成為自由人，並且當上了奴隸軍團「馬穆魯克」的首領。

　　出身低微的拜伯爾斯這時候還籍籍無名，羅伯特根本沒把他當回事。當然，羅伯特更不會知道，眼前這個拜伯爾斯不是等閒之輩，十餘年之後這廝將在艾因・賈魯戰役中大敗蒙古軍，威震天下。現在這個不知天高地厚的羅伯特，只是拜伯爾斯展開自己傳奇一生的開胃菜而已。

　　當羅伯特帶著騎兵潮水般衝向曼蘇拉城時，在城內，拜伯爾斯利用城市街道狹窄、騎兵無法順利活動的特點，指揮城中軍民團結一心，把城內所有建築都變成一座座堡壘，然後大家一起在樓頂狠狠痛擊法軍，扔石頭、撒石灰、潑熱水、射箭投矛。法軍的騎士穿著厚重的鎧甲，進入這種地方只有挨宰的份。末了，進

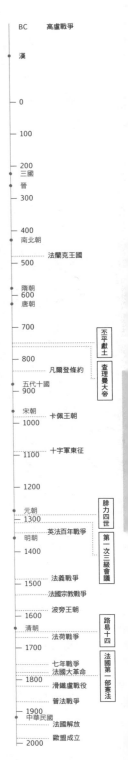

入城內的兩百多名騎士只有五人活著逃出來，羅伯特也在城內喪命。

路易九世得知城中兵敗，迅速組織軍隊擺好陣形，好不容易才抵擋住乘勝追擊的埃及軍。經此一戰，東征軍士氣大衰，對方則越戰越勇。眼看情況不妙，路易九世決定撤退，但是部隊剛開始往回走，就好像被瘟神跟著一樣，很多人感染了瘧疾，就連路易九世本人也病倒了。這樣的軍隊就連家也回不了，最後竟被埃及人全數俘虜。

珍珠小枝贏得這場勝利後，穩固了自己的統治地位，自立為女王，建立了馬穆魯克王朝。馬穆魯克的意思就是「奴隸」，所以馬穆魯克王朝也被稱為奴隸王朝。拜伯爾斯隨後也逐漸發展壯大自己的實力，成為王朝的第四任蘇丹。路易九世辛苦籌謀多年的東征軍卻成了他人的嫁衣裳，自己也淪為俘虜。幸得他的好媽媽在國內為他籌備了巨額贖金，才撿回一條性命。路易九世被釋放後，還不著急著回國，而是留在東方企圖挽回失地。直到西元1252年，太后布朗歇去世，路易九世才迫不得已回國。

這次失敗令路易九世一直耿耿於懷。到了西元1270年，他不聽許多貴族和大臣的進諫，執意再次進行一次東征，大軍直指突尼斯。但是這一次東征比上次更加失敗，他們在突尼斯登陸後沒多久便遭遇了瘟疫，連路易九世自己也一命嗚呼。路易九世死後，歐洲再沒有人組織遠征軍東征。到西元1291年，東征軍的最後據點阿克城陷落，歷時近200年的東征徹底失敗。路易九世死後27年，羅馬教廷追封他為聖徒，這位好國王因此被人稱為「聖路易」。

哥倫布發現新大陸
1500—

英國大破無敵艦隊

發明蒸汽機

美國獨立
拿破崙稱帝
美國南北戰爭開始

第一次世界大戰
第二次世界大戰

2000—

美男！統一之夢

路易九世在戰場上結束了自己的一生，他的兒子腓力三世繼位。腓力三世並沒做多少令人稱道的事，腓力三世去世後，繼位的腓力四世（1268年—1314年）則是位值得大書特書的君王了。

腓力四世小時候沒有受到太多的寵愛，他的母親很早去世，父親又娶了繼室，對他管得不多。西元1285年腓力三世在戰場上兵敗身亡，腓力四世理所當然地登上王位。腓力四世身材高大，相貌英俊，號稱「美男子腓力」。他不僅長得帥，還擁有精明的頭腦。腓力四世登基後就透過聯姻的手段，把納瓦爾王國、香檳地區納入法國王室。獲得這兩塊地後，腓力四世又趁英王愛德華一世忙於平定內亂的時候，向當時還屬於英國的加斯科尼出兵，並且幾乎把這裡占領了下來。

這個舉動令愛德華一世非常憤怒，他找來了法國的另一個「敵人」佛蘭德結成同盟，一起對抗腓力四世的步步緊逼。佛蘭德位於法國的東北部，包括現在的荷蘭、比利時部分地區，雖然名義上是法國的領地，但是卡佩王室向來都沒能有效地管理這塊地方。隨著佛蘭德因為紡織業發達而變得富裕起來，腓力四世越來越想把這塊領地納入自己的囊中。既然佛蘭德現在搭上了英國，腓力四世更加堅定了他這個想法，下定決心要吞下佛蘭德。

腓力四世向佛蘭德擴張的過程中，發生了一幕慘劇。西元

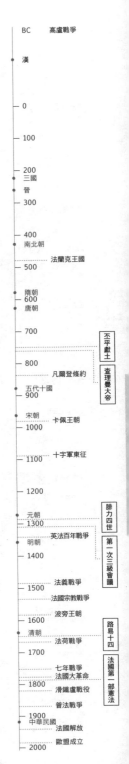

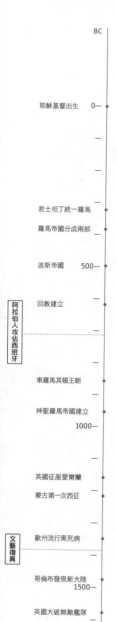

阿拉伯人攻佔西班牙

文藝復興

1302年3月18日，為了報復法軍對佛蘭德的侵略，一群佛蘭德暴徒在布魯日城內展開了大屠殺，他們殺死了見到的每一個法國人。這次屠殺被稱作「布魯日晨禱」。法蘭西的子民居然被佛蘭德人如此對待，腓力四世當然不能容忍。他派出阿圖瓦伯爵羅伯特二世率領軍隊討伐這些囂張的暴徒。對於此戰，腓力四世勝券在握。羅伯特二世率領由2500名貴族騎兵領銜，總共約8000人組成的軍隊出征。佛蘭德軍當時有9000人左右，雖然數量上略多，但其中只有大約400名貴族騎兵，其他都是步兵。按當時戰爭模式，騎兵數量是取得勝利的關鍵。起初戰事也如腓力四世希望的那樣，法軍在幾場小戰鬥中獲得了勝利。佛蘭德軍在一次攻城戰失敗後，於次日與法軍在城郊發生了遭遇戰。

　　這片地並不是什麼好地方，到處坑坑洞洞，其實是不太適合騎兵作戰的。法軍統帥羅伯特二世為了能讓騎兵發揮更大的戰鬥力，派人去弄來許多木板，準備把道路鋪平，方便騎兵衝鋒。

　　不過羅伯特二世的統兵能力顯然有問題，因為他麾下的步兵居然在準備工作還沒有做好的時候，就擅自單獨衝向佛蘭德軍陣地，展開了白刃戰。更讓人吐血的是，這群不按常理出牌的步兵，居然還在沒有最高統帥帶領的情況下打得有聲有色，取得了戰場優勢。這時候只需要一鼓作氣，光憑法國步兵拿下佛蘭德軍就應該不在話下了！

　　一直在後面看戲的羅伯特二世不甘寂寞，這位貴族大爺眼看著勝利在望，在這個重要的關頭開始秀他那低下的智商。他不甘心讓步兵們獨自摘取勝利桂冠，希望能由自己和其他貴族騎士一起完成「臨門一腳」，擊潰佛蘭德軍，這樣日後算功勞的時候他們就可以大肆宣揚，說敵人是如何被英明神武的貴族騎士老爺們

摧毀的。為了自己心中這個慾望，他命令前線的步兵後撤，自己率領騎兵準備進攻。

這個命令直接葬送了法軍的優勢。就好比踢足球，法軍已經把「球」運到空門面前了，這時候不管控「球」的人是前鋒還是後衛，只要往門線一踢就能進，結果羅伯特二世非得讓人把球傳給後面的隊友再射，這不是腦子有問題嗎？

羅伯特二世這個惡意「搶功勞」的行為，令法軍付出沉重代價。首先是打得正起勁的步兵後撤，令原本近乎崩潰的佛蘭德軍得到了喘息、重整陣形的機會。再者，法軍騎兵在衝鋒的過程中，被前方正在稀裡糊塗往後撤的步兵戰友擋路，導致衝鋒的速度慢了下來。這樣，貴族騎士們來到佛蘭德陣前時，已經完全失去了騎兵的機動性、突擊性。而剛才一團亂麻的佛蘭德軍，早就趁機重整陣形，站穩陣腳，刀槍如林，弓箭上弦以待。

接下來，一心想著搶功勞的法國貴族騎士們，就只能挨宰了。法軍在原本佔優勢的情況下，自亂陣腳，結果被佛蘭德打了個「防守反擊」，主帥羅伯特二世戰死。佛蘭德人繳獲了上千個法軍騎兵的黃金踢馬刺，大搖大擺地拿回去做展覽，這場戰役也被人稱為「金馬刺之戰」。

無能的羅伯特二世坑掉了眾多兵馬後，腓力四世不得不改變方針，停止對佛蘭德用兵，而從別的途徑繼續擴大自己在歐洲的影響力。這樣一來，就促使了另一場好戲上演——他要和教皇對決了。

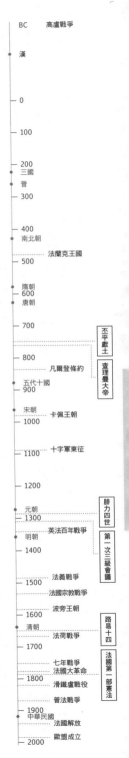

BC　高盧戰爭

漢

0

100

200
三國
晉

300

400
南北朝

法蘭克王國
500

隋朝
600
唐朝

700

不平獻土

800
凡爾登條約

查理曼大帝

五代十國
900

宋朝
卡佩王朝
1000

1100
十字軍東征

1200

元朝

腓力四世

1300
明朝　英法百年戰爭

第一次三級會議

1400

1500
法義戰爭
法國宗教戰爭
波旁王朝
1600
清朝　法荷戰爭

路易十四

1700

七年戰爭
法國大革命
1800
滑鐵盧戰役
普法戰爭
1900
中華民國
法國解放

法國第一部憲法

歐盟成立
2000

決鬥！阿維尼翁之囚

耶穌基督出生　0—

君士坦丁統一羅馬

羅馬帝國分成兩部

波斯帝國　500—

回教建立

阿拉伯人攻佔西班牙

東羅馬其頓王朝

神聖羅馬帝國建立
　　　　　1000—

英國征服愛爾蘭

蒙古第一次西征

文藝復興　歐州流行黑死病

哥倫布發現新大陸
　　　　　1500—

英國大破無敵艦隊

發明蒸汽機

美國獨立
拿破崙稱帝
美國南北戰爭開始

第一次世界大戰
第二次世界大戰

　　　　　2000—

　　打仗就是燒錢。人吃馬嚼，軍餉、賞金、撫恤金……連串的戰事令腓力四世花錢如流水，金馬刺一役戰敗後，腓力四世的錢包更是捉襟見肘。這樣的情況下他只能用盡一切辦法避免戰爭，並且增加王室的收入。為了和英國維持良好關係，他把自己的女兒伊莎貝拉嫁給了英國的王子，日後這位被人稱為「法蘭西母狼」的公主還和娘家有數不清的瓜葛，以後再提。

　　除了節流，腓力四世還積極地開源，他開始徵收新的稅款，又允許封建主出錢免除兵役；但是這些還不夠，最後他想出一招狠的，那就是向法國境內的教士徵收教會財產稅。這一招無疑是破天荒的大膽之舉，因為那時候羅馬天主教會擁有非常強大的勢力，教士和教會霸佔大量地產，且向來都不用交稅。腓力四世突然要向這個特權階級徵稅，自然就驚動了教皇卜尼法斯八世。

　　身為教皇，這個卜尼法斯八世絕不是什麼善男信女。以前，老教皇尼古拉四世去世的時候，卜尼法斯八世還只是個紅衣主教。那時他就利用教會內兩大派別的鬥爭，假裝一副萬年中立派的姿態，試圖獲取兩邊人的信任而登上教皇的位置。可惜當時他並沒有得逞，兩派人從山洞裡找出一個隱居的賢者來當教皇，這個賢者才是真正的中立派，也是個一心一意為教義服務的教皇。不過這位隱者教皇不會處理人世間的繁雜俗務，他找來卜尼法斯

八世擔當他的顧問。卜尼法斯八世怎麼甘心只當個主教？為了趕跑這個占位的賢者，卜尼法斯八世在晚上偷偷地用一根管子通到教皇的房間，自己跑到另一個房間，在管子的另一頭絮絮叨叨地念：「切萊斯廷，切萊斯廷，放下你的政務吧。對你來說這件事太大了。」賢者以為這聲音是上帝對他說的，不久之後就乖乖地辭職。卜尼法斯八世則順理成章地當選為教皇。

　　這樣一位教皇，得知腓力四世居然敢向他的小弟收保護費，真是是可忍，孰不可忍。他當即宣布一條敕令，強調教會的免稅特權，在沒有教皇的准許下，不僅國王不能向教士收稅，教士也不可以向任何國王繳稅，違者開除教籍。腓力四世知道教皇和他唱對臺戲，也不甘示弱，宣布法蘭西國內任何人在沒有得到自己的批准下，不得將金銀、貨幣、武器、馬匹輸出國外。雖然他們都沒有指名道姓，但是誰都明白這倆傢伙已經對上了。

　　卜尼法斯八世不甘心自己堂堂教皇居然被腓力四世這個世俗國王弄得如此狼狽，他派遣了一個大主教去訓斥腓力四世。這個主教也非常好地執行了教皇派給他的任務，將腓力四世罵得狗血噴頭。腓力四世一開始只任憑他罵，等這位主教終於口乾舌燥，罵不動了，腓力四世大手一揮就讓人把這個主教逮捕，接下來還把他押到世俗法庭上審訊。在當時，只有羅馬教廷才有資格審訊主教級別的人物，腓力四世把卜尼法斯八世派來的主教押到世俗法庭上面，分明就是打卜尼法斯八世的耳光。

　　這回卜尼法斯八世徹底火了，他要出大招解決掉腓力四世。他再次發布敕令，宣布只有教會才能審判那位主教，並且譴責腓力四世之前的種種行為。最後還放狠話，說要召集法國高級教士來羅馬開會，商量要怎麼懲治腓力四世，準備秋後算帳。

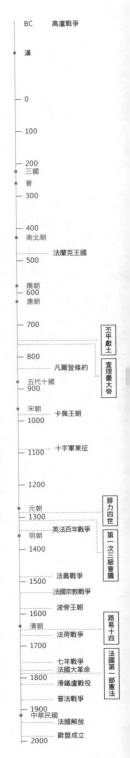

耶穌基督出生　0—

君士坦丁統一羅馬
羅馬帝國分成兩部

波斯帝國　500—

回教建立

東羅馬其頓王朝

神聖羅馬帝國建立
　　　1000—

英國征服愛爾蘭
蒙古第一次西征

歐洲流行黑死病

哥倫布發現新大陸
　　　1500—
英國大破無敵艦隊

發明蒸汽機

美國獨立
拿破崙稱帝
美國南北戰爭開始

第一次世界大戰
第二次世界大戰

　　　2000—

　　沒想到腓力四世完全不懂這招，他接到這份敕令後，還嫌卜尼法斯八世寫得不夠絕，轉手就讓文采好的人再修改了一下。經過他們的篡改，卜尼法斯八世的敕令要表達的意思，已經不止是要對付腓力四世一個人，而是直接對著整個法國「開鍘」。腓力四世把這份添油加醋的敕令發布出去，讓全國人民都被教皇「譴責」一下，再領著大家一起遊行示威，抗議反動教皇對法蘭西內政的粗暴干涉，並把這份反動敕令一把火燒得乾乾淨淨。

　　街頭示威只是序幕，接下來才是重頭戲。國王趁機召開了第一次三級會議。所謂的三級會議是由教士、貴族和市民三個等級代表組成，三個等級不論代表人數多少，每個等級各有一票表決權。當時的人民普遍都對教會有怨言，因為已經腐敗到家的教會只知道索取錢財。一些老百姓說：「基督教世界的最高牧羊人應該去帶領基督的羊群，而不是去剪羊毛！」教會平日的惡行再加上這次事件，令法國上下同仇敵愾，大家都願意反對那頭像豬一樣肥得流油、除了吃什麼都不會的教皇！三個等級代表包括法國本地教士，都寫信告訴卜尼法斯八世，我們的國王從來都只聽從上帝的，我們怎麼做是我們的事，不許你在旁邊說三道四！

　　教皇被這招連削帶打弄傻了，完全不知道該如何對付腓力四世。面對這個完全不懂怕教廷權威的瘋子，教皇只能宣布開除腓力四世的教籍。而這邊的腓力四世倒是乘勝追擊，又召開了一次三級會議，得到全國人民的支持後，派出一隊兵馬直接殺到教廷，聯合義大利地區的反教皇勢力，把卜尼法斯八世直接給擄了回來！教皇被捕期間受盡屈辱，雖然後來他成功逃走了，但是這次挫敗令他一蹶不振，沒過多久就一命嗚呼。

　　卜尼法斯八世去世之後，腓力四世在法國國內找了個主教，

扶植他當上教皇，這個教皇就是克雷芒五世。克雷芒五世滿足了幕後老闆腓力四世的許多要求，甚至還把教會在法國境內所收稅金的十分之一送給了法國國王。為了方便腓力四世的「管理」，他還把教廷從羅馬搬到了法國的阿維尼翁。從此開始，往後將近70年裡，歷任教皇都是法國人，而且他們毫無例外地都乖乖待在阿維尼翁，一切事務唯法國國王是從。

　　這一段時期的歷任教皇只要聽話就可以享盡榮華富貴，因此這段教會的黑暗時期被人稱為「阿維尼翁之囚」。直到西元1370年，時任教皇的格列高利十一世率兵重回羅馬，才結束這段尷尬的歲月。從此以後，教會在歐洲的統治力一落千丈，再也回不到那樣輝煌的過去了。

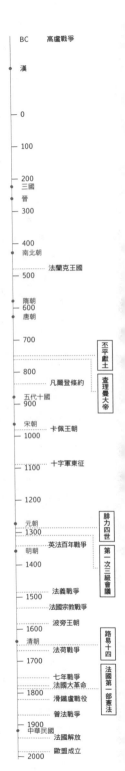

搶劫！聖殿騎士的悲歌

BC

耶穌基督出生　0—

君士坦丁統一羅馬

羅馬帝國分成兩部

波斯帝國　500—

回教建立

阿拉伯人攻佔西班牙

東羅馬其頓王朝

神聖羅馬帝國建立
1000—

英國征服愛爾蘭

蒙古第一次西征

歐洲流行黑死病

文藝復興

哥倫布發現新大陸
1500—

英國大破無敵艦隊

發明蒸汽機

美國獨立
拿破崙稱帝
美國南北戰爭開始

第一次世界大戰
第二次世界大戰

2000—

　　腓力四世在和教皇的較量中毫不退縮，最後徹底地推翻了教皇卜尼法斯八世。打敗了這個教會的最大掌權者，並順便撈取大量錢財後，腓力四世意猶未盡，開始著手收拾另一群宗教界人士——聖殿騎士團。

　　相信許多人對這個名字並不陌生，因為這個組織富有神秘色彩，很多文學作品、電影、電視劇甚至是電玩遊戲都喜歡講他們的故事。那麼，聖殿騎士團到底是一個怎樣的組織呢？

　　話說在12世紀早期，歐洲的基督徒如果想到聖地耶路撒冷朝聖的話，必須要走一段漫長又危險的路途。旅途中，他們不僅要承受勞累，還很有可能遭遇危險甚至丟失性命。幾個法國貴族目睹這種情況，決定成立一個宗教軍事組織，旨在保護這些在朝聖路上的基督子民，並且遵從「守貞、守貧、服從」三大守則。

　　他們的想法得到耶路撒冷國王和教會的支持，不久之後，他們就在所羅門聖殿的廢墟之上建立了組織總部，組織的全稱為「基督和所羅門聖殿的貧苦騎士團」。聖殿騎士團還被授予特權：他們的行為直接對教皇負責，不用交稅，還有徵收什一稅的權力。種種的特權令這個創立之初只有九個人的騎士團迅速發展壯大，並且在隨後的幾次東征中發揮了很重要的作用。在西元1177年的蒙吉薩戰役當中，80名「聖殿騎士」和另外幾百名騎

兵、幾千名步兵，由耶路撒冷國王帶領發動突擊，擊潰了薩拉丁的3萬大軍，那是騎士團最風光的時期。

可林子大了什麼鳥都有，聖殿騎士團特殊的權力吸引了許多居心不良的人，權力和武力掠奪來的財富也令這個組織迅速腐化。西元1187年的哈丁戰役中，薩拉丁報了一箭之仇，聖殿騎士團損失了不少團員。這次慘敗之後，騎士團再也沒有在戰場上建立功名了。

但是不要以為他們就這樣逐漸消亡了，即使在戰場上發揮不了作用，騎士團利用他們自身的稅務特權，再加上募捐和搶劫得來的財物，獲得了一筆很豐厚的資金。他們用這筆資金滿歐洲開分店，總有一家在你附近。他們的這些分店是做什麼的呢？說出來可能嚇你一跳——放貸、存款。沒錯，這群原本應該在戰場上廝殺或是在教堂裡祈禱的聖殿騎士，現在已經華麗地轉身成了商人，而且還是銀行家。開銀行的人多有錢，不用多說大家都知道，腓力四世自然也知道。這也是大多數人認為他盯上聖殿騎士團的原因——他想打劫銀行。

西元1307年10月13日，星期五。就在這個不討西方人喜歡的「黑色星期五」，腓力四世在教皇克雷芒五世的「支持」下，突然逮捕了法國境內所有聖殿騎士團成員，給他們安上「異端」的罪名，送到火刑場去處死。聖殿騎士們根本沒來得及逃跑，甚至還不知道發生了什麼事就被了結掉，包括時任團長的莫萊也被燒死。

腓力四世這次舉動到底是否成功，歷史學家們到現在依然無法給出確切的答案。有人說腓力四世打劫全歐最大銀行成功，當然富了；但是也有人說在腓力四世解決聖殿騎士團之前，他們就

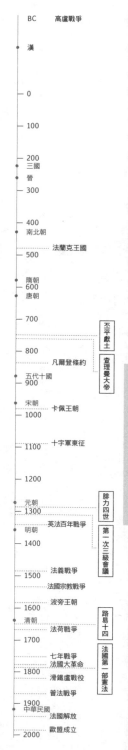

發現不太對勁，已經提前把大部分財產轉移到法國以外，腓力四世並沒有得到多少好處。

令這個騎士團歷經幾百年仍然具有如此大吸引力的原因也正在於此——許多人認為他們的的確確還有許多財寶，而且就藏在這個世界的某個角落。至今還有人試圖找出這些財寶。有人想出價收購一個被認為是寶藏埋藏點的城堡，結果城堡主不肯賣。雖然這些都只是後人對騎士團的一些猜測，但是我們可以從中看出來，那筆傳說中的財富一直吸引著世人，直到今天。

腓力四世最後到底有沒有得到那筆財富，我們不得而知。唯一可以確定的是，騎士團團長莫萊被處死之前，詛咒腓力四世一年之內也要跟著自己下地獄。結果在莫萊去世半年之後，腓力四世在外出打獵時突然身亡，彷彿莫萊的詛咒真的實現一般。這位英俊而又強勢的法國國王也走完了自己不平凡的一生。

耶穌基督出生　0—

君士坦丁統一羅馬

羅馬帝國分成兩部

波斯帝國　500—

回教建立

阿拉伯人攻佔西班牙

東羅馬其頓王朝

神聖羅馬帝國建立　1000—

英國征服愛爾蘭

蒙古第一次西征

歐州流行黑死病

文藝復興

哥倫布發現新大陸　1500—

英國大破無敵艦隊

發明蒸汽機

美國獨立

拿破崙稱帝

美國南北戰爭開始

第一次世界大戰

第二次世界大戰

2000—

｜第四章｜百年戰爭

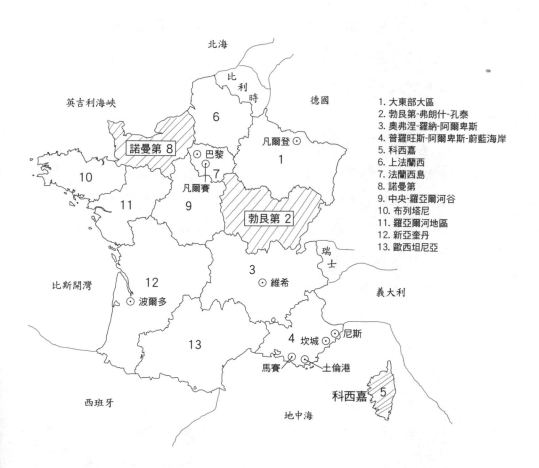

北海

比
利
時

英吉利海峽

德國

凡爾登 ⊙

1

諾曼第 8

⊙ 巴黎

6

7

凡爾賽

10

9

11

勃艮第 2

瑞
士

3
⊙ 維希

義大利

比斯開灣

12

⊙ 波爾多

13

4 坎城 ⊙ 尼斯

馬賽 ⊙ ⊙ 土倫港

科西嘉 5

西班牙

地中海

1. 大東部大區
2. 勃艮第-弗朗什-孔泰
3. 奧弗涅-羅納-阿爾卑斯
4. 普羅旺斯-阿爾卑斯-蔚藍海岸
5. 科西嘉
6. 上法蘭西
7. 法蘭西島
8. 諾曼第
9. 中央-羅亞爾河谷
10. 布列塔尼
11. 羅亞爾河地區
12. 新亞奎丹
13. 歐西坦尼亞

陰雲！卡佩絕嗣

耶穌基督出生　0

君士坦丁統一羅馬

羅馬帝國分成兩部

波斯帝國　500

回教建立

阿拉伯人攻佔西班牙

東羅馬其頓王朝

神聖羅馬帝國建立
1000

英國征服愛爾蘭

蒙古第一次西征

文藝復興

歐州流行黑死病

哥倫布發現新大陸
1500

英國大破無敵艦隊

發明蒸汽機

美國獨立
拿破崙稱帝
美國南北戰爭開始

第一次世界大戰
第二次世界大戰

2000

腓力四世去世以後，卡佩王朝就像溜滑梯一樣，直接從鼎盛期直線下滑，走向衰亡。首先，腓力四世的兒子路易十世繼位，這位路易十世還算比較可靠，可惜他在位時間只有短短兩年。西元1316年，年僅27歲的路易十世去世。在他離去的時候，他的王后正懷著他的孩子。在等待孩子出生的這段期間，暫時由路易十世的弟弟擔任攝政王，打理國事。幾個月後，王后不負眾望地生了個男孩，大家也滿心歡喜地擁立這個嬰孩為法國國王，是為約翰一世。

但是，小約翰出生後僅僅四天就夭折了，攝政王順理成章繼承王位，稱腓力五世。因為小約翰的死直接造就了腓力五世的繼任，所以有人懷疑小約翰就是被腓力五世害死的。或許是真的幹了虧心事遭報應，腓力五世登上王位後六年，也匆匆離開了人世。他死後只留下了一個沒有資格繼承王位的女兒，這樣子只得由他的弟弟查理四世繼承王位。查理四世在位期間，只做了三件事：第一件就是不斷地向老百姓加稅；第二件就是入侵其他國家；第三件就是企圖騙取德國王位。他的這些行動只有第一項成功了。查理四世折騰了幾年，也突然來個撒手人寰，匆匆去見上帝了。

查理四世離世給法國留下了許多後患。從路易十世開始到查

理四世，法國在短短十四年裡就換了三個國王，更糟糕的是，這兄弟三人死的時候都沒有子嗣能繼承王位。到了查理四世去世的時候，情況比兩個哥哥更慘，因為他既沒有兒子，也沒有合適的弟弟。大家遍尋合適的人選，終於讓他們找到兩個人：一個就是查理四世的堂哥，瓦盧瓦伯爵腓力；另一個則是英格蘭國王愛德華三世。

　　或許有人會感到疑惑，法國人找國王，與愛德華三世這個英國人何干？說到這裡，我們不得不暫時放下查理四世去世的事，來說說英、法兩國的淵源。早在西元1066年，「征服者」威廉在赫斯廷斯戰役中擊敗哈樂德二世，在英格蘭建立諾曼第王朝，而這個威廉正是來自法國的諾曼第公爵。英國諾曼第王朝之後的金雀花王朝，在法國人口裡就成了「安茹王朝」，因為其創立者亨利二世是來自法國的安茹伯爵。當時英國的國王都同時擁有法國的爵位，他們在法國也擁有一些封地。因此，在卡佩王朝想要對外擴張的時候，一定會遇到英國勢力的阻撓；同樣，英王想控制自己在法國地區的封地的話，就一定會和卡佩王朝發生衝突。之前腓力二世及其「綠帽」老爹兩人和三代英王的糾紛就屬於這種衝突。

　　至於這個愛德華三世，他和卡佩王朝關係則更加密切。他的媽媽伊莎貝拉，就是之前提到的「法蘭西母狼」，是腓力四世的女兒。身為腓力四世的外孫，愛德華三世認為自己有權利繼承法國王位。

　　愛德華三世雖然是這樣想，但法國人可不願意這麼做。因為根據傳統《薩利克繼承法》規定，女性是不允許繼承土地遺產的，所以繼承權到伊莎貝拉這兒就已經斷了，愛德華你就別想

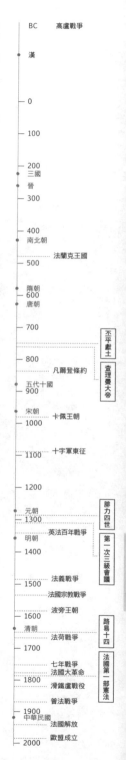

BC　高盧戰事

漢

0

100

200
三國
晉
300

400
南北朝
　　法蘭克王國
500

隋朝
600
唐朝
700

　　　　不平獻土
800
　　凡爾登條約　查理曼大帝
五代十國
900
宋朝　卡佩王朝
1000

1100　十字軍東征

1200

元朝
1300　英法百年戰爭
明朝　　　　　腓力四世
1400　　　　　第一次三級會議

　　法義戰爭
1500
　　法國宗教戰爭
　　波旁王朝
1600
　　　　　　　路易十四
清朝
　　法荷戰爭
1700

　　七年戰爭
　　法國大革命
1800　　　　　　法國第一部憲法
　　滑鐵盧戰役
　　普法戰爭
1900
中華民國
　　法國解放
2000　歐盟成立

了。他們最終決定把王位交給瓦盧瓦伯爵腓力，是為腓力六世（1293年—1350年）。從此，法國進入瓦盧瓦王朝時期。

法國人迎來自己的新國王，英王愛德華三世卻不肯就此甘休。他時時刻刻都在想著怎樣才能把法國這塊肉吃進自己嘴裡。很快，機會就來到他眼前了。又是佛蘭德這個地方，成了鬥爭的開端。之前說過，佛蘭德是一個富裕的地區，腓力四世就曾想入侵這裡。腓力六世繼位後，應佛蘭德伯爵的邀請，出兵幫助他們鎮壓當地的起義，並且趁機開始統治佛蘭德。

為了打擊英國在佛蘭德的勢力，腓力六世授意佛蘭德伯爵逮捕在佛蘭德地區的英國人。愛德華三世知道後自然怒不可遏。你做初一，我就做十五，乾脆藉著這事向法國攤牌！這位英格蘭國王不但下令逮捕英格蘭境內的佛蘭德人，還下令禁止本國向佛蘭德出口羊毛。這下佛蘭德人傻眼了，英國的上等羊毛是他們最需要的原物料，沒有羊毛，紡織工廠就根本沒法開工。英國長久不供應羊毛的話，那些不用上班又沒工資領的工人是鐵定要鬧事的。為了自己的利益，佛蘭德人決定耍賴，背叛腓力六世。他們甚至公開承認愛德華三世是法國國王，同時也是佛蘭德地區的最高領主。

被這群紡織工廠主擺了一道，腓力六世認為一切原罪在於海峽對面的英國。為了報復，他隨便想了個藉口，沒收了英王在法國的封地。愛德華三世也不是好欺負的，西元1337年11月1日，他正式向腓力六世下戰書，三天後，兩國正式進入交戰狀態。

結果這一戰，居然斷斷續續打了足足116年，這就是著名的英、法百年戰爭。

耶穌基督出生　0—

君士坦丁統一羅馬

羅馬帝國分成兩部—

波斯帝國　500—

回教建立

阿拉伯人攻佔西班牙

東羅馬其頓王朝

神聖羅馬帝國建立
1000—

英國征服愛爾蘭

蒙古第一次西征

文藝復興

歐州流行黑死病

哥倫布發現新大陸
1500—

英國大破無敵艦隊

發明蒸汽機

美國獨立
拿破崙稱帝
美國南北戰爭開始

第一次世界大戰
第二次世界大戰

2000—

浴血！長弓對騎士

英、法撕破臉皮後，愛德華三世很快就著手進攻法國。英國的國力並不如法國，但是他們卻能在戰場上處處讓法軍吃虧。戰爭爆發的前幾年，雙方主要在為制海權而你爭我奪。西元1340年6月，英軍在斯呂斯海戰中重創法國海軍，法軍172艘戰艦被擊沉了142艘，法國的海軍幾乎全軍覆沒，英軍完全掌控了英吉利海峽。其後在教皇的調解之下，兩軍休戰了幾年。西元1346年，英軍再次挑起戰端，愛德華三世率領1.2萬（一說是2萬）大軍渡過海峽，在諾曼地登陸，準備支援佛蘭德地區的盟軍。

腓力六世聞訊之後，率領6萬大軍前往迎擊。這6萬人裡面，有1.2萬名重騎兵、1.7萬名輕騎兵、6000名熱那亞十字弩傭傭兵，還有2.5萬名「公社徵募兵」。這裡面的精銳當屬重騎兵無疑，而輕騎兵和徵募的步兵則是作為重騎兵的輔助力量，讓重騎兵發揮最大的戰鬥力。

英軍方面則有大量的長弓兵，還有部分騎士以及威爾士長矛兵。英軍使用的長弓是由紫杉木製造，弓弦由大麻纖維搓製而成。一張這樣的弓往往有2公尺長，拉開這樣的弓需要36公斤的拉力，射出去的箭可以飛出300公尺遠，還能保持很強的穿透力。

單從人數來看，法軍毫無疑問是占壓倒性的優勢。因此，愛德華三世決定暫時避開法軍鋒芒，尋找合適的機會反擊。英軍一

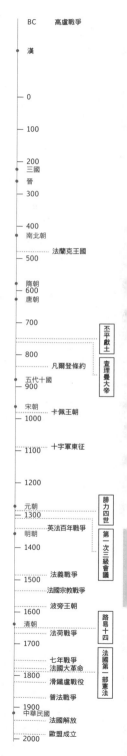

BC 高盧戰爭

漢

0

100

200 三國
晉

300

400
南北朝

法蘭克王國

500

隋朝
600
唐朝

700

丕平獻土

查理曼大帝

800

凡爾登條約

五代十國
900

宋朝
1000 卡佩王朝

1100 十字軍東征

1200

元朝
1300

腓力四世

明朝 英法百年戰爭

第一次三級會議

1400

1500 法義戰爭
法國宗教戰爭

波旁王朝
1600
清朝
法荷戰爭

路易十四

1700

七年戰爭
法國大革命
1800
滑鐵盧戰役

法國第一部憲法

普法戰爭

1900
中華民國
法國解放

歐盟成立

2000

路後退，在一個叫克雷西的小村莊附近停了下來。愛德華三世察看後，準備在這裡痛擊法軍，於是令英軍佈陣。就在克雷西的一座小山前，歐洲歷史上一場經典的以少勝多的戰鬥將要打響了。

愛德華三世為什麼選中克雷西這個小地方呢？因為他看上了這裡的地形。克雷西坐落在法軍追擊英軍的路上，那條路上有一座小山，登上山頂，面朝法軍的方向，你就能看見小山的左邊是茂密的樹林，騎兵根本不可能在那裡隨意馳騁；右邊則是一條河，樹林和河之間正是小山面對的一小片空地。愛德華三世把自己的隊伍分成三隊，由「黑太子」和諾薩頓伯爵各領一隊，分列左右，自己則統帥第三隊在後面接應。「黑太子」和諾薩頓伯爵在部隊的兩翼都部署了許多長弓手。而正對著法軍衝鋒路線的中路，則設置了大量的拒馬（一種障礙器材），並且挖了許多陷阱、壕溝，然後由英格蘭騎士下馬作戰，堅守住這條中央防線，也保護後面的長弓手。愛德華三世依靠地形的優勢，在克雷西這座小山前佈置了一個「凹」字陣形，就等著腓力六世的人馬前來送死。

西元1346年8月26日下午四點左右，法軍的先頭部隊到了克雷西。腓力六世本來想讓前隊停下來等待，讓大軍到齊並做好準備之後再發動進攻；但是那些騎士貴族們紛紛表示不滿，他們認為這樣子太過窩囊了，我們可是堂堂的高貴騎士，難道還怕猥瑣的長弓兵不成？在諸多貴族的強烈要求下，腓力六世最終決定馬上開戰。於是，法軍開始一隊接一隊地向著那座小山發起了衝鋒。

打頭陣的是那6000名熱那亞僱傭軍。這些僱傭軍明顯出工不出力，他們的十字弩射程根本不如英軍的長弓。當時他們正面攻山，正好面對著黃昏的陽光，又被英軍的箭陣壓得抬不起頭，只

哥倫布發現新大陸
　　　　1500—

英國大破無敵艦隊

發明蒸汽機

美國獨立

拿破崙稱帝

美國南北戰爭開始

第一次世界大戰
第二次世界大戰
　　　　2000—

好胡亂地朝對面隨便射幾箭，就算敷衍了自己的雇主，然後開始往回跑。可想而知，這一波衝擊根本不能對英軍造成任何傷害。

緊隨弩兵後面跟上的是法軍的步兵，這些步兵也不是什麼精銳，他們在長弓兵的射擊下舉步維艱。就算好不容易衝到英軍陣前，也不是英格蘭騎士的對手，如同送上門的魚肉任人宰割。

儘管前兩次衝鋒失敗，腓力六世並沒有冷靜下來好好重整部隊。腦袋發熱的他，盲目地讓重騎兵向英軍陣地突擊，企圖讓裝備精良的騎兵直接衝潰對手，結束戰鬥。這個戰術要是放在開闊的平原裡當然沒問題，但是在克雷西這地方，這樣做卻是個蠢招。要知道，重騎兵的最大優勢就是衝擊力。連人帶馬渾身上下用鐵皮包得嚴嚴實實，馬兒卯足了勁跑起來，在敵人陣地橫衝直撞，簡直就像坦克一樣威武。但是重騎兵也有顯著缺點，就是很不靈活，因為全身上下穿的鎧甲太沉，一旦墮馬了，騎士甚至連反抗的力氣都沒有，只能乖乖挨宰。

悲劇上演了。法軍重騎兵浩浩蕩蕩地出發，向死亡衝擊。大批的騎兵進入英軍射程後就發覺，這裡簡直就是地獄。兩側的叢林、河流令騎士們根本無法展開隊形，中間英軍佈置好的陷阱和拒馬則阻礙著他們的突擊，再加上前面敗下陣來的自己人也七零八落地擋在騎兵的前面。就這樣，這些可憐的騎兵穿著上百斤的鐵甲，和敗兵擠在狹窄的通道中，成了英軍長弓兵的活靶子，一個個被射成刺蝟。少數衝到前面的，依然無法突破英軍下馬騎士扼守的陣線，最終被威爾士長矛兵戳死。在整個下午他們都英勇地衝擊，但這種英勇不過是不停地送死。

英軍長弓手躲在騎士的後面，一心一意向戰場發射著死亡之箭。法軍方面，腓力六世前後發動了16次衝鋒，沒有一次能成功

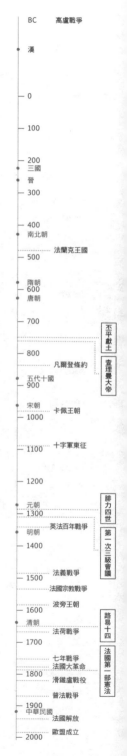

BC　高盧戰爭

漢

0

100

200
三國
晉　　300

400
南北朝

500　法蘭克王國

隋朝
600
唐朝

700

800
　　凡爾登條約
五代十國
900
宋朝　卡佩王朝

1000

1100　十字軍東征

1200

元朝
1300
　　英法百年戰爭
明朝
1400

1500　法義戰爭
　　法國宗教戰爭
1600　波旁王朝
清朝
　　法荷戰爭
1700
　　七年戰爭
　　法國大革命
1800　滑鐵盧戰役
　　普法戰爭
1900
中華民國　法國解放
　　歐盟成立
2000

不平獻土　查理曼大帝

腓力四世　第一次三級會議

路易十四　法國第一部憲法

BC

耶穌基督出生　0—

君士坦丁統一羅馬

羅馬帝國分成兩部

波斯帝國　500—

回教建立

阿拉伯人攻佔西班牙

東羅馬其頓王朝

神聖羅馬帝國建立

1000—

英國征服愛爾蘭

蒙古第一次西征

歐洲流行黑死病

文藝復興

哥倫布發現新大陸
1500—

英國大破無敵艦隊

發明蒸汽機

美國獨立
拿破崙稱帝

美國南北戰爭開始

第一次世界大戰
第二次世界大戰

2000—

突破英軍陣地，最後自己還掛了彩，落荒而逃。山坡前堆滿了法軍密密麻麻的屍體。這一戰法軍損失了1.5萬人，而英軍僅僅陣亡了數百人。聞名歐洲的法國騎士被長弓兵大敗，從這一戰開始，騎士階層在法國的地位開始動搖。

在克雷西戰勝法軍之後，英軍乘勝追擊，包圍了法國重要的港口城市加萊。經過數月的攻堅，加萊投降，自此，英軍在法國本土控制了一個重要的軍港，運輸、補給都容易多了，形勢對英軍更加有利。

但是英軍並沒能趁機擴大戰果，因為一個更可怕的對手突然降臨，肆虐著兩軍。這個可怕的對手從東方而來，在到法國之前已經席捲了整個歐洲，導致處處生靈塗炭。這個對手，就是可怕的黑死病。

在恐懼的氣氛下，歐洲大陸開始出現各種荒謬的事情。有的人遷怒於猶太人，認為這場災難是因為他們在井水裡投毒所致，各地出現許多猶太人被屠殺的事件；有的人則認為都是動物惹的禍，雖然這個猜測比較可靠，但也只是一群不分青紅皂白的傢伙，居然滿城追殺貓狗。各種公共機構都停止營運，只有一群人是最忙的，那就是負責登記遺囑的人。這一場浩劫令整個歐洲損失了三分之一的人口。因為這場疾病帶來的無差別死亡，許多土地失去了主人，很多農奴恢復了自由身。

黑死病奪走了歐洲30%的人口，而給英、法兩國帶來的最直接影響就是，兩國因為這場疾病，連一支軍隊都建不起來了，自然也不再有任何餘力去打仗。百年戰爭也暫時進入「中場休息」時段。

恥辱！一敗再敗

　　因為黑死病的蔓延，英、法雙方停戰了幾年。當疫病過去後，兩國又在西元1355年重新燃起了戰火。英國「黑太子」率軍橫渡英吉利海峽，再次入侵法國。當時的法國國王是腓力六世的繼任人約翰二世。西元1356年，兩軍在普瓦捷相遇。

　　經歷過克雷西慘敗之後，法軍已經知道英軍長弓兵的厲害。在這場戰鬥中，擁有三倍優勢兵力的法軍，不再像克雷西戰役中那樣無腦攻擊。英軍統帥「黑太子」則依然採取舊戰術，率軍占據優勢地形。雙方展開了殊死搏鬥，這回法軍雖然沒有像上次在克雷西那樣被英軍虐殺，但最終還是不敵英軍，好幾位將領陣亡，國王約翰二世和許多貴族一塊被英軍俘虜了。

　　國王被俘虜，法國上下一片混亂。大家急急忙忙把年僅19歲的太子查理五世（1337年—1381年。當時他還是太子，為敘述方便，下文統一按照歷史上的名號稱其為查理五世）推上監國之位。這時候英軍果斷地趁火打劫，派人來對查理五世說：「你老爸在我們手上呢，要當孝子的話就拿錢來把他領回去吧！」查理五世面對著這個爛攤子，哪裡拿得出一大筆錢。無奈之下，他只好召開三級會議，籌集贖金。因為在戰爭中許多貴族已經陣亡或者被俘，所以這次參加會議的人多數是平民代表。

　　平民代表見這次自己人多，趕緊為自己謀取利益。他們對

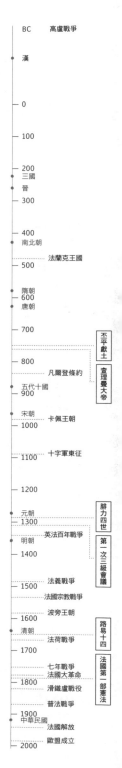

BC　高盧戰爭

漢

— 0

— 100

— 200
　三國
　晉
— 300

— 400
　南北朝
　　　　法蘭克王國
— 500

　隋朝
— 600
　唐朝

— 700

　　　　　　　　不平獻土　查理曼大帝
— 800
　　　　凡爾登條約
　五代十國
— 900

　宋朝
— 1000　　卡佩王朝

— 1100　十字軍東征

— 1200

　元朝　　　　　　　腓力四世　第一次三級會議
— 1300
　明朝　　英法百年戰爭
— 1400

— 1500　法義戰爭
　　　　法國宗教戰爭
　　　　波旁王朝　　　路易十四
— 1600
　清朝
　　　　法荷戰爭
— 1700
　　　　七年戰爭　　　法國第一部憲法
　　　　法國大革命
— 1800
　　　　滑鐵盧戰役

　　　　普法戰爭
— 1900
　中華民國
　　　　法國解放
　　　　歐盟成立
— 2000

BC

耶穌基督出生 0—

君士坦丁統一羅馬

羅馬帝國分成兩部

波斯帝國 500—

回教建立

阿拉伯人攻佔西班牙

東羅馬其頓王朝

神聖羅馬帝國建立
1000—

英國征服愛爾蘭

蒙古第一次西征

歐州流行黑死病

文藝復興

哥倫布發現新大陸
1500—

英國大破無敵艦隊

發明蒸汽機

美國獨立

拿破崙稱帝

美國南北戰爭開始

第一次世界大戰
第二次世界大戰

2000—

國王說，籌錢嘛，不是不行，但是要答應兩個條件：第一，要處罰他們列出的22名貪官污吏，強迫他們把平時私吞的公款都吐出來；第二，要求查理五世和會議選出來的28名代表共同執政。這是老百姓趁機向國王分權啊！查理五世豈肯和他人共享權力，他不但拒絕了這些請求，還解散了三級會議。這樣一來市民也憤怒了，整個巴黎陷入騷亂。沒有辦法，查理五世只好重新召開三級會議，還答應以後每年都要定期召開兩次三級會議，徵稅要先徵求三級會議的同意，還要接受三級會議選出來的36名代表的監督。

　　因為查理五世是在3月份接受這個要求，所以這次敕令被稱為「三月敕令」。查理五世雖然答應了市民代表的要求，卻光說不練，一拖再拖，不願意實行新規定。終於，市民們忍不住了，西元1358年，巴黎人民發動起義，他們衝進王宮，殺死了查理五世好幾個寵臣，查理五世拼命求饒，說自己一定會接受大家的要求，才撿回一條性命，最後被起義者驅逐出了巴黎。

　　在查理五世逃出巴黎之後，法國又爆發了紮克雷起義。所謂的「紮克雷」，是貴族對農民的蔑稱，意思就是「鄉巴佬」。查理五世被趕出巴黎之後，想拉農民打市民，就下令召集巴黎周圍的農民去攻打巴黎。正在忙農活的農民早就被戰爭折騰得苦不堪言，這下還要被拉去打仗，他們終於忍不住了。一個叫吉約姆·卡爾的農民率先站了出來，號召說：「那些死英國佬沒日沒夜地在欺負我們，他們就是吃我們肉的豺狼；而那些騎士貴族在戰場上沒能擋住那些豺狼，現在反倒過來繼續壓榨我們，他們跟條狗有什麼區別？現在這些豺狼走狗就要來吃盡我們了，你們還不起來反抗？」其他農民聽他這麼一說，平日積壓下來的怨恨一下子

爆發了。他們隨手抄起傢伙就開始上路，一路上追隨的人越來越多。農民們四處攻打貴族的領地，焚燒他們的莊園，還殺死了許多貴族。而巴黎市內的起義領袖艾田・馬賽這時候也回應了農民的起義，一時起義形勢一片大好。

驕傲的騎士們突然被這群農民圍攻確實非常狼狽，但是當他們緩過神來，起義的農民就沒好下場了。為了鎮壓起義，查理五世不惜和他老爸的仇敵納瓦爾國王查理二世（「惡棍」查理）聯手。太子查理五世這時候能夠「不計前嫌」，實在是高招。後來正是這個「惡棍」查理成功地利用了市民和農民的利益分歧，拉攏了市民起義領導人艾田・馬賽，讓他投靠了自己；然後又用計把吉約姆・卡爾騙到軍中殺害，最終鎮壓了這場農民起義。

起義被鎮壓之後，法國已經千瘡百孔。西元1360年，英王愛德華三世再次領軍逼近巴黎。此時查理五世已經無力抵擋英軍，審時度勢之下，他和英軍議和，簽訂了《佈雷蒂尼和約》。查理五世答應讓弟弟安茹公爵路易和其他40名貴族到英國交換他的父王約翰二世回來，半年之後再用贖金贖回路易等人；又割讓將近三分之一的領土給英國，讓戰爭暫時得以停息。

約翰二世從普瓦捷戰敗被俘，時隔4年終於踏上祖國的土地。當時法國根本沒辦法湊齊救回路易的贖金，誰知道有意外之喜，路易見贖金久久不來，騙過看守，偷跑回國。老爹約翰二世見兒子路易跑了回來，並不高興，為了遵守和約的規定，他居然又親自跑回英國繼續當人質。約翰二世在西元1364年於英國病逝。這個富有騎士精神的行為，為他獲得了「好人」約翰的稱號。「好人」約翰去世之後，身為太子的查理五世終於正式登上王位。

查理五世為人不像他老爹那麼正直，在和國內其他貴族、市

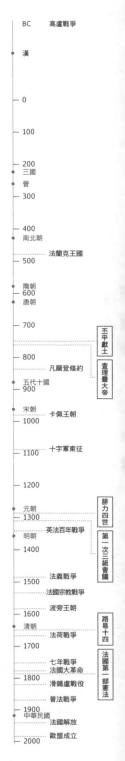

BC　高盧戰爭

漢

0

100

200　三國
晉
300

400
南北朝

法蘭克王國
500

隋朝
600
唐朝

700

800
凡爾登條約
五代十國
900

宋朝
1000
卡佩王朝

1100　十字軍東征

1200

元朝
1300
英法百年戰爭
明朝
1400

1500　法義戰爭
法國宗教戰爭
波旁王朝
1600
清朝
法荷戰爭
1700
七年戰爭
法國大革命
1800
滑鐵盧戰役
普法戰爭
1900
中華民國
法國解放
歐盟成立
2000

不平獻土

查理曼大帝

腓力四世

第一次三級會議

路易十四

法國第一部憲法

民的較量以及在鎮壓紮克雷起義的過程中，他表現得非常狡詐、無情。正因為他是個狡猾的傢伙，所以懂得避實擊虛。簽訂和約之後的20年間，查理五世利用英國國內爆發內亂的時機，進行了一連串改革，恢復國力。他還招募僱傭軍來增強軍隊的戰鬥力，任用名將德・蓋斯克蘭採取游擊戰的方式，逐步光復在和約中失去的國土。正所謂此一時彼一時，陷入內戰的英國擋不住詭計多端的查理五世及其神出鬼沒的游擊軍，到西元1380年，除了加萊、布勒斯特等個別沿海城市之外，法軍幾乎全數收復故土。

在這期間，英國經歷了一連串內亂，最後由亨利四世平定了國內的紛爭。亨利四世去世後，其子亨利五世再次進軍法國。風水輪流轉，這回又輪到法國挨揍了。當時的法國國王是查理五世的兒子查理六世，這廝是一個精神病患者。守著個病人當國王，法國大貴族們理所當然也開始爭權奪利。一批以奧爾良公爵為首，而另一批人則以勃艮第公爵馬首是瞻，兩批法國貴族內訌鬥得死去活來，這就讓英軍的入侵順風順水。

君士坦丁統一羅馬

羅馬帝國分成兩部

波斯帝國　500—

回教建立

阿拉伯人攻佔西班牙

東羅馬其頓王朝

神聖羅馬帝國建立

1000—

西元1415年8月，英軍圍攻哈福婁。在這場攻城戰中，英軍雖然贏得了勝利，但是卻拖延了很長的時間，軍中許多人患上了疾病。眼看英軍疲憊不堪，亨利五世決定先撤回英國。法軍豈會這麼輕易就讓他們走？查理六世迅速調派了近3萬大軍去圍剿英軍，一路窮追猛趕，在阿金庫爾追上了英軍。亨利五世當時的兵力只有幾千人，而且好幾天沒吃飯，又被當天的大雨淋得濕透，當了一整天的落湯雞。圍觀群眾紛紛表示，英軍這次應該會被法軍的騎兵擊敗了。法軍中的大貴族們也這麼想，他們覺得這種落地桃子必須趕緊撿起來吃到肚子裡，於是不聽從法軍統帥「謹慎進軍」的命令，擅自向英軍發動全線攻擊。結果，他們遭遇了比克

英國征服愛爾蘭

蒙古第一次西征

歐州流行黑死病

文藝復興

哥倫布發現新大陸

1500—

英國大破無敵艦隊

發明蒸汽機

美國獨立

拿破崙稱帝

美國南北戰爭開始

第一次世界大戰

第二次世界大戰

2000—

雷西之戰還要慘烈的失敗。大雨雖然澆透了英軍，但雨後形成的沼澤地更令法軍的騎士馬蹄陷入泥沼，只能艱難地緩慢行動。狹窄的空間也讓法軍無法展開隊形，發揮人數多的優勢。英軍長弓手又一次用密集的箭雨招待龜速前進的法軍騎士。剩餘法軍好不容易踩著同伴屍體，冒著英軍箭雨，從沼澤裡爬出來，衝到英軍陣前的時候，卻被果斷扔下弓箭拔出短劍的長弓手以敏捷的身手一個個地殺掉。

據傳，我們今天經常做的V字形勝利手勢，就是從阿金庫爾之戰開始流傳下來的。法軍在戰前囂張地說，戰勝後要把英國長弓手的食指和中指都砍下來，看他們以後怎麼射箭。英軍大獲全勝後，士兵們都得意洋洋地豎著兩根手指：「法國佬，不是要來砍手指嘛？看，還在呢！」

法國人一而再，再而三地輸給了英軍同一種戰術，貴族騎士不僅把自己的臉丟光，還把整個法國推向了絕境。在這個時候挺身而出拯救祖國的，是一個普通的鄉下少女，她就是我們熟悉的聖女貞德（1412年—1431年）。

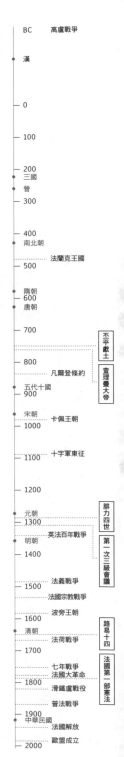

悲戚！被出賣的聖女

　　在阿金庫爾一戰大敗之後，查理六世再也無法抵擋英軍橫掃法國。這時候法國貴族中的勃艮第派又為了自己的利益而投靠英軍，當了叛徒。這對查理六世這個精神病患者而言，無疑是雪上加霜。形勢比人弱，他只好在西元1420年與英國簽訂了《特魯瓦條約》。查理六世把自己的女兒嫁給了亨利五世，並且承認亨利五世為法國的攝政王。條約還規定，在查理六世去世之後，亨利五世就自動繼承他的法國王位。眼看這麼下去，法國就要被英國給完全吞併了。

　　誰知人算不如天算，亨利五世居然比他的瘋子岳父早兩個月去世。因此，西元1422年查理六世去世的時候，是由亨利五世的兒子亨利六世繼承英、法兩國的王位。當時亨利六世還只是一個嬰兒，所以由他的叔叔貝德福德公爵擔任攝政王。

　　一個嬰孩君臨英、法兩國，最受傷害的除了飽受戰爭之苦的百姓外，莫過於查理六世的兒子查理七世了，他本來是名正言順的太子，但是《特魯瓦條約》卻讓他失去了王位。在英軍攻陷巴黎後，他還不得不逃離家鄉，躲到南方。亨利六世繼位之後，查理七世豈能讓自個的嬰兒外甥霸佔法國？他也趕緊宣布登基，並得到部分貴族的支持。就像中國南宋時的宋高宗一樣，南逃的查理七世總算在法國南部保留住一定的國土，和北方的勃艮第公

爵、英軍對抗，期待有朝一日能「北定中原」。

英國人自然不會讓他這麼容易成功，貝德福德公爵率領英軍渡過海峽，和勃艮第公爵的軍隊聯合，一路追殺查理七世。查理七世手下的法軍勉強抵抗，節節敗退。西元1428年，英軍圍攻奧爾良城。奧爾良城是盧瓦爾河沿岸的一個重要據點，假如英軍拿下了奧爾良，那麼法軍將會無險可守，查理七世保有的南方領土也會很快被夷平，法國將面臨滅亡。駐守奧爾良的法軍數量其實比英軍還要多一點，但是法軍就是不敢和英軍正面作戰，只知道龜縮在城中。一直等到城內補給都開始出現問題，這群傢伙還是不敢迎敵，眼見著英軍又要以劣勢兵力戰勝法軍了。

就在這千鈞一髮的時刻，城內的法軍發現包圍自己的英軍忽然慌作一團，原來城外來了一支部隊猛攻英軍。進行長期圍城戰的英軍也很疲憊，根本無法抵擋那支生力軍，眼看奧爾良城拿不下來了，只得撒腿開溜。守軍還不明白是怎麼一回事，之前不可一世的英軍居然不見了。援軍在歡呼聲中進城。

讓城中守將們跌破眼鏡的是，這支來拯救奧爾良的部隊並不是由大貴族或者什麼英武騎士率領，指揮官只是個普通的農家女——貞德。

貞德出生在法國香檳地區，父親是她們村莊裡的一個小官員。這個村莊是當時在法國北部仍然忠於法國王室的孤立地區，貞德從小就多次目睹英軍洗劫自己的村莊。在她12歲那年，她說自己見到了大天使，大天使告訴她，小貞德你要站出來，趕走那些可惡的英國佬！到了16歲那年，貞德就去求當地的法軍隊長，說自己有拯救法國的辦法，希望他能夠帶她去見國王。隊長起初並沒有相信她，但是在貞德多次請求之下，他還是派人保護貞德

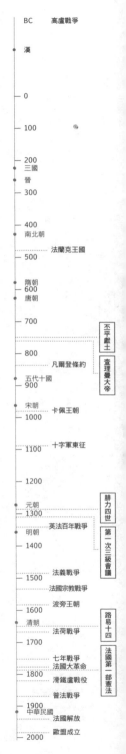

BC　高盧戰爭

漢

—0

—100

—200
三國
晉
—300

—400
南北朝
　　法蘭克王國
—500

隋朝
—600
唐朝

—700

—800
　　凡爾登條約
五代十國
—900

宋朝　卡佩王朝
—1000

—1100　十字軍東征

—1200

元朝
—1300

明朝　英法百年戰爭
—1400

—1500　法義戰爭
　　　法國宗教戰爭
　　　波旁王朝
—1600
清朝　法荷戰爭
—1700

　　七年戰爭
　　法國大革命
—1800
　　滑鐵盧戰役
　　普法戰爭
—1900
中華民國　法國解放
　　歐盟成立
—2000

不平獻土｜查理曼大帝

腓力四世｜第一次三級會議

路易十四｜法國第一部憲法

前往希農見查理七世。

　　貞德來到了查理七世面前，查理七世也沒有把這個自稱「上帝使者」的鄉下女孩當一回事。但這時候前線戰事非常緊急，查理七世只能死馬當活馬醫，給了貞德一支部隊，讓她和迪努瓦公爵一同前往救援奧爾良。迪努瓦公爵自以為老謀深算，完全無視貞德，自己決定了作戰方針，計畫先對奧爾良城進行補給，和英軍打持久戰。貞德見狀，也不理會迪努瓦公爵，自己率領本部人馬直接向英軍發起了進攻。法軍士兵們真的相信了「上帝使者」的說法，因而士氣高漲，信心十足。

　　英國的人力、物力其實都不如法國，之前亨利五世還要典當寶物才付得起軍費，再加上長期在異國作戰，補給線拉得過長，士兵也很疲憊，縱然有叛徒勃艮第派的支援，但英軍早已外強中乾，成了強弩之末，只是法軍一直像縮頭烏龜一樣消極抵抗，才讓他們得逞。誰知這回遇上個初生之犢不畏虎的貞德，帶著士氣高漲的部隊直接來硬的，英軍一下子就被打垮了。

　　解決了奧爾良危機後，貞德率領法軍一改之前頹廢的作風，對英軍採取大膽的正面攻勢，逮誰打誰。貞德每次作戰都親自舉著代表法國王室的鳶尾花旗幟，衝在隊伍的最前面。那時候英、法之戰其實是強弩之末，輸贏就差一口氣，而貞德恰好把這口氣給法軍鼓了上來。輸了奧爾良之戰的英軍，在貞德領軍強攻下原形畢露，一敗再敗。法軍在一連串追擊戰中不斷殲滅英軍，已經無心戀戰的英軍決定撤退。貞德得知英軍想要撤退，主張全力追擊。法軍其他將領心懷狐疑，這樣做是不是太冒進了啊？貞德堅持主見，繼續窮追猛打。

　　西元1429年6月18日，英軍暫時駐紮在一個叫帕提的地方。英

耶穌基督出生　0—

君士坦丁統一羅馬
羅馬帝國分成兩部

波斯帝國　500—

回教建立

阿拉伯人攻佔西班牙

東羅馬其頓王朝

神聖羅馬帝國建立
1000—

英國征服愛爾蘭
蒙古第一次西征

文藝復興
歐州流行黑死病

哥倫布發現新大陸
1500—

英國大破無敵艦隊

發明蒸汽機

美國獨立
拿破崙稱帝
美國南北戰爭開始

第一次世界大戰
第二次世界大戰

2000—

軍的指揮官塔爾博特命令士兵在一條大道上紮營，這附近只有一些矮灌木作掩護。也不知道這位塔爾博特是不是在前面的戰鬥中已經被貞德手下的法國騎兵踢昏了腦袋，他選擇了這個不利於防守的地方安營紮寨之後，居然還沒有讓下屬多挖些工事設防。沒多久，貞德率領部隊疾馳而來。英軍看到法國騎士出現之後，才開始急急忙忙準備佈置拒馬，這哪裡還來得及啊！法軍在貞德的指揮下，迅速從開闊的大道上包抄英軍的側翼，轉眼間，鐵蹄錚錚，突入英軍陣地。這回英軍的長弓手不再擁有像克雷西戰役、阿金庫爾戰役時的那種地形優勢，等法軍騎士衝到跟前，英軍就只有被宰的份了。

不足一個小時，法軍全殲英軍2500人，而自己損失不足100人。這個殲敵數字並不多，和克雷西、阿金庫爾等戰役中陣亡的法軍人數相比的話，只能算是九牛一毛。

即使加上從奧爾良解圍開始，在其他各個戰役當中被殲滅的英軍，合計也不過1萬多人。但最重要的是，法國人在百年戰爭中一直都輸多勝少，被打得一點脾氣都沒有，貞德的出現令他們變得戰無不勝，法國人終於看到了贏得這場戰爭的希望。7月16日，貞德攻破蘭斯，查理七世這回終於能進入蘭斯大教堂舉行正式的加冕儀式了。

貞德從4月29日開始參戰，到了同年9月，法軍已經進逼巴黎。短短四個多月的時間，貞德就帶領法軍收復了大部分國土。眼見著復國有望，就在這個節骨眼，貞德卻被人出賣了。那是在西元1430年的一次小戰鬥後，貞德準備率軍退回城內。貞德一向習慣於親自斷後，確保所有部下都安全。但就在這時候，已經退入城內的法軍，居然因為害怕敵人跟在後面衝進來，而把城門關

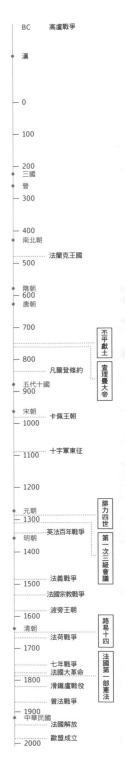

上了！這些懦夫全然不顧還在城外沒進來的貞德。不怕神一樣的敵人，就怕豬一樣的隊友。這群豬隊友就這樣躲在城裡，眼睜睜地看著貞德被勃艮第人抓走。不久之後，勃艮第公爵把貞德賣給了英軍。

英軍終於捉住了這個讓他們吃盡苦頭的「女魔頭」，自然不會輕易放過她。他們煞有介事地進行了一次馬拉松式的宗教法庭審訊。在審訊過程中，英國人極力誣陷貞德，最後以「穿戴男裝」、「妖術惑眾」等罪名判處貞德火刑。令人心寒的是，從貞德被俘虜，一直到她被英國人處以死刑，足足有一年的時間，查理七世居然沒有為拯救貞德做出哪怕一丁點努力。這個給法國帶來希望的少女，自己卻在絕望中被烈火奪走生命，這個時候貞德只有19歲。

君士坦丁統一羅馬

羅馬帝國分成兩部

波斯帝國　500—

回教建立

阿拉伯人攻佔西班牙

東羅馬其頓王朝

神聖羅馬帝國建立
1000—

英國征服愛爾蘭

蒙古第一次西征

文藝復興

歐州流行黑死病

哥倫布發現新大陸
1500—

英國大破無敵艦隊

發明蒸汽機

美國獨立
拿破崙稱帝
美國南北戰爭開始

第一次世界大戰
第二次世界大戰

2000—

查理七世！是非功過的迷惘

從英王愛德華三世對法宣戰開始，直到貞德犧牲的這一年為止，英、法兩國之間的戰爭已經持續了94年。這將近一百年間，絕大部分戰鬥都發生在法國本土。戰爭給法國人民帶來的傷害太大了，他們需要一個英雄來領導他們結束這場戰爭。老奸巨猾的查理五世差一點成功，可是他壯志未酬就撒手人寰，接班的兒子還是個神經病；猶如神助的聖女貞德幾乎創造了奇蹟，但是卻在關鍵時刻被人出賣了。在這個關頭，贏得百年戰爭最後勝利的，居然是那個看起來讓人覺得有點窩囊的查理七世。

查理七世從南逃之後就一直表現得非常軟弱。他的軍隊在戰場上節節敗退；他想和勃艮第和談，卻因為種種意外，直接把勃艮第徹底推到英軍那邊去；而在貞德被俘虜的時候，他更是「友軍有難，不動如山」，坐視貞德慘死。種種的過失，都令人很難認可這個君主。

這個不被人認可的君主，卻面臨著最好的局勢。在女英雄貞德犧牲之後，法國人民對英軍的仇恨全線引爆。大家萬眾一心，團結在法國王室周圍，為貞德復仇而戰，為法蘭西而戰！英軍已經在異鄉持續作戰了好長一段時間，人心思歸。再加上之前被貞德打得屁滾尿流，聞風喪膽，如今面對像打了興奮劑一樣的法國人，他們只能選擇一步步退回海峽的另一邊。本來就是為了自己

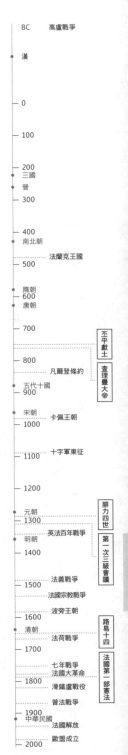

BC 高盧戰爭
漢
0
100
200 三國
晉
300
400
南北朝 法蘭克王國
500
隋朝 600
唐朝
700
不平獻土
800 凡爾登條約 查理曼大帝
五代十國
900
宋朝 卡佩王朝
1000
十字軍東征
1100
1200
元朝
1300 腓力四世
明朝 英法百年戰爭 第一次三級會議
1400
1500 法義戰爭
法國宗教戰爭
波旁王朝
1600
清朝 路易十四
法荷戰爭
1700
七年戰爭 法國第一部憲法
法國大革命
1800
滑鐵盧戰役
普法戰爭
1900
中華民國 法國解放
歐盟成立
2000

利益而投靠英軍的「法奸」勃艮第，見形勢已經改變，果斷地「棄暗投明」，重新支持法國王室。西元1453年，也就是貞德犧牲22年之後，法國終於收復了除加萊港以外的所有國土。英、法兩國簽署合約，百年戰爭結束。歷史把貞德用鮮血換來的機會賜給了查理七世，他也抓住了這個機會，完成使命。

　　法國人終於趕走了英國人，但是瓦盧瓦王室還沒有時間好好喘息，他們還要面對國內那些割據一方的貴族們，比如勃艮第這種封建邦國，王室對它們沒有實際的控制力，一旦敵人來了他們還要積極地當「帶路黨」，這樣的勢力對王室是一個很大的威脅。戰爭結束之後，查理七世和他的兒子路易十一開始了國土整合。這個路易十一完全不像個優雅的國王，平時淨穿著一些土得掉渣的衣服。他也完全不受「騎士精神」的束縛，用盡挑撥離間、收買賄賂，甚至是背信棄義、耍無賴等讓「貴族」嗤之以鼻的招數。然而，正是這些卑鄙的方法產生了非常大的作用，那些貴族們完全不是他的對手。百年戰爭中法軍多次慘敗，騎士貴族早已經元氣大傷，而王室則在復國戰爭中強化了力量，得到了百姓支持。不久之後，以勃艮第為代表的封建邦國被這個號稱「蜘蛛國王」的路易十一吞併了。在法國王室逐漸削弱各地封建領主力量的過程中，法國也走上了中央集權統治的道路。

　　百年戰爭之後，在法蘭西這片充滿了浪漫色彩的土地上，一個充滿浪漫精神的群體開始在大家的視線中逐漸消退。他們就是在百年戰爭前風光無限，而在百年戰爭中一次次被打成落水狗的騎士。

末日！騎士時代的終結

自從查理・馬特創立采邑制以來，西歐的封建制度逐步發展。騎士為這個制度下最重要的群體，活躍在不同的場合。騎士擁有自己的食邑，參戰時須全副武裝，騎著戰馬馳騁沙場，非常威風。那麼，假如在中世紀的時候想要成為這樣的「高富帥」，到底需要怎樣的條件呢？

首先，騎士肩上最重要的職責就是服兵役。查理・馬特規定騎士在國家有需要的時候，要服40～60天的兵役，作為報酬國家會給他們封地。表面上看來似乎很簡單，不就是去當兩個月兵嘛，這樣就能晉升為「高富帥」，那誰都願意去。如果你真的就這麼興沖沖地去參軍，結果一定會很悲慘。因為服役期間，國家不會發工資給你，也不會發武器給你，甚至連軍糧也不會發給你。你的戰馬、寶劍、麵包甚至水壺都要自己準備。而在當時，要備妥一套騎士的標準裝備，花的錢足夠你買22頭牛。這樣昂貴的裝備價格，決定了大部分人不太可能成為騎士。起初賜給騎士的封地是不允許繼承的，要得到封地就得老老實實地去當兵；但是後來逐漸發展成世襲制，騎士的封地可以由長子來繼承。世襲制再加上昂貴的裝備，決定了一個人基本上要出生在貴族家庭，從起跑線上就要領先於他人，最後才有機會成為一名騎士。

如果你以為只要投了好胎，有一個好爹，就可以安安穩穩

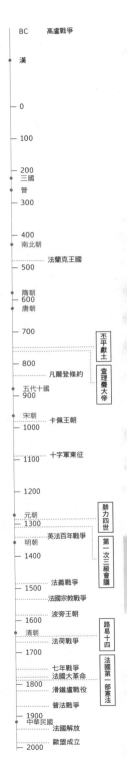

BC

耶穌基督出生　0—

君士坦丁統一羅馬

羅馬帝國分成兩部

波斯帝國　500—

回教建立

東羅馬其頓王朝

神聖羅馬帝國建立
　　　1000—

英國征服愛爾蘭

蒙古第一次西征

歐州流行黑死病

哥倫布發現新大陸
　　　1500—

英國大破無敵艦隊

發明蒸汽機

美國獨立
拿破崙稱帝
美國南北戰爭開始

第一次世界大戰
第二次世界大戰

　　　2000—

阿拉伯人攻佔西班牙

文藝復興

地當「騎二代」，那也大錯特錯。騎士的兒子出生後不久，就要在他的騎士父親主持之下，接受基督教洗禮。這樣一來，孩子在還沒有自我意識的時候，就已經由他的父親引領成為了一名基督徒。等孩子長到14歲的時候，又要進行另一場儀式，成為騎士侍從。顧名思義，騎士侍從就是騎士的小弟，平時負責伴隨在騎士左右，為他服務。這些侍從還會根據不同的分工，分為貼身侍從、典禮侍從、餐桌侍從、酒會侍從等。在當侍從期間，這些準騎士少年要學習許多技能，並且要遵守作為一個騎士的禮儀。有些禮儀甚至嚴苛到不近人情。比如說，在騎士入座就餐的時候，侍從是不可以一起坐的，哪怕那個騎士是侍從的親生父親，也是不允許的。這意味著一個侍從很有可能在14歲之後，就沒有機會和自己的父親一起吃飯了。在經歷種種磨練之後，騎士侍從將會在正式的受封儀式後成為一名正式的騎士。在儀式上，他要對所有人宣讀以下誓詞：

I will be kind to the weak. ——我將仁慈地對待弱者。

I will be brave against the strong. ——我將勇敢地面對強敵。

I will fight all who do wrong. ——我將毫無保留地對抗罪人。

I will fight for those who cannot fight. ——我將為不能戰鬥者而戰。

I will help those who call me for help. ——我將幫助那些需要我幫助的人。

I will harm no woman. ——我將不傷害婦孺。

I will help my brother knight. ——我將幫助我的騎士兄弟。

I will be true to my friends. ——我將忠實地對待朋友。

I will be faithful in love.——我將真誠地對待愛情。

成為一個騎士之後，他就要遵守自己的誓詞，並且發揚騎士的「八大精神」：謙卑（humility）、榮譽（honor）、犧牲（sacrifice）、英勇（valor）、憐憫（compassion）、精神（spirituality）、誠實（honesty）、公正（justice）。

　　要做到這幾點並不容易。在沒有戰事的時候，騎士還要處理當地的一些行政、司法事務，比如在有案件審理的時候，騎士要充當陪審員。

　　一旦戰爭爆發時，騎士就要整理行裝，趕赴沙場，為保衛國家而戰。騎士在戰場上最常用的戰法主要有兩種：一是排成一定的陣形，直接從正面碾壓敵人，或者憑藉優良的裝備和武藝痛打敵方的烏合之眾；另一種戰法是發揮騎兵的機動性，繞到敵人的側翼，從兩邊斜刺突入敵軍陣地。除了騎馬突破之外，騎士在必要的時候也要下馬作戰。

　　有必要弄清楚的一點是，騎士和騎兵是兩個不同概念，騎士是一種社會階層，而騎兵是軍隊的一個兵種，兩者之間沒有必然關聯。比如在克雷西之戰中，英軍騎士就是下馬作戰的，騎士在城堡攻防戰當中也不可能騎馬。騎士在作戰中多數使用長矛和劍。騎馬的時候利用長矛刺殺敵人，當長矛在衝擊時折斷後，就用劍近身肉搏。騎士作戰時非常重視「道義」，他們不屑於使用弓箭這種猥瑣的武器，認為有損自己的身分，身為一個騎士就應該堂堂正正地和敵人對決。而戰敗被俘的時候他們也不會感到可恥，因為只要盡力作戰了，就已經符合騎士的精神。他們也不用擔心被殺害，因為身為貴族，敵人留著他們的性命可以索取大量的贖金。

　　騎士一直作為西歐國家的中堅力量，但是在13世紀，這一

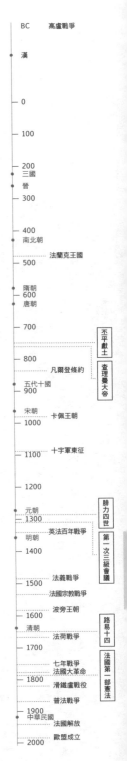

情況逐漸發生了變化。首先是分封的制度越來越不符合王室的利益，這時候的國王們已經不能忍受大貴族們的跋扈。另一方面，小貴族騎士自己也不爭氣，很多普通騎士根本無法維持自己的生計，他們無法負擔購買裝備、加冕騎士儀式時所需要的費用，許多騎士甚至因為太窮而失去了騎士的身分。

與此同時，新騎士們的水準又遠遠不夠格。百年戰爭期間，曾經有一次英、法對峙，忽然有一隻兔子驚動了英軍，引起英軍陣營騷亂；而法王竟然以為英軍要發起衝鋒，就趕緊在陣前冊封了二十多個騎士，希望他們能為自己拼死作戰。這二十多個「兔子騎士」的出現，說明了騎士已經越來越不值錢。大貴族被國王列為剷除的目標，小貴族則度日維艱，這就令騎士難以繼續存在下去了。

而從軍事角度來看，騎士也不再適合這個時代。他們一年只服幾十天兵役，平時又不在一起訓練，隨著步兵戰術越來越成熟，這群只有行頭、沒有實際本事的騎士已經很難應付戰鬥。許多國家察覺到騎士的不足，採取了許多應對措施。像英國就採取了「盾牌錢」的制度，規定騎士可以繳納一定金錢代替服兵役。法國也在百年戰爭期間逐步增加軍隊中僱傭軍的數量。

在百年戰爭幾次經典戰役之中，英軍的長弓手一次次地把法軍騎士射成刺蝟，這讓人們知道，經過長期訓練的步兵在對陣騎士的時候並不會落下風，有時甚至能很好地對抗毫無紀律性的騎士。雖然法軍在戰爭最後的逆襲為騎士挽回了少許顏面，但是別忘記了，當時法軍的統帥是出身平民的聖女貞德。

在百年戰爭結束後，全天下人都知道過去的「高富帥」現在已經什麼都不是了。查理七世復國後就積極地建立中央軍隊，

耶穌基督出生　0—

君士坦丁統一羅馬
羅馬帝國分成兩部

波斯帝國　500—

回教建立

阿拉伯人攻佔西班牙

東羅馬其頓王朝

神聖羅馬帝國建立
1000—

英國征服愛爾蘭
蒙古第一次西征

文藝復興

歐洲流行黑死病

哥倫布發現新大陸
1500—

英國大破無敵艦隊

發明蒸汽機

美國獨立
拿破崙稱帝
美國南北戰爭開始

第一次世界大戰
第二次世界大戰

2000—

其子路易十一則瘋狂地收編各地的大地主。克雷西、阿金庫爾等戰役的慘敗還不是騎士的滅頂之災，當歐洲開始進入君主專政時期，這些騎士已經無法滿足時代所需，這才是他們退出歷史舞臺的真正原因。

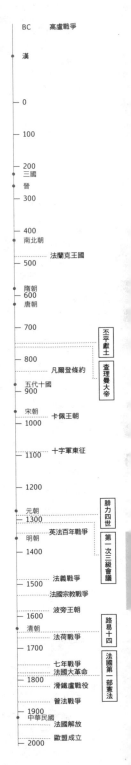

義大利！不倦的遠征

耶穌基督出生　0—

君士坦丁統一羅馬
羅馬帝國分成兩部

波斯帝國　　500—

回教建立

阿拉伯人攻佔西班牙

東羅馬其頓王朝

神聖羅馬帝國建立
　　　　　1000—

英國征服愛爾蘭

蒙古第一次西征

歐州流行黑死病

文藝復興

哥倫布發現新大陸
　　　　　1500—

英國大破無敵艦隊

發明蒸汽機

美國獨立
拿破崙稱帝
美國南北戰爭開始

第一次世界大戰
第二次世界大戰

　　　　　2000—

　　路易十一繼承王位後，開始積極地鞏固王權。他建立固定稅，對行政司法機構進行了改革，又建立了一支由8000名騎兵和1萬名弓箭手組成的常備軍團。這些措施讓王室的地位比以前更加穩固。路易十一去世後，他的四位繼任人為了擴張勢力，發動了長達65年的義大利戰爭，這場戰爭令法國進入君主專政的巔峰時期。

　　首先上場的是路易十一的兒子查理八世（1470年—1498年）。這位年輕國王小時候非常喜歡看一些講述騎士故事的小說，在那些文學作品的薰陶下，查理八世嚮往在戰場上建功立業，甚至想恢復像當年東征那樣的盛況。

　　西元1494年，這位騎士國王為了實現自己的宏圖大志，趁那不勒斯國王去世的機會，一邊宣布自己有權利繼承那不勒斯王位，一邊拉著軍隊就開赴義大利，開始了他的東征之旅。當他率領著2萬多人的大軍踏入義大利之後，發現這裡有太多好玩的東西了！美食、美景、美女，應有盡有！軍中各位的老婆都不在身邊，這義大利分明就是男人的天堂嘛！查理八世馬上在義大利展現了「騎士」的另一面——「浪漫」。整支法軍立即變成了一個龐大的赴義大利旅行團，他們一路吃喝嫖賭，搶錢、搶女人。

　　法軍這樣的行為令全歐洲深感厭惡，他們擔心：假如法軍

乘勢長驅直入，來到自己家，搶我們的女人，那時候該怎麼辦？為了阻止法軍，教皇國、神聖羅馬帝國（德意志）、亞拉岡、米蘭、威尼斯組成了神聖同盟，準備聯合攻擊法軍。神聖同盟成立後，查理八世才發現自己的處境很不妙。雖然大軍中戰死的很少，但是在進入義大利之後，大家早已經毫無鬥志，許多士兵還得了性病（這種性病後來被士兵們帶回法國，並且流傳出去，最後被稱為「法國病」）。再加上之前胡鬧得罪了不少義大利人，現在法軍還不時遭受到當地群眾組織的襲擊。米蘭切斷了他們的補給線，威尼斯封鎖了海上道路，就連遠在海峽彼岸的英國人，看見這喜聞樂見的圍毆場面後也來落井下石，開始騷擾法國沿海。再這麼下去，別說遠征東方，就連家都回不去了。

查理八世當機立斷，立即扔下沉重的火炮等武器，帶上金銀財寶，開始往法國撤退。那邊的同盟軍自然不會輕易放過他們，一路在後面緊緊追殺，終於在福爾諾沃追上了法軍。當時查理八世身邊只剩下8000名騎兵和4000名瑞士重步兵，他要面對兩倍於自己兵力的敵軍。

同盟軍的主帥岡查加打算在這裡一舉消滅法軍。他計畫先由步兵強行渡河牽制法軍，再用騎兵迂迴到法軍兩翼，破壞法軍陣形，最後步騎夾擊消滅法軍。

戰鬥初期按岡查加的計畫有條不紊地進行。同盟軍的步兵渡河和法軍中的瑞士傭傭兵糾纏在一起，沒完沒了地打起來。盟軍步兵一邊咬著牙承受瑞士精兵的砍殺，一邊苦苦等候自己的騎兵趕緊行動。但是那些騎著馬的傢伙們遲遲都沒有出現，因為他們在撿錢！原來查理八世趁雙方步兵糾纏時，拋棄了瑞士傭傭兵，自己帶著騎兵早早開溜了。他走之前，把掠奪來的大量財寶扔在

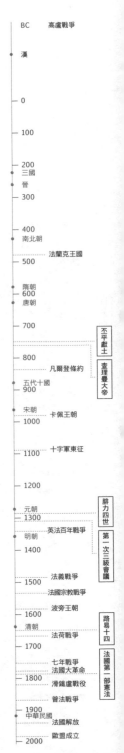

戰場的周圍。同盟軍的騎兵在迂迴前進的時候，被這些財寶吸引，早就忘記自己要幹什麼，都一窩蜂地搶奪財寶去了。同盟軍步兵知道後氣得火冒三丈，讓老子在這裡打仗，你們去撈錢！而瑞士僱傭兵知道自己被雇主拋棄之後，也趕緊找路逃跑。雙方步兵本來就無冤無仇，當即草草地結束了戰事。因為法軍順利地從福爾諾沃突圍，而且自身損失比同盟軍還少，所以查理八世聲稱自己贏得了這場戰役。但是法軍成功突圍後，仍然不斷地被游擊隊和疾病困擾，一路損兵折將，等查理八世逃回本國的時候，軍隊幾乎損失殆盡，因此也有人說法軍戰敗了。

不管這場仗誰勝誰敗，總之查理八世被迫放棄了控制義大利的企圖。正當他不甘失敗，密謀捲土重來的時候，居然在一次看網球賽的時候被一扇脫落的門砸死了。查理八世的堂兄奧爾良公爵繼位，是為路易十二（1462年—1515年）。

路易十二也像查理八世那樣，希望能在義大利擴大影響力。西元1508年，他參加了教皇組織的「康佈雷同盟」。同盟國還有西班牙、英國、神聖羅馬帝國等國，目的是遏制威尼斯對義大利北部的擴張。當然，路易十二還想趁機實現自己的野心，染指義大利。起初戰事還算順利，法軍在阿尼亞代洛戰勝了威尼斯，很輕鬆地就占領了米蘭和那不勒斯，並且和亞拉岡國王斐迪南二世簽下了密約，形勢一片大好。誰知樂極生悲，風雲突變，斐迪南二世又背棄了盟約。而這時候教皇為了避免義大利落入法國之手，也突然翻臉不認人，又拉了一夥人過來組成神聖同盟，準備再次圍毆法軍。

路易十二一看這幫小子卸磨殺驢，趕緊通知在義大利的法軍統帥加斯東·德，對他們先下手展開攻擊。西元1512年4月，加斯

君士坦丁統一羅馬
羅馬帝國分成兩部

波斯帝國 500—

回教建立

阿拉伯人攻佔西班牙

東羅馬其頓王朝

神聖羅馬帝國建立
1000—

英國征服愛爾蘭
蒙古第一次西征

文藝復興

歐洲流行黑死病

哥倫布發現新大陸
1500—

英國大破無敵艦隊

發明蒸汽機

美國獨立
拿破崙稱帝
美國南北戰爭開始

第一次世界大戰
第二次世界大戰

2000—

東‧德率軍進攻拉文納，附近的西班牙軍趕緊前來救援，這正中了加斯東‧德的「圍城打援」計謀。法軍當時有2.5萬大軍、40門火炮，而西班牙軍只有1.6萬人、24門火炮。戰爭初期，西班牙軍步兵成功地遏制住了法軍步兵，並且步步緊逼。加斯東‧德見勢不妙，命令騎兵行動。法軍聞名歐洲的騎兵策馬殺出，迅速擊退了西班牙軍的騎兵團，隨即支援正在敗退的步兵團，讓他們得以重整旗鼓。這時候，法軍的火炮發威了。騎兵突擊，炮兵猛轟，西班牙人根本無法穩住陣腳，大敗而歸。

　　法軍雖然獲得了這場戰役的最後勝利，但是主帥加斯東‧德卻在戰鬥即將結束的時候，大意地親自追擊一隊逃敵，結果不幸陣亡，年僅23歲；而且這場勝利並沒有扭轉整體劣勢。隨著英國和神聖羅馬帝國又一次加入神聖同盟，法軍更加雪上加霜。神聖羅馬帝國召回了在法國的德意志僱傭兵，亞拉岡、瑞士、英國紛紛出兵。面對全歐洲強敵從幾個方向進逼而來，路易十二只好妥協：放棄米蘭，賠款給英國，承認亞拉岡國王對納瓦爾的統治。西元1515年，路易十二未能完成他的壯志，也鬱鬱而終了。

　　路易十二去世後，他的女婿弗朗索瓦一世（1494年—1547年，也譯成法蘭西斯一世）繼位。這位熱愛藝術的國王，也非常熱衷於在戰場上稱雄。在他登基那年9月，就在馬里尼昂戰役當中擊敗米蘭、瑞士聯軍，再一次征服米蘭公國。第二年，他和瑞士締結萬年合約，獲得了在瑞士招募僱傭軍的權利。這次勝利令他信心大增。不久之後，他還鼓起勇氣，參加競逐神聖羅馬帝國（德意志）皇位，但是在這次選戰中，他敗給了哈布斯堡家族的西班牙國王查理。

　　這個查理來頭可不小，他的爸爸是西班牙國王腓力一世，他

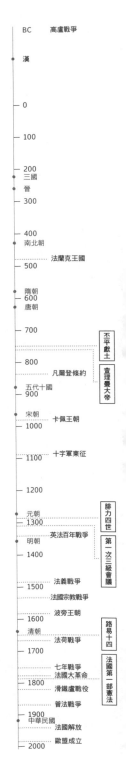

BC　高盧戰爭
漢

0

100

200
三國
晉

300

400
南北朝
　　　　　法蘭克王國
500

隋朝
600
唐朝

700

　　不平獻土
800　　查理曼大帝
凡爾登條約
五代十國
900
　　卡佩王朝
宋朝
1000

1100　十字軍東征

1200

元朝　　　　腓力四世
1300　　　第一次三級會議
英法百年戰爭
明朝
1400

1500　法義戰爭
法國宗教戰爭
波旁王朝
1600　　　路易十四
清朝　　法荷戰爭

1700

七年戰爭　法國第一部憲法
法國大革命
1800
滑鐵盧戰役

普法戰爭
1900
中華民國　法國解放
歐盟成立
2000

的外公是亞拉岡國王斐迪南二世，他的爺爺是神聖羅馬帝國皇帝馬克西米利安一世。在這次選戰中，他還得到了銀行家的支持，去賄賂那些投票的德國諸侯。查理擊敗弗朗索瓦一世，成為神聖羅馬帝國皇帝後，史稱查理五世（與百年戰爭時期的法國國王是兩個不同人）。

弗朗索瓦一世落選後大為惱火，從此和查理五世作對。雙方你攻我打，戰爭在好幾地同時進行，整體而言，對法國形勢不利。西元1521年，法國失去了對米蘭的控制。西元1523年，英軍攻入法國領土。西元1525年，法軍進攻義大利的帕維亞城，和前來救援的西班牙軍隊展開了一次大戰。

當時法軍有2.8萬人，西班牙軍有2萬人。戰爭初期，法軍騎兵又一次大顯神威，擊敗了西班牙軍的騎兵；但隨後西班牙的重步兵團便用密集的長矛陣阻擋了法國騎兵的衝擊。同時，法軍的瑞士僱傭軍在進攻西班牙軍側翼的時候，遭遇了西班牙軍火繩槍的狙擊，也敗下陣來。屢攻不下，法軍開始潰敗，西班牙軍抓住這個機會發動反攻，大敗法軍。法軍傷亡將近8000人，西班牙方面的傷亡還不足1000人，而且還俘虜了弗朗索瓦一世。當了俘虜的弗朗索瓦一世只好簽署《馬德里條約》，承認放棄勃艮第和在義大利的領土；但他一回到法國，馬上就撕毀條約，和查理五世再戰。為了獲得更多支援，他甚至和異教徒土耳其人合作。直到他去世之前，雙方戰爭斷斷續續，互有勝負。

這場戰爭一直持續到弗朗索瓦一世和查理五世都已經過世還沒結束，他倆的兒子亨利二世和腓力二世仍舊繼承亡父的遺願，鬥得你死我活。到了西元1559年，他們才終於停止戰爭，雙方在康佈雷齊簽訂和約。和約規定，法國收復加萊，並且繼續擁有梅

美國獨立

拿破崙稱帝

美國南北戰爭開始

第一次世界大戰
第二次世界大戰

　　　　　2000—

斯、圖勒、凡爾登三個主教管轄區，但是不再要求義大利的領土。至此，折騰人的義大利戰爭終於結束。從軍事角度來看，義大利戰爭有著非常重大的意義。在這次戰爭當中，火炮和火繩槍開始被廣泛運用，法軍在帕維亞之戰慘敗給火繩槍的威力更是成為經典戰例。

義大利戰爭的這幾十年間，也是歐洲進行新航路開闢的時期，各國都在力爭上游。法國在百年戰爭之後，國內工商業迅速復甦，紡織、造船、軍工幾個行業都得到蓬勃發展。法國南邊是地中海，沿岸有許多像南特、波爾多這樣的大港口，來往的船隻數不勝數，法國人可以很方便地把他們的商品賣到西歐各國、地中海東部甚至是新大陸。工業和商業都在迅速發展。

隨著工商業的發展，法國國內的資金也開始多了起來，尤其是在大量貴金屬從大西洋的彼岸流入歐洲之後，國內的社會狀況也隨之發生了改變。首先是大多數農民獲得了人身自由，他們不再像過去一樣，義務為城堡主勞動。雖然還要繳納各種不同的稅金，但好歹已經擺脫了農奴的身分。其次，大量貴金屬湧入而導致通貨膨脹，讓原來的封建領主階層瓦解得更快了。一直以來，這些領主最主要的收入是靠農民繳納的地租。但是地租一旦定了下來是不會改變的，而以前定下來的那點租金，在通貨膨脹的時代變得越來越不值錢。這些封建主為了維持所謂貴族的生活，花費越來越多，收入卻在貶值。入不敷出之下，封建主們一個個只好變賣土地，出賣自家城堡甚至是爵位。

有人歡喜有人愁，就在這些封建主逐漸式微的時候，一些大商人卻富得流油。他們利用手中的錢在朝廷中謀得一官半職，躋身貴族階層。以前依靠軍功而獲得封地獎賞的「佩劍貴族」，和

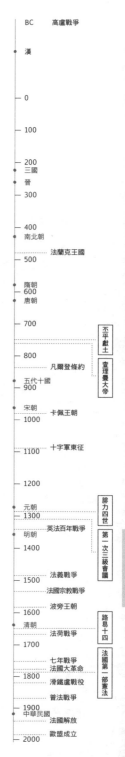

現在從商入仕的「穿袍貴族」，誰也看不起誰。他們互相打壓，「佩劍貴族」希望國王能擁有強大的王權，來維護他們手中僅餘的封建利益；而「穿袍貴族」也希望國王能夠大權在握，維持國內的統一市場，讓他們更好做生意。這麼一來，王室反而成了這兩幫貴族對掐的受益者。

這場歷時半個多世紀的義大利戰爭，從戰果上看，法國沒有占太多便宜，還損耗了不少兵力；但實際上王室利用這個機會，逐漸確立了君主專制。藉由戰爭，還進一步增強了法國人民的民族意識，對國家的發展則更加有利。義大利戰爭結束後，法國將迎來下一個時代——一個國王擁有至高無上權力的時代。

BC

耶穌基督出生　0—

君士坦丁統一羅馬
羅馬帝國分成兩部

波斯帝國　500—

回教建立

阿拉伯人攻佔西班牙

東羅馬其頓王朝

神聖羅馬帝國建立
1000—

英國征服愛爾蘭
蒙古第一次西征

歐州流行黑死病

文藝復興

哥倫布發現新大陸
1500—

英國大破無敵艦隊

發明蒸汽機

美國獨立
拿破崙稱帝
美國南北戰爭開始

第一次世界大戰
第二次世界大戰

2000—

| 第五章 | 波旁王朝

1. 大東部大區
2. 勃艮第-弗朗什-孔泰
3. 奧弗涅-羅亞納-阿爾卑斯
4. 普羅旺斯-阿爾卑斯-蔚藍海岸
5. 科西嘉
6. 上法蘭西
7. 法蘭西島
8. 諾曼第
9. 中央-羅亞爾河谷
10. 布列塔尼
11. 羅亞爾河地區
12. 新亞奎丹
13. 歐西坦尼亞

兵戈！宗教戰爭

耶穌基督出生　0—

君士坦丁統一羅馬
羅馬帝國分成兩部

波斯帝國　500—

回教建立

阿拉伯人攻佔西班牙

東羅馬其頓王朝

神聖羅馬帝國建立
1000—

英國征服愛爾蘭
蒙古第一次西征

歐州流行黑死病

文藝復興

哥倫布發現新大陸
1500—

英國大破無敵艦隊

發明蒸汽機

美國獨立
拿破崙稱帝
美國南北戰爭開始

第一次世界大戰
第二次世界大戰

2000—

　　早在14世紀，義大利人已經開始了如火如荼的文藝復興運動。這場人文主義運動的核心思想在於提倡人性，反對神性，主張人生的目的是追求現實生活中的幸福，宣導個性解放，肯定人的價值和尊嚴。法國人在這場歐洲變革當中稍顯落後了一點，他們要等到義大利戰爭時才接觸到這些思想。遠征的法軍將士在義大利目睹了那些華麗的建築，還有當地人民的生活方式，慨歎不已。他們想，原來這世上還有人能這樣活著！眼紅的他們除了搶了不少金銀財寶之外，還帶了不少藝術品和書籍回法國。這些新事物被帶回法國後，成為法國文藝復興運動的種子，醞釀出一批批人才。

　　法國王室一開始是很支持這種思想的，弗朗索瓦一世就曾經專門建立了一所王家學院，支持學者去研究做學問。不僅如此，他還擴建了羅浮宮，修建了圖書館，更請來了許多大師來法國講課，這些大師當中包括了像達文西這樣的全才。

　　弗朗索瓦一世做了這麼多，並不是因為他的思想前衛想革命，只是當時的王室想要拉攏新興的資產階級人士，所以才會投其所好支持人文主義。這段時間裡，法國的拉伯雷、紀堯姆、蒙田等人都在文學領域取得了非常大的成就。而在他們之後，一個叫加爾文的神學家更是令法國爆發了一場長達30多年的戰爭。

事情還得從加爾文的出生說起。西元1509年，法國小城努瓦榮一位負責管理主教產業的人生了個兒子。這個孩子就是加爾文。加爾文的父親含辛茹苦地供養他接受良好的教育，送他到巴黎的蒙太古學院念書，隨後又送到奧爾良和布魯日讀法律和神學。

在加爾文讀書成長的這幾年，馬丁·路德的新宗教思想逐漸在法國境內傳播。

西元1532年，法國國王為了反擊教皇和死對頭神聖羅馬帝國皇帝聯手對付自己，公開支持路德派的新教徒。在這種氛圍下學習成長，加爾文深受新教思想影響，並開始宣揚馬丁·路德的觀點。因為這樣，加爾文被教會視為異端，被迫避難到巴塞爾。在避難的這段時間裡，加爾文有許多閒暇時間，可以潛心研究他的理論。

終於，他在西元1536年發表了自己的著作《基督教原理》。這本書一出版就引起了轟動。不久之後，人們開始追隨這位新教主義者，並且把他定居的地方日內瓦稱為「新教的羅馬」，而他們的教宗自然就是加爾文。

加爾文的思想主要是預定論，就是說一個人是該倒楣還是該富貴，上帝早就安排好了，你做什麼祈禱、禮拜都是假的，沒用。那麼我們怎麼知道上帝到底選中誰作為他眷顧的子民呢？很簡單，只要看那個人能不能在對社會有益的各行各業裡取得成功，就可以知道了。假如他是個人生贏家，那自然是上帝的寵兒；假如他窮困潦倒，那不必說絕對是上帝的棄兒。

因此，加爾文的宗教思想宣導人們沒必要花那麼多錢去搞那些繁瑣的儀式性東西，有那工夫還不如努力賺錢回饋社會，這才

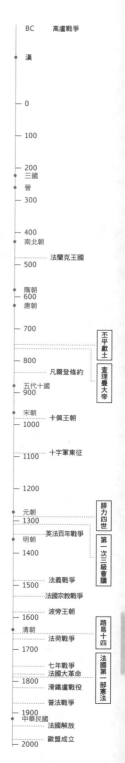

BC　高盧戰爭

漢

0

100

200
三國
晉

300

400
南北朝

法蘭克王國

500

隋朝
600
唐朝

700

不平獻土

查理曼大帝

800

凡爾登條約

五代十國
900

宋朝　卡佩王朝
1000

十字軍東征

1100

1200

腓力四世

元朝
1300

英法百年戰爭
明朝

第一次三級會議

1400

法義戰爭
1500
法國宗教戰爭

波旁王朝
1600
清朝

路易十四

法荷戰爭

1700

七年戰爭
法國大革命
1800
滑鐵盧戰役

法國第一部憲法

普法戰爭

1900
中華民國　法國解放

歐盟成立

2000

BC

耶穌基督出生　0—

君士坦丁統一羅馬

羅馬帝國分成兩部　—

波斯帝國　500—

回教建立

阿拉伯人攻佔西班牙

東羅馬其頓王朝

神聖羅馬帝國建立
　1000—

英國征服愛爾蘭

蒙古第一次西征　—

歐州流行黑死病

文藝復興

哥倫布發現新大陸
　1500—

英國大破無敵艦隊

發明蒸汽機

美國獨立
拿破崙稱帝
美國南北戰爭開始

第一次世界大戰
第二次世界大戰
　2000—

是愛上帝的表現。

　　這樣的理論大受當時的資產階級分子歡迎，他們選擇信奉新教，並且利用新教的教義去反抗王權和天主教會的剝削。這樣一來，不但得罪了天主教，也損害了王室的利益，王室就不再願意支持新教了。但是此時信奉新教的人數已經越來越多，即使沒有王室的支持，他們已經能自成一派，割據一方。國王見勢不妙，態度轉變得更加徹底，從原來的支持改為鎮壓，企圖將這種「歪風邪教」扼殺。

　　正所謂哪裡有壓迫，哪裡就有反抗。眼見王室對新教的鎮壓手段愈來愈激烈，非但沒有令新教徒人數減少，反而令新教得到越來越多的信眾。到最後，連貴族都分裂成兩個互相敵視的集團：一個是以吉斯公爵、洛林紅衣主教為首，信奉天主教的陣營，他們的勢力集中在法國的北部和東部；另一邊則是以納瓦爾國王、孔代親王為首的新教陣營，他們盤踞在法國南部和西部。

　　這兩派人從一開始互相不爽，逐漸升級為明爭暗鬥，最終演變為正式開打。西元1562年，吉斯公爵率領部隊在一個叫瓦西鎮的地方，突然襲擊一個穀倉。穀倉裡面是正在舉行宗教儀式的新教徒，吉斯公爵衝進來殺死了25人。這件事之後，各地的天主教徒都以吉斯公爵為榜樣，像發了瘋一樣，見到新教徒就砍，全國各地許多新教徒遇害。面對天主教徒如此喪心病狂的屠殺行為，新教徒也不再理會加爾文的勸誡，拿起了武器開始反抗。因為法國的新教也稱為「胡格諾教」，所以這場戰爭被稱為「胡格諾戰爭」。

　　這場以宗教衝突為導火線的戰爭，實際上也是兩個派別的貴族為了爭奪利益而相互爭鬥。更過分的是，這群貴族為了贏得戰

爭，居然還爭相借助外國勢力。天主教去找西班牙人，胡格諾教則拉攏英國和德國新教諸侯，導致這場戰爭變得更加複雜。幾十年間，雙方的主要首領非死即傷，每次和談之後沒多久，又會再起戰亂。法國好不容易從百年戰爭的陰霾中走出來，現在卻被這夥人搞得一塌糊塗，陷入了一場更為混亂的局面，這種局面一直到三個叫亨利的人出現才走向終結。

　　說來有趣，兩個教派的首領相繼戰死或者被暗殺後，他們的繼任人名字都叫亨利：胡格諾派的納瓦爾國王叫亨利，天主教派的吉斯公爵也叫亨利，法國國王的弟弟安茹公爵還是叫亨利。三個亨利登場後，胡格諾戰爭進入了高潮。西元1572年8月18日，法國國王把女兒嫁給了納瓦爾國王亨利。幾天之後，天主教派的兩位亨利派人暗殺胡格諾派的重要人物克利尼，但是這倆傢伙請的刺客太不專業，居然只有把克利尼砍成重傷。

　　這件事令胡格諾派教徒非常氣憤，他們群聚巴黎，勢要聲討暗殺者，為克利尼討回公道。在這種敏感的時刻，王太后居然祕密命人血洗聚集在巴黎的胡格諾派。8月25日是法國的聖巴托羅繆節，也就是狂歡節。但是在西元1572年的巴黎，人們恐怕是無論如何都不可能狂歡起來了。因為在前一天午夜，將近兩千名胡格諾派信徒慘遭殺害，就連剛剛娶了公主的納瓦爾國王亨利也遭到襲擊，差點掛掉，全靠發誓放棄信奉新教才撿回一條命。這次屠殺史稱「聖巴托羅繆之夜」。

　　緊跟著法國國王駕崩，他的弟弟安茹公爵繼位成為亨利三世，局勢變得更加混亂。亨利三世登基後，與原來的天主教盟友吉斯公爵亨利起了爭執。公爵亨利把亨利三世趕出了首都巴黎，亨利三世則派人暗殺公爵亨利。之前一直被軟禁的納瓦爾國王亨

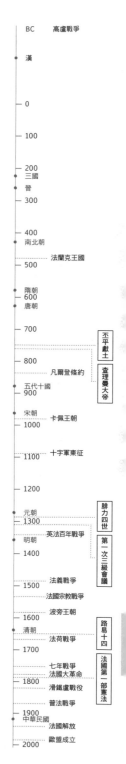

BC

耶穌基督出生　0—

君士坦丁統一羅馬

羅馬帝國分成兩部

波斯帝國　500—

回教建立

阿拉伯人攻佔西班牙

東羅馬其頓王朝

神聖羅馬帝國建立
1000—

英國征服愛爾蘭

蒙古第一次西征

歐州流行黑死病

文藝復興

哥倫布發現新大陸
1500—

英國大破無敵艦隊

發明蒸汽機

美國獨立
拿破崙稱帝
美國南北戰爭開始

第一次世界大戰
第二次世界大戰

2000—

利也趁機逃出巴黎，並且拒絕承認自己說過放棄新教的話。這時候，公爵亨利的弟弟為哥哥報仇，發動叛亂，占據了巴黎。亨利三世為了奪回首都，居然和原來的敵人納瓦爾國王亨利聯手圍攻巴黎。這場鬥爭的劇情本來就夠狗血了，又因為主角同名而令人頭暈。鬥爭的最後結果卻令人咋舌。由於亨利三世突然被一名修士刺殺，他沒有兒孫、弟弟可以繼承王位，大家只好另找繼承人。一翻族譜，大夥們都驚訝了，原來最有資格繼承法國王位的親戚，居然就是納瓦爾國王亨利。於是納瓦爾國王亨利登上王位，稱亨利四世（1553年—1610年）。

　　亨利三世去世後，瓦盧瓦王朝因為沒有後代而絕嗣。亨利四世屬於波旁家族，所以從亨利四世開始，法國進入波旁王朝時代。

夢想！人人有雞吃

　　亨利四世鬼使神差般登上了王位，但胡格諾戰爭還沒完全結束。很多法國人並沒有把這個新教國王當一回事，全國只有5個城市承認他的地位。亨利四世只能依靠英軍的幫助，去征服那些不服從他的人。

　　當時法國大部分人都信奉天主教，亨利四世一味靠蠻勁鎮壓，其效果非常有限。尤其是首都巴黎，防守堅固，絕不承認新教國王。亨利四世最後還是決定妥協，他頗有感慨地說了句流傳至今的名言：「為了巴黎而做彌撒還是物有所值的。」

　　西元1593年，亨利四世在聖德尼大教堂宣布信奉天主教。幾天之後，兩派達成了停戰協定，長達30多年的胡格諾戰爭終於結束。

　　雖然戰爭結束了，但是還有一場形勢更嚴峻的「戰鬥」在等著亨利四世，那就是恢復被戰爭破壞的法國。胡格諾戰爭的持續時間雖然不如百年戰爭這麼長，但是波及了法國全國各地，造成的損害和百年戰爭比起來一點也不輕。亨利四世自己也這樣說：「交到我手中的法蘭西已將近毀滅。對法國人而言，法蘭西已經不復存在。」

　　為了恢復國內民生經濟，首要任務就是撮合因為戰爭而成為世仇的天主教派和胡格諾教派。

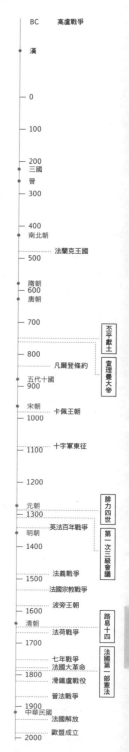

西元1598年，亨利四世頒布《南特敕令》，目的就是讓兩個教派的人以後能夠和平共處。

敕令規定，天主教成為法國的國教，與此同時國民擁有信仰胡格諾教的自由；胡格諾教徒和天主教徒擁有平等的權利；不再追究在過去教派衝突中發生的一切戰爭、暴力事件的責任。《南特敕令》是歐洲歷史上第一個實行宗教寬容政策的政令，亨利四世為了保證國家的和平可謂是用心良苦。

解決了政治問題，亨利四世努力地振興法國經濟。亨利四世

重用聰明能幹的蘇利公爵，讓他出任財務總監。兩人認為以農為本發展國家才是硬道理。他們招撫流散的農民，減輕農民的稅賦

負擔，帶領大家開闢田地、疏浚河道、排乾沼澤，還積極引進更

先進的種植技術。亨利四世曾經說過：「假如上帝給我足夠長的時間，我希望能經由我的努力，讓國土上每個家庭晚飯時都能吃

到一隻雞。」他就是這樣務實，務必要令法國人人有工作，人人

有雞吃。

亨利四世除了是個仁慈的明君，在日常生活中還是個好玩

的傢伙。他生活節儉，不喜歡繁瑣的禮節，不喜歡穿那些又名貴又花哨的禮服，反倒喜歡穿著看起來破破爛爛但是舒服貼身的衣

服。有時候群臣去拜見他，他才剛剛起床，就隨便套上一件襯

衣，從睡房出來領著大家走去隔壁的辦公室，一路上還不停地向

大臣抱怨：昨晚他的王后又發脾氣，自己差點被責罵，真苦命啊

真苦命……亨利四世在政壇中拼命樹立自己的威信，也為恢復王

權下了不少工夫，但在日常生活中他就顯得隨意很多。不知道是

不是沒人陪著就悶得慌，身為一個國王，吃飯時總得要請來三五

知己和他一起吃，他才吃得香。他也喜歡經常去大臣家裡做客，

他能讓疑心最重的人都放下戒備。

　　但是這位受到國人愛戴的國王還是會招人嫉恨。西元1610年，亨利四世在準備前往戰場的時候，在馬車中被一名狂熱的天主教徒刺殺身亡。他的兒子路易十三繼位。當時路易十三才9歲，這不能不令人擔心。亨利四世好不容易才讓法國從戰爭中逐漸恢復過來，他突然身亡，會不會又令法國再度陷入混亂？所幸的是，這時一名紅衣教主嶄露頭角，非常完美地繼承了亨利四世的事業。他就是赫赫有名的黎胥留。

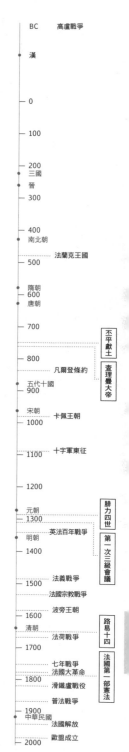

梟雄！紅衣主教黎胥留

BC

耶穌基督出生　0—

君士坦丁統一羅馬

羅馬帝國分成兩部

波斯帝國　500—

回教建立

阿拉伯人攻佔西班牙

東羅馬其頓王朝

神聖羅馬帝國建立
　　　　1000—

英國征服愛爾蘭

蒙古第一次西征

歐州流行黑死病

文藝復興

哥倫布發現新大陸
　　　　1500—

英國大破無敵艦隊

發明蒸汽機

美國獨立
拿破崙稱帝
美國南北戰爭開始

第一次世界大戰
第二次世界大戰

　　　　2000—

　　亨利四世的猝然離世令法國失去了一位賢明之主。繼任的路易十三還是個小孩子，由他的母后瑪麗・美第奇攝政。同樣是太后攝政，瑪麗和當年路易九世的母親布朗歇相比就差遠了。瑪麗在攝政期間沒做過什麼了不起的事，她完全不會處理政務，一旦那些貴族鬧事，她就只懂得塞錢了事。這樣的「安撫」完全發揮不了作用，那群如狼似虎的貴族怎麼可能滿足呢？太后越給錢安撫，他們就越喜歡鬧騰，因為這樣子太后就會給他們更多的錢。最典型的例子就數太后的情人孔奇尼了。他仗著太后的寵幸，搜刮了不少財富，甚至還掌管國家大權。這個「軟飯王」把持朝政後淨做缺德事，弄得朝廷內外烏煙瘴氣。

　　國內的許多貴族看見這種情況，覺得光是要太后的錢已經填不飽肚子了，不如進一步和太后撕破臉皮，大家都回去當土皇帝，這樣能撈更多好處。這些貴族各自回到自己的地盤，起兵作亂，要求重開被亨利四世停止召開的三級會議。他們希望能在會議中削弱王室的力量，以後就可以為所欲為了。

　　貴族們終於在西元1614年10月27日迎來了三級會議，這次會議在巴黎的奧古斯丁修道院召開。按他們的如意算盤，透過這次會議可以逼太后讓步，瓜分王室的權力。出乎他們意料的是，在這次會議中，第三等級的市民代表站了出來。這些市民寧願支持

王室，也不想讓這些平時魚肉自己的貴族為所欲為。市民代表突然發難，令貴族老爺們措手不及。而教士代表也跟進聲援。眼看民情洶洶，最後貴族們也被迫表示要擁戴攝政太后，增強王權。貴族們這次召開三級會議可謂是搬起石頭砸了自己的腳。

在這次會議上，作為教士代表出席的呂松主教黎胥留（1585年—1642年），多次發言支持王室，令孔奇尼很欣賞他。此時王室面臨重重危機，孔奇尼認為黎胥留能夠幫助王室，不久之後他就把黎胥留引薦給太后，並且委以重任。就這樣，這個日後被認為是法國歷史上最偉大、最有謀略、最無情的政治家開始了他的仕途。

西元1617年，路易十三已經長大，想要親自執政。他覺得孔奇尼這個「便宜乾爹」非常礙事，就唆使人殺害了孔奇尼。殺掉孔奇尼後，路易十三依靠寵臣呂伊納輔佐，迅猛地剷除了孔奇尼的同盟勢力。孔奇尼的許多親信被殺，孔奇尼任命的官員則被革職。這時候，被視為孔奇尼一黨的黎胥留，也只好逃到教皇領地阿維尼翁避難。在避難期間，有大把空餘時間的黎胥留寫了一本《保衛天主教信仰的主要原理》。因為這本書寫得不錯，他被教皇擢升為紅衣主教。

路易十三剷除孔奇尼時，手段非常狠毒而且迅速。這對於路易十三來說固然是好事，但是孔奇尼畢竟是太后的情人，路易十三這樣做就難免和母親鬧得很僵，太后甚至一度想策劃逃跑。路易十三不想讓母親跑到別國去丟人現眼，但是也不方便用強硬的手段攔住她。這時候他找到黎胥留，由黎胥留出面勸說太后。結果黎胥留不計前嫌，不但成功留住了太后，還令路易十三母子關係緩和了不少。這件事令路易十三也開始信任黎胥留，並且逐

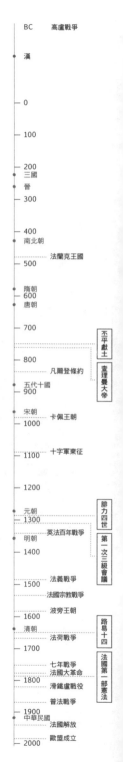

東羅馬其頓王朝

神聖羅馬帝國建立
1000—

英國征服愛爾蘭

蒙古第一次西征

歐州流行黑死病

哥倫布發現新大陸
1500—

英國大破無敵艦隊

發明蒸汽機

美國獨立

拿破崙稱帝

美國南北戰爭開始

第一次世界大戰
第二次世界大戰

2000—

漸重用他。呂伊納去世後，黎胥留終於在西元1624年8月接任首相，開始了他18年的首相生涯。

黎胥留曾經說過許多威武霸氣的話，其中最廣為流傳的，就是他在回憶錄裡記載的：「我的第一個目的是使國王崇高，我的第二個目的是使王國榮耀。」

為了達成這兩個目的，黎胥留可謂是不擇手段。他的身體狀況並不是太好，但是在他擔任首相的這十幾年間，運用強勢手段控制朝政，支持國王，也強撐著自己的身體，和國內外的一切對手對抗。為了能打擊對手，他總是一臉冷酷，他的敵人都對他又恨又怕。許多貴族都想剷除黎胥留，這夥人以太后、王后、國王的弟弟加斯東為首。他們和哈布斯堡家族有密切關係，想罷黜路易十三，扶持加斯東為王。但是要想這麼做，就不得不過黎胥留這一關。於是黎胥留成為這夥人的眼中釘。他們為了除掉黎胥留，企圖採用謀殺的方法，但是失敗了。

一計不成又生一計，太后以為路易十三長期被黎胥留指手畫腳，也非常討厭黎胥留，就親自跑到國王面前，哭喊著說黎胥留是一個無情無義的渾蛋，希望國王儘快把他革職。路易十三頓時無語，他心知黎胥留是為國奮鬥的大忠臣，但又不好意思直接違抗母親。恰好這時候，黎胥留也來覲見國王，看到這樣的架勢，頓時明白發生了什麼事。黎胥留趕忙躬身下拜：「太后好像在指責微臣？」剛說完，淚水就忍不住湧出來。太后一見，好你個黎胥留，跟我玩悲情？她也使出了絕招：「兒子，你到底是要支持你老媽我，還是要偏袒這個下人？」說完，太后哭得比黎胥留還大聲。這時候路易十三真的感到為難，只好扔下兩個人在大廳對哭，自己回去了。

但路易十三走後不久，馬上召見黎胥留，悄悄地對他說：「你放心吧，我要對我的國家負責，而不是對我母親負責。」黎胥留知道這是國王表示支持他。有了這句話，他就放心地處理掉太后黨派的人——太后被流放，王弟加斯東被警告注意言行。太后等人愚蠢地以為黎胥留失寵，所以這齣拙劣的鬧戲被稱為「愚人日事件」。需要注意的是，這天並不是四月一日，與我們現在熟知的「愚人節」無關。

加斯東在這次事件中並沒有受到嚴懲，然而這傢伙不僅沒好好反省，得了便宜還賣乖，跑到外地聯合蒙莫朗西公爵起兵造反。黎胥留對這小傢伙的把戲一點也不懼怕，迅速派兵擊敗叛軍，生擒了這兩個傢伙。這次黎胥留毫不手軟，不聽許多貴族的求情，也不管蒙莫朗西曾經為國家立下赫赫功勞，果斷地下令把他處死，還剝奪了他世襲的公爵爵位。王弟加斯東則被貶為平民。

在粉碎太后這夥人的陰謀的同時，黎胥留還要和胡格諾教徒鬥智、鬥勇。當時胡格諾教的貴族利用先王亨利四世頒布《南特敕令》給予的特權為非作歹，一旦王室不滿足他們的需求，他們就上房揭瓦，發動叛亂。黎胥留對這群傢伙忍無可忍，終於在西元1627年親自率兵圍攻胡格諾派的軍事據點羅舍爾。胡格諾貴族們以為黎胥留是個教士，哪裡懂得打仗啊？黎胥留笑而不語：要知道，老夫在當教士之前，可是在軍事學院學習過的！兩家一開打，叛軍將領頓時領略了紅衣主教的厲害。一年之後，黎胥留成功打下了羅舍爾，下令拆除他們所有的要塞，又解散了胡格諾派的軍隊。這麼一來，終於根除了胡格諾教徒在法國的勢力。

黎胥留剷除了國內的大貴族，「使國王崇高」，加強王權的

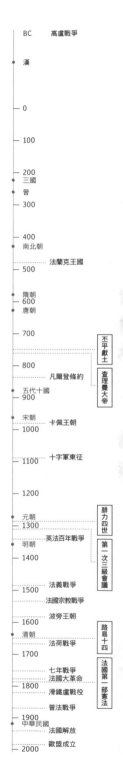

BC　高盧戰爭
漢
—0
—100
—200　三國
　　晉
—300
—400　南北朝
　　法蘭克王國
—500
　　隋朝
—600
　　唐朝
—700
　　　　　　不平獻土
—800
　　凡爾登條約　查理曼大帝
五代十國
—900
　　宋朝
—1000　卡佩王朝
—1100　十字軍東征
—1200
　　元朝
—1300　　　腓力四世
　　明朝　英法百年戰爭　第一次三級會議
—1400
—1500　法義戰爭
　　法國宗教戰爭
　　波旁王朝
—1600　　　　　　路易十四
　　清朝
—1700　法荷戰爭
　　七年戰爭
　　法國大革命　法國第一部憲法
—1800
　　滑鐵盧戰役
　　普法戰爭
—1900
中華民國　法國解放
　　歐盟成立
—2000

任務總算完成了。但是他並沒有停下來，他還要完成另一件事，「使王國榮耀」。要做到這一點，他要面對的敵人比前面提到的所有加起來還要強大好幾倍。因為這個敵人，是能左右整個歐洲的哈布斯堡家族！

縱橫！三十年戰爭

西元1273年，哈布斯堡家族的魯道夫一世當選為神聖羅馬帝國國王。從這時候開始，這個歐洲歷史上統治時間最長、統治地域最廣的封建家族就已經開始積累他們的力量。他們最擅長的手段就是透過聯姻，獲得更多的領地。到了查理五世（就是和法國國王弗朗索瓦一世爭奪德皇寶座和義大利領土的那位）在位期間，哈布斯堡家族迎來了史上最輝煌的時期，領地遍佈歐洲各地。到了黎胥留所處的年代，哈布斯堡家族統治下最重要的地區為西班牙、奧地利，同時還兼任神聖羅馬帝國（德意志第一帝國）的皇帝。

當時的神聖羅馬帝國也遭遇了像法國宗教改革時期一樣的情況，而且更為嚴重。帝國中央力量衰微，各地邦國諸侯割據，分為兩派，一派信奉傳統的天主教，另一派人信奉路德教這樣的新教，互相爭鬥。由於神聖羅馬帝國的統治者哈布斯堡家族權傾歐洲，在這裡爆發的宗教戰爭最終升級成「胡格諾戰爭全歐威力加強版」，歐洲各國也被牽扯進來。這場戰爭被稱為「三十年戰爭」。

西元1618年，戰爭在波希米亞（今捷克）爆發，當時黎胥留還未成為法國的首相。波希米亞的新教徒發動起義，反抗統治他們的神聖羅馬帝國皇帝斐迪南二世，並且選出了他們自己的國

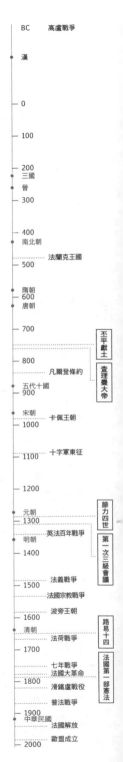

BC　高盧戰爭

漢

0

100

200　三國
晉

300

400　南北朝

—— 法蘭克王國

500

隋朝
600
唐朝

700

不平獻土｜查理曼大帝

800

—— 凡爾登條約

五代十國
900

宋朝
—— 卡佩王朝

1000

1100　十字軍東征

1200

元朝
1300

明朝　英法百年戰爭

腓力四世｜第一次三級會議

1400

—— 法義戰爭
1500　法國宗教戰爭
—— 波旁王朝
1600
清朝　—— 法荷戰爭

路易十四｜法國第一部憲法

1700

七年戰爭
法國大革命
1800　滑鐵盧戰役
普法戰爭
1900
中華民國　法國解放
—— 歐盟成立
2000

王。斐迪南二世當然不能容忍，於是出兵討伐。在盟友西班牙及天主教諸侯的幫助下，帝國軍於白山戰役戰勝了波希米亞。

　　本來周圍的國家都樂於見到波西米亞起義，因為他們希望神聖羅馬帝國亂一點，免得哈布斯堡家族過於強大，然而這次帝國的勝利令鄰居們頗為不安。法國儘管以天主教為國教，但他們可不打算幫天主教的哈布斯堡家族加強地位。於是在西元1625年，已經登上首相寶座的黎胥留透過外交手段，促使信奉新教的丹麥、荷蘭、英國結成三國同盟。在法國和荷蘭的資助下，由丹麥出兵前往神聖羅馬帝國，幫助那裡的新教諸侯反抗哈布斯堡家族。丹麥國王出兵德意志，起初還挺順利，沒想到後來神聖羅馬帝國起用了名將華倫斯坦，華倫斯坦和他屬下的精銳部隊一上場就扭轉了局勢，丹麥人被打得灰頭土臉。最後丹麥被迫在《盧貝克和約》上簽約，保證以後不再插手神聖羅馬帝國的家事，這一次又是帝國獲勝。

　　黎胥留並沒有因此而氣餒，他繼續利用歐洲各國對哈布斯堡家族的嫉恨情緒尋找盟友。在簽訂《盧貝克和約》後，神聖羅馬帝國打算在波羅的海訓練一支海軍，這個打算觸動了大海彼岸的瑞典國王古斯塔夫二世的神經。為了防止神聖羅馬帝國把勢力擴張到北歐，威脅自己，瑞典也答應了黎胥留的邀請，加入「反哈聯盟」。古斯塔夫二世是一個能征善戰的國王，恰恰這時候，能與之匹敵的華倫斯坦和帝國皇帝斐迪南二世鬧矛盾，小氣的斐迪南二世罷免了這個曾經拯救帝國的將軍。於是強大的瑞典軍團突然降臨，失去華倫斯坦的帝國軍被打得落花流水。

　　瑞典的參戰令神聖羅馬帝國頭疼不已，最後只能再次求華倫斯坦出山幫忙。兩軍在德國境內的呂岑爆發大戰，這場戰鬥異常

耶穌基督出生　0—

君士坦丁統一羅馬

羅馬帝國分成兩部

波斯帝國　500—

回教建立

阿拉伯人攻佔西班牙

東羅馬其頓王朝

神聖羅馬帝國建立
　　　　1000—

英國征服愛爾蘭

蒙古第一次西征

歐州流行黑死病

文藝復興

哥倫布發現新大陸
　　　　1500—

英國大破無敵艦隊

發明蒸汽機

美國獨立
拿破崙稱帝
美國南北戰爭開始

第一次世界大戰
第二次世界大戰

　　　　2000—

激烈，瑞典國王古斯塔夫二世陣亡，但是瑞典軍卻頑強地抵擋住了帝國軍的進攻，最後獲得了慘烈的勝利，瑞典軍的傷亡比德軍還多。失去了國王的瑞典軍隨後在納德林根大敗。

　　哈布斯堡家族的軍隊到此為止已經連續擊敗三個對手，完成了「帽子戲法」。眼見著全歐洲沒人能阻擋他們了，這時候，平定了國內各種叛亂的黎胥留終於站了出來。法國要親自參戰了！

　　黎胥留這一招果然高。先前讓盟友輪番上陣，使得神聖羅馬帝國和西班牙「踢滿全場」，疲憊不堪。而黎胥留在正式宣布開戰之前，還派人到葡萄牙和西班牙的加泰隆尼亞地區煽風點火，令西班牙東西兩邊都要面對不同的敵人。坑了西班牙後，黎胥留再把荷蘭拉來，並且保持和瑞典的同盟關係。在一切準備妥當之後，西元1635年5月19日，法國才正式向西班牙宣戰，10多萬法軍同時殺入西班牙和德意志。

　　雖然黎胥留已經布下了天羅地網，對面的華倫斯坦還被腦殘的德皇自斷手足地幹掉，但畢竟百足之蟲，死而不僵，哈布斯堡家族不是那麼好對付的，戰事一開始法軍還是非常吃緊。西班牙軍和神聖羅馬帝國軍從兩個方向夾擊法國，一度打到了離巴黎不遠的索姆河。但是黎胥留並沒有退縮，一直坐鎮巴黎穩定軍心。法軍的堅守終於換來了成果，在歐洲其他戰場上，法國的戰友們紛紛傳來了捷報：荷蘭人消滅了西班牙海軍主力；瑞典人消滅了帝國軍15000人，俘虜5000人。受此激勵，法軍也努力爭先，黎胥留強撐著年老病衰的身體隨軍出征。西元1643年5月，年僅23歲的孔代親王率領法軍在羅克魯瓦戰役中擊敗西班牙，殲敵8000人，俘虜6000人。經過這幾場大勝仗後，法國終於在「補時階段」逆轉了戰局，在西元1648年簽訂《威斯特伐利亞和約》，獲得兩塊

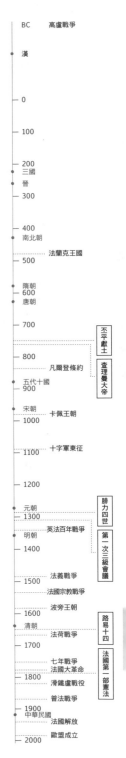

廣闊的領地——阿爾薩斯和洛林。可惜在簽訂和約的時候，黎胥留已經魂歸西天了。沒有黎胥留的努力，法國不可能在這場戰爭中大獲全勝，而他自己卻沒有機會來分享這份勝利的喜悅。

到底要如何評價黎胥留？他不是法國的國王，作為首相的他常年控制著路易十三，換了別人，做這種事絕對免不了「挾天子以令諸侯」的惡名。但是黎胥留生前的所作所為確實讓人無可挑剔，對君主的忠誠也可見一斑。他在臨終前，神父循例問他：「你要不要寬恕你的敵人？」結果這位冷血宰相的回答居然是：「除了公敵之外，我沒有敵人。」正所謂人之將死其言也善，黎胥留彌留之際說出的這句話，應該可以視為他的真心話。這樣看來，他也算是對國王、對法國問心無愧了。

有一些稍微瞭解中國文化的西方人在看過《三國演義》後，對諸葛亮的評價是，「這不就是東方的黎胥留嗎？」撇開東西方文化、政治差別不談，黎胥留和諸葛亮的的確確有不少相似的地方：二人為相都集大權於一身，甚至令自己的國君都變得似乎可有可無，但是大權在握的他們都表現出令人慨歎的忠誠；二人執法都頗為嚴峻，黎胥留尤甚；二人都為了自己國家的公務勞心勞力，最後死於軍中。這個比喻不一定完全恰當，但黎胥留的的確確是法國歷史上最值得稱道的賢相。沒有他的努力作為基礎，也就不會有後面的「太陽王」路易十四時期法國的輝煌了。

東羅馬其頓王朝

神聖羅馬帝國建立
　　　1000—

英國征服愛爾蘭

蒙古第一次西征

文藝復興

歐州流行黑死病

哥倫布發現新大陸
　　　1500—

英國大破無敵艦隊

發明蒸汽機

美國獨立

拿破崙稱帝

美國南北戰爭開始

第一次世界大戰
第二次世界大戰

　　　2000—

黎胥留去世的消息傳開後，許多人都頭頂青天狂喜亂舞，不僅他的對手如此，就連法國人亦如是。這個為了法國鞠躬盡瘁的首相離世，法國人民居然是奔相走告，大家一起上街慶祝「那個殺人魔終於死了」！連過節都沒這麼熱鬧。這種沒良心的歡慶絕對是沒有道理的，這群人很快會為自己這樣的行為感到後悔。

耀眼！太陽降生

黎胥留死後不到半年，路易十三也去世了。接任的國王路易十四（1638年—1715年）還不滿5歲，不用說又是按照慣例由太后攝政。這個太后也是個沒太大本事的人，她把所有的事都交給了自己的情人兼國家首相馬扎然。馬扎然是黎胥留的「徒弟」，黎胥留臨終前特別指定他作為自己的接替者。馬扎然不是庸碌之輩，但和黎胥留比起來確實遜色得多。他接任首相的時候，法國正在和西班牙軍打得難分難解，需要大量的財力才能支撐下去。馬扎然為了保住恩師黎胥留經營多年的戰果，一次次地加徵稅賦。雖然他這些措施是迫於無奈，但被強徵家產的百姓可不會因此就諒解他，整個法國怨聲載道。

西元1648年5月，巴黎高等法院為了抵制政府苛稅，向國王提出了要求，以後想開徵新稅必須經過法院同意才可以。馬扎然怎麼可能會理睬他們，他下令逮捕了幾個囉嗦的法官。誰料到巴黎市民聽說這件事後，一夜之間在巴黎城的街道上建立了1000多個堡壘，舉行起義。他們聲勢浩大，連馬扎然支持者家的玻璃窗，都被這些起義者砸碎。這次反對王室統治的起義被稱為「福隆德運動」。所謂的福隆德其實是一種小孩子玩遊戲時用的投石器，因為有一定危險性，當局已經明令不許玩這種東西。他們故意採用這種被禁止的玩意兒名字來表示反對馬扎然。馬扎然被起義者

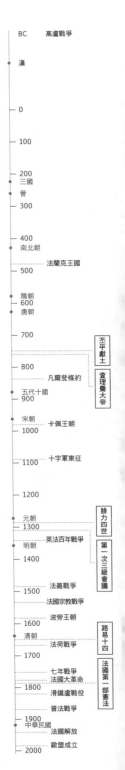

BC 高盧戰爭
漢
0
100
200 三國
晉
300
400 南北朝
法蘭克王國
500
隋朝
600 唐朝
700
不平獻土
800 凡爾登條約
查理曼大帝
五代十國
900
宋朝 卡佩王朝
1000
1100 十字軍東征
1200
元朝 腓力四世
1300
明朝 英法百年戰爭
1400
第一次三級會議
1500 法義戰爭
法國宗教戰爭
波旁王朝
1600
清朝 法荷戰爭
路易十四
1700
七年戰爭 法國第一部憲法
法國大革命
1800 滑鐵盧戰役
普法戰爭
1900
中華民國 法國解放
歐盟成立
2000

嚇壞了，急忙帶著太后、路易十四逃出巴黎。馬扎然逃出巴黎後，請來當年戰勝西班牙的元帥孔代親王去討伐這些起義者。和西班牙正規軍作戰都能獲得大勝的孔代親王，對付那些沒受過訓練的起義者自然是手到擒來。西元1649年3月，高等法院與馬扎然妥協，「福隆德運動」暫告一段落。

但是事情不會這麼快就結束。因為馬扎然回到巴黎後，並沒有履行當初對孔代親王的承諾，讓他擔任首相。這下不爽馬扎然的，就不再是烏合之眾，而換成身經百戰的孔代親王了。親王對言而無信的馬扎然毫不留情，拉攏了國內許多貴族發動叛亂，而且還勾結西班牙聯手發難。馬扎然完全不是對手，又一次被趕出巴黎。這一次由親王叛亂而致的「福隆德運動」持續到西元1653年，最後因為叛亂者內訌才得以平息。

馬扎然被兩次「福隆德運動」搞得聲名狼藉。等他西元1661年去世後，已經成年的路易十四終於正式親政。路易十四在還是個小孩子的時候，就已經因為「福隆德運動」，而被迫隨著母親和馬扎然兩次逃出巴黎。這樣的經歷令他深刻地體悟到，要想過安穩的生活，就必須要把權力牢牢控制在自己手裡，絕不允許手下的王親貴族、達官貴人，甚至是普通百姓對自己有一絲不敬。他登基後拒絕屬下的建議，不再找人接替馬扎然擔任首相，他說：「我就是自己的首相。」在他執政的54年裡，法國很多事務他都親自處理。他也好像不知疲倦，還很自豪地說：「朕即國家。」

為了保證自己的旨意能高效地傳達到全國，路易十四決定除掉一切阻礙他的人。像巴黎高等法院、三級會議這些經常對國王指指點點的機構，通通被勒令關門大吉。當他知道巴黎高等法院

耶穌基督出生　0—

君士坦丁統一羅馬
羅馬帝國分成兩部

波斯帝國　500—

回教建立

阿拉伯人攻佔西班牙

東羅馬其頓王朝

神聖羅馬帝國建立
　　　　1000—

英國征服愛爾蘭

蒙古第一次西征

歐洲流行黑死病

文藝復興

哥倫布發現新大陸
　　　　1500—

英國大破無敵艦隊

發明蒸汽機

美國獨立
拿破崙稱帝
美國南北戰爭開始

第一次世界大戰
第二次世界大戰

　　　　2000—

的法官們還想集會討論如何反抗國王的敕令時，他就全副戎裝，氣沖沖地跑到法院，直接對著那些法官們開罵：「你們組織集會帶來的禍害大家都知道，我命令你們停止討論我！」三年之後，他還把當年發生「福隆德運動」時的議事紀錄一把火燒掉。除了關閉議會之外，路易十四還恢復了因為「福隆德運動」而被取消的各地監察官制度。他派出去的監察官完全不亞於中國明朝的錦衣衛，全國上下的地方官、貴族都受到嚴密的監視。路易十四還加強了對教會的控制，他召集法國的高級教士開會，通過了《四條款宣言》，宣布王權獨立於教權之外，而且不顧教皇的反對，任命擁護宣言的人為主教。

光是這些措施路易十四還覺得不夠，為了彰顯自己崇高的地位，他耗費鉅資、歷時10年在巴黎郊外建造了金碧輝煌的凡爾賽宮。這座占地5萬多平方公尺的宮殿花費了大量的石料。為了保證原料供應，路易十四在修建凡爾賽宮的10年裡，禁止法國其他人蓋房子的時候用同樣的石料。凡爾賽宮最威武氣派的，莫過於鏡廳和1400多個噴水池。鏡廳長73公尺，一面是面向花園的17扇巨大落地玻璃窗，另一面是由483塊鏡子組成的巨大鏡面。當裡面的燭臺全都點上蠟燭的時候，幾百面鏡子反射出來的光芒簡直能亮瞎你的眼睛。至於那1000多個噴水池，令凡爾賽宮的用水量比整個巴黎城還要多。

宮殿建成後，路易十四就滿心歡喜地住了進去，然後天天在裡面舉辦豪華派對。派對上提供數不盡的美食：精心製作的肉湯，不同的肉、香腸製成的雜燴，主菜一般是烤牛肉、烤羊肉或者是烤魚；飽食大魚大肉之後，接著是蔬菜沙拉做成的冷盤，最後則會有水果盤。除了這些之外，上等紅酒免費續杯，鬆軟麵包

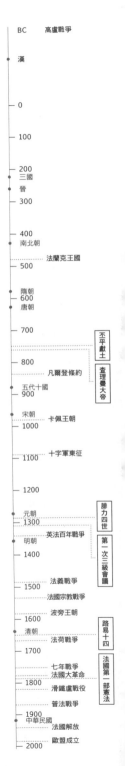

BC　高盧戰爭

漢

0

100

200
三國
晉
300

400
南北朝
　　　　　法蘭克王國
500

隋朝
600
唐朝
700

　　　　　　　不平獻土
800
凡爾登條約　　查理曼大帝
五代十國
900
宋朝　　卡佩王朝
1000

1100　十字軍東征

1200

元朝
1300　　　　　　腓力四世
明朝　　　　　　第一次三級會議
　　　　英法百年戰爭
1400

　　　　法義戰爭
1500
　　　　法國宗教戰爭
　　　　波旁王朝
1600　　　　　　　路易十四
清朝　　法荷戰爭
1700
　　　　七年戰爭　　法國第一部憲法
　　　　法國大革命
1800
　　　　滑鐵盧戰役
　　　　普法戰爭
1900
中華民國
　　　　法國解放
　　　　歐盟成立
2000

BC

耶穌基督出生　0—

君士坦丁統一羅馬

羅馬帝國分成兩部

波斯帝國　500—

回教建立

阿拉伯人攻佔西班牙

東羅馬其頓王朝

神聖羅馬帝國建立
　1000—

英國征服愛爾蘭

蒙古第一次西征

歐州流行黑死病

文藝復興

哥倫布發現新大陸
　1500—

英國大破無敵艦隊

發明蒸汽機

美國獨立
拿破崙稱帝
美國南北戰爭開始

第一次世界大戰
第二次世界大戰

　2000—

任意添加。吃飽喝足之後還能通宵跳舞狂歡。國王本人也是個狂熱喜愛舞蹈的人，身材不高的他還發明了最早的高跟鞋。不過他的舞伴可能就要辛苦一點，因為路易十四不喜歡洗澡，據稱他在位這麼多年只洗過7次。

　　不要因為路易十四在王宮裡舉辦派對，就以為他只是個貪圖享樂的昏君，其實這也算是個陰謀。凡爾賽宮的奢華還有極度氣派的宴會，令許多貴族、大臣都覺得能參加是無上的光榮。在路易十四舉辦的派對上，與會者必須遵從嚴格的就餐禮儀。為了不讓自己在宴會中有失身分，每一個參加宴會的人都會極力學習宴會禮儀，想盡辦法找來最好看的名牌服裝，在宴會上他們也極力討好自己的國王路易十四。路易十四是個精明的傢伙，每次開派對他到場後兩眼一瞄，哪個該來的人沒有來他都清清楚楚，之後那個不給國王面子的傢伙可就慘了。那些地方大員、王親貴族從此之後就再也沒心思去想什麼叛亂啊、奪權啊，一個個都在研究怎樣能讓自己的生活更豪華一些、更奢侈一些，從此喪失了和國王對抗的能力。路易十四這一招釜底抽薪，令這些貴族迷失在燈紅酒綠的生活中，簡直比中國宋朝趙匡胤的「杯酒釋兵權」還狠。路易十四成為了法國前所未有的獨裁國王，光芒四射，人們稱他為「太陽王」。

野心！遺產戰爭

太陽將自己的光芒溫暖無私地照耀在地球的每一個角落。被人稱為「太陽王」的路易十四似乎真把自己當成了太陽，他的野心絕對不滿足於區區一個法國，他要把自己的權威樹立在整個歐洲，讓全歐人民都能沐浴在他的「光芒」之下。

首先，他把目光投向了三十年戰爭時期的老冤家西班牙。西元1665年，西班牙國王菲利四世（與法國美男國王腓力是兩個不同人）去世，繼任的國王查理二世只有4歲。而路易十四的老婆就是菲利四世的女兒，簡單來說，路易十四是查理二世的姐夫。路易十四趁著這個機會說：「當初我娶老婆的時候，岳父大人可答應過給我一筆豐厚的嫁妝。不過那時候你們西班牙內外交困，給不出來我也能理解，寬宏大量沒計較了。現在老岳父駕鶴西遊，你們找個這樣的小孩當國王，到時候他翻臉不認帳了，我豈不是什麼也沒有？不行不行，你們趕緊分兩塊地給我，當是補償也好，當是岳父給我的遺產也好，不然別怪我不客氣！」

西班牙人當然不會理睬路易十四，「太陽王」遂藉口發飆，出兵進攻西班牙。這時候法國的軍事力量比三十年戰爭時期更加強大，不光軍隊人數增加，裝備也更精良。路易十四御駕親征，攻下了西班牙不少地方。雖然後來因為英國、瑞典、荷蘭建立了反法同盟，路易十四不得不把其中一些地區退還給西班牙，然而

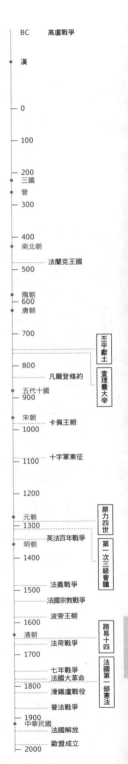

就算如此，法國還是獲利不少。

經過初次勝利之後，「太陽王」更加躊躇滿志。在和西班牙對陣的時候，昔日的盟友荷蘭居然倒戈，路易十四怒不可遏，決定下一個解決的，就是這個靠造船業發跡而越來越富有的「海上馬車夫」。

路易十四首先收買英王，讓他退出反法同盟。孤立荷蘭之後，路易十四領著大軍浩浩蕩蕩殺進這個開滿鬱金香的國家。法軍勢如破竹，打得荷蘭執政官奧蘭治親王非常狼狽，甚至要掘開阿姆斯特丹的堤壩，放海水淹沒道路來抵擋法軍。這時候，歐洲的其他國王開始不滿逐漸強大的法國，他們紛紛出兵幫助荷蘭，就好像當年一塊反對哈布斯堡家族勢力那樣。不過「太陽王」似乎真的有上帝保佑，面對這麼多國家的圍剿，法軍居然獲勝了。

西元1678和1679兩年，法國分別和交戰的各國簽訂了《尼姆維根條約》，又獲得了不少領土。以往國家間簽訂的外交文件都是用拉丁文寫的，而這次的《尼姆維根條約》是用法文寫的。從這次簽訂條約開始，法文變成了一種主要的外交文字。路易十四也成為歐洲各國，尤其是德意志諸侯們崇拜的偶像和模仿的對象。

「太陽王」路易十四真的做到了，他統治下的法國成為當時全歐最強大的國家，他的光芒從凡爾賽宮、法國照射出去，令整個歐洲都為之膽顫。

耶穌基督出生　0

君士坦丁統一羅馬

羅馬帝國分成兩部

波斯帝國　500

回教建立

阿拉伯人攻佔西班牙

東羅馬其頓王朝

神聖羅馬帝國建立
1000

英國征服愛爾蘭

蒙古第一次西征

文藝復興

歐州流行黑死病

哥倫布發現新大陸
1500

英國大破無敵艦隊

發明蒸汽機

美國獨立

拿破崙稱帝

美國南北戰爭開始

第一次世界大戰
第二次世界大戰

2000

夕陽！壯志未酬

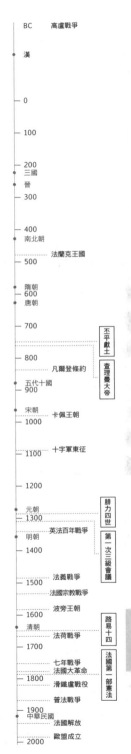

無論是為了舉辦奢華的凡爾賽宮派對，還是支持無休止的戰爭，路易十四都需要非常非常多的錢。國王本人除了處理大量公務之外，還要忙著和許多情婦糾纏。忙著打仗、泡妞的路易十四就算是神，也不可能做得面面俱到。單單是供養凡爾賽宮就要耗掉每年稅收的一半，還有許多其他開支。國王沒法搞定，那由誰來管呢？

路易十四還沒有親政時，他的首相馬扎然有一個管家叫柯爾貝爾。這個管家長得不怎麼令人喜歡，他整天眉頭緊鎖，心事重重。但是馬扎然發現，自從有了這個管家後，家裡的經濟狀況似乎變好了：不管自己怎麼揮霍，這個管家都能把首相府的帳算得清清楚楚。債主前來催債了，被他說了三言兩語後，就像被施了迷藥一樣，乖乖地接受延期還款的請求。這令馬扎然大為賞識，他臨終前就把柯爾貝爾推薦給路易十四，並且說：「陛下，你賜給我一切，為了報答你的恩澤，我把柯爾貝爾奉獻給你。」

路易十四的揮霍比起馬扎然來絕對是有過之而無不及。柯爾貝爾從首相管家成為全法國的「管家」，還是能應付自如。他大力開發國內的工商業，對進口產品收關稅，令法國在短短幾年間，收入從3700萬里爾增加到1億里爾。國王路易十四非常滿意，以後許多事情都直接交給了柯爾貝爾。自此，柯爾貝爾不只管理

BC

耶穌基督出生　0—

君士坦丁統一羅馬

羅馬帝國分成兩部

波斯帝國　500—

回教建立

阿拉伯人攻佔西班牙

東羅馬其頓王朝

神聖羅馬帝國建立
1000—

英國征服愛爾蘭

蒙古第一次西征

文藝復興

歐州流行黑死病

哥倫布發現新大陸
1500—

英國大破無敵艦隊

發明蒸汽機

美國獨立
拿破崙稱帝
美國南北戰爭開始

第一次世界大戰
第二次世界大戰

2000—

法國的財政，就連國防部、公共工程部、商業部、海軍部、農業部、殖民部，甚至是美術部都由他來管理！

　　柯爾貝爾一個人處理這麼多的工作，身體早就該垮了，但不知道為什麼，他還是能堅持下去。他每天的晚飯就喝一點點菜湯，吃幾塊肉就搞定了。一些同僚都很不能理解，柯爾貝爾這又是何苦，為何要這樣糟踐自己？但不管別人怎麼說，柯爾貝爾就是這樣子，像一部永不停止的機器一樣，就算工作到半夜其他人都走了，他還自己一個人靜靜地在昏暗的房間裡工作著。在他的努力下，法國的海軍建立起來了，一座座海港在法國沿岸林立，這些都是柯爾貝爾的功勞。

　　但是這樣一個忠心耿耿又有才能的國家大總管，卻被路易十四自己給弄死了。有一次，柯爾貝爾反對國王繼續這樣大肆揮霍，惹得路易十四發火，罵了他一頓。山一樣的工作和同僚異樣的眼光都沒有讓柯爾貝爾洩氣，倒是這一次被國王一罵，柯爾貝爾就生病了，而且一病不起，與世長辭。是什麼支撐著柯爾貝爾如此任勞任怨，或許可以理解為他內心深處對路易十四的崇敬吧！失去了柯爾貝爾的路易十四還不好好反省，依舊我行我素。人有三衰六旺，月有陰晴圓缺。路易十四輝煌了一陣子，在人生頂峰享受著萬民敬仰，這就令他好大喜功起來，他開始琢磨怎麼才能讓自己的豐功偉績流傳萬世。最後他想到了一個很絕的辦法：在國內成立「屬地收復裁決院」。這個部門是幹什麼的呢？該部門的職責只有一個，就是專門調查以前法國簽下的各種條約條款，一旦發現有哪些領土按過去條約該割讓給法國，而至今沒割讓的，就立即上報國王。簡單來說，這個部門就是專門負責翻查舊帳的。查出來有該占未占的土地，路易十四就會去收回來。

路易十四在這群傢伙的指引下，像個瘋子一樣拼命地四處出兵，為「光復國土」而戰。被路易十四攪得雞犬不寧的鄰居們對他恨之入骨。敵人的敵人就是自己的朋友，路易十四把所有鄰居都當成了敵人，也就是逼他們一起做朋友來反對自己。西元1686年7月，神聖羅馬帝國、西班牙、荷蘭和瑞典結成奧格斯堡聯盟，把矛頭對準了法國。到了西元1688年，由於荷蘭的執政官還當上了英國的國王，法國的敵人又多了一個英國。這幾個國家一起出手圍毆法國，戰爭一打就是10年。路易十四覺得自己不可能以一己之力和這麼多國家對抗，只好求和，把之前根據《尼姆維根條約》占領的大部分土地都還了回去。

　　這次算是給了路易十四一次教訓，假如他知道收斂一點，那麼到此為止法國還不算太虧。但路易十四還是沒能把心態調整過來，以為自己還是那個威震歐洲的「太陽王」。過了3年，他又不甘寂寞地掀起了「西班牙王位繼承戰爭」。

　　事情的緣由，還在於西班牙國王的短壽。這回早逝的國王是之前提過的查理二世，也就是路易十四的小舅子。他是哈布斯堡家族多年的聯姻政策下近親婚配的「悲劇產物」。可憐的他4歲登基，10歲才學會走路，捲著大舌頭話也說不清，甚至還想擁抱已經腐爛的妻子屍體。最後這個天生缺陷的國王在38歲的時候去世。查理二世臨終前立下遺囑，由姐夫路易十四的孫子安茹公爵腓力來繼承自己的王位。當然他也聲明了，不能因此就讓法國和西班牙合併。雖然如此，這事還是令奧地利皇帝利奧波德一世的兒子卡爾大公非常不滿。因為卡爾的爸爸奧波德一世也和路易十四一樣，娶了查理二世的另一個姐姐做老婆。換句話說，路易十四和奧波德一世就是西班牙國王的大姐夫和二姐夫。卡爾認為

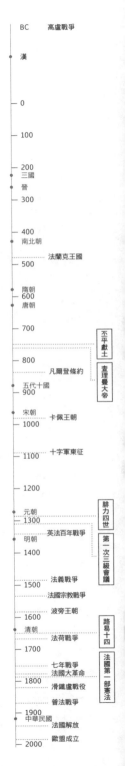

自己比路易十四的孫子腓力更有資格繼承西班牙王位，因為他們家也是來自哈布斯堡家族，正所謂肥水不流外人田，沒理由便宜了法國佬。路易十四可不管你奧地利老兄願不願意，他先下手為強，護送孫子到了西班牙登基。接下來的第二年，又宣布腓力在將來也有繼承法國國王的權利。西班牙在海外擁有不少殖民地，這塊肥豬肉誰都想吃。現在路易十四犯規想讓法國獨吞，誰能饒得了他！一旦讓路易十四得逞，把強大的法國和富裕的西班牙結合成一個超級帝國，以後歐洲各國還有地方站嗎？於是，全歐洲各國又站到了同一陣線上，他們有著共同的目標——阻止一個空前強大的帝國誕生。

西元1701年，戰爭爆發。奧地利、英國、荷蘭、葡萄牙以及普魯士等國一起聯手，圍攻西班牙、法國。這場戰爭一打又是十幾年，法國在戰爭中吃了不少的虧，最後被各國打得慘敗，還額外割了不少土地出去。雖然如此，奧地利也沒能得逞。戰爭時間拖長之後，各國的態度都有所改變：英國在法國身上撈了不少油水，而且到戰爭快結束的時候，他們已經準備要去對付俄國；荷蘭則輸光了身家；普魯士參加這次戰爭只是為了撈取好處，擴大自己在德意志的勢力，他們是不會希望奧地利得到大便宜的。而最重要的一點是，這些國家當初是不想讓法國和西班牙合併才決定幫助奧地利的，現在法國被他們打敗就已經足夠了，他們也不想讓奧地利把西班牙吞下去。所以到戰爭後期，幾個同盟都只是裝裝樣子，奧地利見幾個盟友都散了，腓力成西班牙國王這事早就生米煮成熟飯，無法改變了，也只能見好就收。奧地利不再要求得到西班牙的王位，只要以後腓力五世乖乖當他的西班牙國王，不再回法國就可以了。至此，這場歐洲混戰終於結束。

耶穌基督出生 0—

君士坦丁統一羅馬
羅馬帝國分成兩部

波斯帝國 500—

回教建立

阿拉伯人攻佔西班牙

東羅馬其頓王朝

神聖羅馬帝國建立
1000—

英國征服愛爾蘭
蒙古第一次西征

文藝復興
歐州流行黑死病

哥倫布發現新大陸
1500—

英國大破無敵艦隊

發明蒸汽機

美國獨立
拿破崙稱帝
美國南北戰爭開始

第一次世界大戰
第二次世界大戰

2000—

啟釁！歐洲大戰

即使是太陽，也終有消亡的一天。肉體之軀的「太陽王」路易十四當然無法逃避死亡，雖然他的死亡來得比同時期的其他人晚許多。他享年77歲，在位72年，親政54年。他在位時間比中國的康熙、乾隆皇帝都要長，哪怕只算親政時長都已經能和漢武帝的在位時間相當。這位曾經為法國帶來無上的光榮，但是也帶來了龐大赤字的老國王逝世後，由他的曾孫路易十五（1710年─1774年）繼位。臨終前，路易十四回顧自己一生，叮囑曾孫要善待人民，不要隨便對外打仗。

路易十五很小的時候，他的父母和兄長就因為疾病而去世，年幼的他不僅過早失去了父母的呵護，還不得不面對一個巨大的挑戰，那就是絕對不能死。這可不是開玩笑，因為當時除了他之外，法國已經沒有其他合適的人選來繼承王位了。本來最有資格的是已經成為西班牙國王的伯父腓力，但是當時已有國際條約規定西班牙國王不能繼承法國王位。一旦小路易有什麼不測，天曉得歐洲各國和這位西班牙伯父會做什麼。所幸的是，路易十五沒有像他的父兄那樣死去，在他5歲的時候順利地登上了王位。

路易十五登基初期，由路易十四的侄子奧爾良公爵擔任攝政王。他本應該要好好解決路易十四欠下的債，但是這個敗家的侄子只會吃喝玩樂。等國家真窮到面臨絕境的時候，他就聽從一

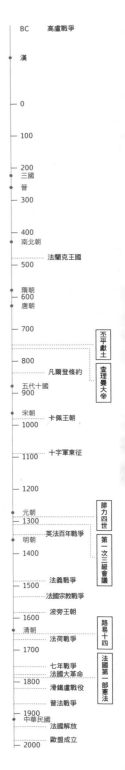

BC 高盧戰爭

漢

0

100

200
三國
晉
300

400
南北朝

法蘭克王國
500

隋朝
600
唐朝

700

丕平獻土

查理曼大帝
800
凡爾登條約

五代十國
900

宋朝
卡佩王朝
1000

十字軍東征
1100

1200

元朝
腓力四世
1300
英法百年戰爭
明朝
第一次三級會議
1400

法義戰爭
1500
法國宗教戰爭

波旁王朝
路易十四
1600

清朝
法荷戰爭
法國第一部憲法
1700

七年戰爭
法國大革命
1800
滑鐵盧戰役

普法戰爭
1900
中華民國
法國解放

2000
歐盟成立

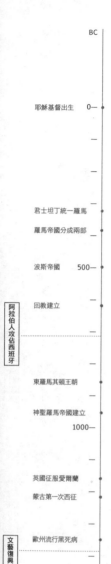
個銀行家叫約翰‧勞的主意，在法國開設銀行，發行紙幣。這本來不是什麼壞事，起初約翰‧勞的銀行信譽也很好，還賺了不少錢。約翰‧勞在裝滿自己荷包的同時，還成了法國的救國功臣。但事情就壞在這裡，攝政王見有利可圖，立即把銀行搶了過來，改成皇家銀行，並且大量開印鈔票，捲走不少錢財。

　　紙包不住火，國庫明明沒有那麼多金銀，卻發行這麼多紙幣。某天人們不知道從哪裡聽說手上的紙幣根本不能兌換等額的金銀，他們擔憂地湧去銀行，要取回金幣、銀幣。這麼多人同時來，皇家銀行就算正常營運也沒辦法滿足所有人的兌換要求。於是所謂的「擠兌」就發生了。這次危機爆發後，法國人許久都不再相信銀行，法國的經濟發展也受到非常不好的影響。

　　路易十五成年後，早已經聲名狼藉的攝政王沒有資格繼續把持朝政。但是路易十五自己似乎覺得還沒玩夠，也沒有立即親政，而是把國事交給自己的老師——紅衣主教弗勒里打理。弗勒里雖然年事已高，還是勤勉不懈，力圖恢復國家經濟，平息各地紛爭，而且不惜代價維持歐洲和平，讓法國好不容易有了一段喘息的時間。

　　可惜這段時期並沒有維持多久，弗勒里去世後，路易十五終於開始親自打理國事。這位國王是肩負著他的太爺爺路易十四厚望登基的，但是他似乎只繼承了路易十四在凡爾賽宮開派對時的那股奢華。假如他生在中國的商朝，一定能和紂王成為相知相惜的好朋友，紂王沉醉於自己的酒池肉林，而路易十五最自豪的則是他的「鹿園」。

　　別因為這個「鹿」字就以為這裡是皇家動物園，實際上這裡是所有男人的夢想樂園。因為路易十五在裡面「圈養」了許多美

少女，除了這些美少女之外，他還有不少的情婦，其中最出名的就是蓬巴杜夫人。蓬巴杜夫人和其他的美女不同，她不僅擁有美麗的面孔，還很善於與人交際，說話俏皮，奉承得體。她的表現讓路易十五非常開心，路易十五為了投桃報李，也給了她許多好處，包括錢財、地位，還有權力。最後還聽信了她的慫恿，把曾祖父臨終前交代他「不要像我那樣，到處挑起戰爭，要好好為國家努力，尋求和平發展」的遺言都拋諸腦後，參加了七年戰爭。

世界上沒有永恆的敵人或者朋友，只有永恆的利益。七年戰爭就是這樣一場由於利益糾紛而引起的全歐大混戰。當時歐洲幾個大國之間的問題主要有兩點，一是英國和法國因為爭奪海外殖民地而發生衝突，二是奧地利想要收回被普魯士搶走的西里西亞。各方為了達到自己的目的，導致整個歐洲變成了英國首相老皮特和奧地利首相考尼茨親王的棋盤。

英國的老皮特構思，只要穩固英國和奧地利、俄國的盟友關係，再把法國的盟友普魯士拉攏過來，大家一起把法國打垮，到時候英國就可以取代法國成為歐洲第一強國。考尼茨親王則另有打算，為了能夠奪回西里西亞，他們需要的是陸軍的力量，但是遠在英吉利海峽對岸的英國人肯定不能滿足他們的需求。於是，考尼茨親王想出一個大膽的方針：聯合俄國，拆散普法同盟，拉攏宿敵法國為盟友，圍剿普魯士。

法國的選擇將至關重要，到底是要鞏固和普魯士的關係，和他們一起對抗英、奧，還是果斷賣掉隊友，和奧地利、俄國聯手，對抗英國？路易十五非常糾結，這個時候蓬巴杜夫人吹的「枕頭風」直接影響了法國的命運。蓬巴杜夫人已經認識路易十五許多年了，她知道自己終究會比不過那些年輕貌美的小女

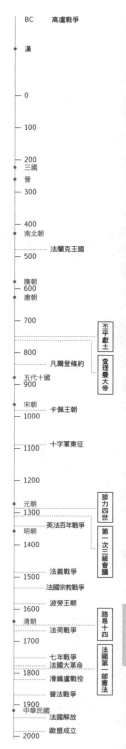

孩，但是她有一個辦法，可以令路易十五繼續死心塌地地圍著自己團團轉，那就是令法國陷入麻煩之中。

蓬巴杜夫人和法國的警部、郵政部的大臣都很熟，她有辦法也有耐心去獲得很多消息。掌握了這些資訊後，蓬巴杜夫人還很會分析，對時政頗有自己的見解。每次當路易十五煩惱的時候，她都能給出一些很合理的建議，這也是路易十五一直迷戀她的重要原因。假如蓬巴杜夫人令法國陷入戰爭，到時候繁重的軍國事務一定會令路易十五沒時間去泡妞，而且他一定會頻繁地諮詢自己。又因為以前普魯士國王曾經辱罵過蓬巴杜夫人，所以這個女人就決定讓整個法國為自己報仇，背棄盟友普魯士，與奧地利聯盟。

起初路易十五還保持著一定的理智，他雖然委任蓬巴杜夫人負責和奧地利結盟事宜，但是他也沒有傻到興沖沖地就去幫奧地利打普魯士。路易十五狡猾地跟奧地利會談，說我們法國雖然是和你們結盟了，但不代表我們和普魯士成為了敵人，只要他們乖乖的，不動你們，我們是絕不會打它的。法國一邊敷衍奧地利，一邊去找他們主要敵人英國的麻煩，在梅諾卡島之戰中，法軍以數量優勢逼迫英軍放棄了這座孤島。

奧地利眼見法國人根本沒幫自己忙，決心要拉法國入坑，你法國佬一定要等普魯士動手後才肯動手是吧？好，我就讓普魯士先動手給你看！考尼茨親王想方設法引誘普魯士主動進攻奧地利，這樣自己就有理由拉上自己的盟友一起來攻打普魯士。

普魯士國王腓特烈大帝知道，他當初捅了奧地利一刀，搶了人家的地，總歸是要被尋仇的。既然你遲早都要找我算帳，那還不如我先下手為強。為了應對敵人，腓特烈大帝積極地擴充軍

隊，還在歐洲各國布下了間諜網。依靠間諜消息，腓特烈瞭解到法國已經拋棄了自己。他不再相信其他人，只相信自己和他的軍隊。西元1756年8月29日，普魯士軍隊進攻薩克森，七年戰爭正式爆發。

奧地利見普魯士終於忍不住了，高興得合不攏嘴，立即聯繫眾多幫手：「俄國、法國你們趕緊出兵支援我！」其實這時候法國口頭答應出兵，坐山觀虎鬥應該是最好的選擇。但是蓬巴杜夫人收到奧地利女王送出的名貴禮物，拿人的手軟，再顧不得國家利益。錢到了蓬巴杜夫人荷包，法軍將士就要遠赴他國浴血奮戰。就這樣，法國終於被捲進了這個無情的戰場。

按照考尼茨親王的如意算盤，縱使普魯士軍隊再能打，腓特烈大帝是軍神再世，也不可能以一己之力抵抗奧、法、俄三大強國的圍剿。果然，在接下來的幾場大戰中，腓特烈雖然能以較少的兵力在單場作戰中牽制住敵人，但整體的局勢對他們非常不利。當時普魯士四面八方都是敵人，東邊是俄國的8萬大軍，南邊是奧地利10萬大軍，西邊則由黎胥留的甥孫黎胥留公爵率領的法軍在盤踞。這個黎胥留和他的紅衣主教舅公相比簡直有天壤之別，他只是率軍做做樣子，沒造成多少威脅。但是在西南方，由蓬巴杜夫人的親信蘇畢茲親王率領的6萬大軍，正在穿過薩克森前來夾擊。這支聯軍由法軍和支持奧地利的德意志諸侯聯軍組成。11月5日，兩軍在羅斯巴赫相遇。

蘇畢茲親王見腓特烈大帝已經陷入四面楚歌，決定大膽出兵，一鼓作氣消滅普魯士。但他顯然是沒讀過兵書，完全不懂得隱蔽意圖的道理。聯軍的一舉一動完全暴露給普魯士。腓特烈大帝在一個小山包看見聯軍正慢悠悠地朝自己陣地的左翼靠近，一

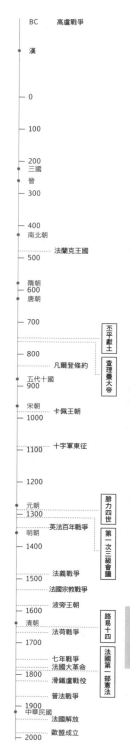

眼就看穿了法國人腦子裡打的什麼主意——這小子是要從側翼切入自己陣地的後方，來一個前後包抄呢。

腓特烈大帝豈會坐以待斃，他迅速下令部隊變陣。普軍各營轉移非常快，對面的法軍將士這時候還不知死活，覺得像看戲一樣有趣。而法軍元帥蘇畢茲親王更是自信地以為普魯士是怕了自己，正準備撤退。蘇畢茲怎麼會輕易放走自己的獵物，他迅速下令法軍先頭部隊，立即展開攻擊。誰知腓特烈大帝根本不是要逃，而是要各個擊破，法軍的冒失舉動恰好給了他機會。趁著法軍先頭部隊和後續部隊聯繫不佳的時候，他果斷地派遣幾千名騎兵展開衝鋒。勇敢的普魯士鐵騎踏破了聯軍的防線，在聯軍陣地內左右衝刺。尚未做好戰備的聯軍根本無法阻擋，被殺得屁滾尿流，七零八落。腓特烈大帝接著下令炮兵和步兵進攻，戰場瞬間成了普魯士製作肉醬的場地，18門重炮輪番對著聯軍陣地開火，再配合步兵火槍齊射，把聯軍逼得無路可退。最後，普魯士騎兵又繞到聯軍背後展開突擊，這一下聯軍徹底崩潰。腓特烈大帝僅僅用了一個小時就把兩倍於其兵力的聯軍擊敗。

東羅馬其頓王朝
神聖羅馬帝國建立
1000—
英國征服愛爾蘭
蒙古第一次西征
歐州流行黑死病

羅斯巴赫戰役慘敗後，法軍再也沒能在陸地上給普魯士太大的壓力。腓特烈大帝隨後又在洛伊滕會戰中大敗奧地利。接下來雙方交戰，互有勝敗。法國參加奧地利的同盟後不斷對普魯士出兵，不僅沒撈著半點好處，還被打得頭破血流。法國這時候才醒過來：「不對，我們當初為什麼要跟奧地利合作，是想要和它一起對付英國啊。現在英國人還在不停地侵擾我們的海岸線，我們沒得到奧地利的幫助，反而還陪它一起在普魯士吃敗仗，這怎麼行呢！」如夢初醒的法國終於擺正態度，減少了在陸上和普、奧糾纏，轉而回到海上對付他們真正的敵人——英國。

哥倫布發現新大陸
1500—
英國大破無敵艦隊

發明蒸汽機

美國獨立
拿破崙稱帝
美國南北戰爭開始

第一次世界大戰
第二次世界大戰

2000—

落敗！一地雞毛

　　法國終於端正心態，重新把矛頭指向英國。當時，英國對法國最大的威脅是來自強大的海軍，以及發達的海上貿易。為了打破英國的壓制，路易十五重用舒瓦瑟爾公爵，重整法國海軍，準備和英國一決雌雄。但是英國海軍從擊敗西班牙無敵艦隊開始，又挫敗了「海上馬車夫」荷蘭，現在已經成長為全世界最強的海軍，要擊敗他們並不是說說那麼容易的。

　　為了完成這個任務，舒瓦瑟爾公爵制訂了一個瘋狂的渡海作戰計畫：他把全國的海軍分為兩支艦隊，一支佈署在南部的土倫港，從地中海出發，穿越直布羅陀海峽，繞過西班牙和葡萄牙，然後與另一支在法國北部布列斯特港準備的艦隊匯合，滿載數萬法軍士兵，在英格蘭和蘇格蘭登陸，將英國人狠狠地揍一頓。

　　從地中海出發，穿過直布羅陀海峽，再到達英吉利海峽的這條路線真是有點詭異。令人很想不通，力量不如英國的法國海軍有可能完成這次大航海任務嗎？或許舒瓦瑟爾公爵認為是可以的，無奈現實是殘酷的，從土倫港出發的法國南線艦隊雖然趁著大霧「偷渡」，通過了由英軍控制的直布羅陀海峽，但是沒走多遠還是被英軍發現，最後被英軍追上並且消滅。

　　可舒瓦瑟爾公爵還是不死心，即使海軍已經損失了一半，他也要用剩下的在布列斯特港的船艦，完成進攻蘇格蘭的計畫。英

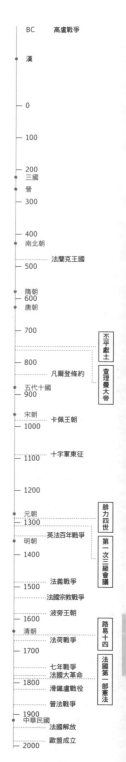

國的海軍上將愛德華‧霍克奉命前來阻止法國海軍，結果雙方又爆發了一場觸目驚心的海戰。

　　從布列斯特港出發的法國艦隊一直在苦苦躲避英國海軍的追擊，他們企圖瞞天過海，但豈能瞞得過經驗豐富的愛德華‧霍克上將？他透過情報得知法軍艦隊幾天前的動向，再看看風向、算算時間，就猜到了法軍跑到基伯龍灣去了。愛德華‧霍克讓船隊疾速追趕。果然如他所料，法軍的確躲藏在那裡，愛德華‧霍克立即讓船隊準備展開攻擊。法軍統帥康弗朗斯一看英軍23艘戰列艦的陣容就被嚇呆了，趕緊下令躲進基伯龍灣中。

　　這個基伯龍灣說白了就是個「淺灘與暗礁齊聚」的「船艦黑洞」，康弗朗斯以為自己躲進去就不用害怕了，哪個不要命的瘋子會冒著這麼大的風險衝進來打架？但愛德華‧霍克就是這麼大膽，他和他的屬下都是在大風大浪裡鍛鍊過來的，有什麼場面沒見過？區區一個淺灘，根本阻擋不了他們。乘著烈風，英軍大膽突襲基伯龍灣，對法軍展開全線進攻。膽小如鼠的康弗朗斯怎麼可能是英軍的對手？法軍被打得落花流水，幾乎所有船都被擊沉或者俘獲，而英軍只損失了2艘船而已。

　　基伯龍灣戰役戰敗後，法國完全喪失了在海上和英國較量的資本。就在這個時候噩耗還一個個傳來，法國不光在歐洲戰場陸戰打不過普魯士、海戰打不過英國，連海外殖民地都要保不住了。西元1759年，在加拿大的法軍司令蒙卡爾姆，在亞伯拉罕平原戰役當中不幸陣亡，法國次年完全丟失了在加拿大的殖民地。

英國征服愛爾蘭

蒙古第一次西征

文藝復興
歐州流行黑死病

哥倫布發現新大陸
　　　　1500—

英國大破無敵艦隊

發明蒸汽機

　　不久之後，英國又擊敗了支持法國的孟加拉王，令法國在亞洲的影響力大幅下降，最後還把印度全部拱手讓給了英國。丟失了這些殖民地，法國的收入少了許多。法國與殖民地進行貿易的

美國獨立
拿破崙稱帝
美國南北戰爭開始

第一次世界大戰
第二次世界大戰

　　　　2000—

收入，從西元1755年的3000萬里爾降到西元1760年的400萬里爾。其他原本從殖民地直接獲取的利益，更是受到無法估計的損失。

等到西元1763年七年戰爭打完，路易十五治下的法國損兵折將，「高盧雄雞」被人打成「掉毛雞」。

別人都是開源節流，路易十五倒是反其道而行，在國家收入越來越少的情況下他還毫不在乎，只管一心研究如何花錢、玩女人。你說作為一個國王，不好好管治國家，成天花天酒地，已經是罪大惡極了，這個路易十五竟還恬不知恥地說，「我死之後，將洪水滔天」，端的是一副「管他如何玩了再說」的姿態。路易十五的一個大臣曾經在他的回憶錄裡面寫道：「當你向國王陛下講到節省宮廷開銷的時候，他就扭轉頭跟別的大臣談天。」

當時法國的貧富懸殊情況愈來愈嚴重，上層社會的貴族每天只要在國王和他的情婦面前拍好馬屁，就可以過著奢華的生活；下層的老百姓則苦不堪言。當那些窮人覺得再怎麼努力工作都不能維持生計，老老實實做人可能比造反更容易丟命的時候，他們就會毫不猶豫地選擇反抗。甚至連一些富商都開始討厭王室貴族，因為路易十五頒布的各種苛捐雜稅令他們的利益大大受損。路易十五在國人眼中的形象已經完全毀壞。法國軍隊在各地的慘敗，也說明法國不再是歐洲第一強國。

西元1774年，路易十五因為感染天花而病逝。按照波旁王朝的習慣，大家要把去世國王的心臟拿出來，找一個特別的箱子把它裝起來，然後舉行風光大葬。但是由於法國上下根本沒人喜歡路易十五，這位可憐又可恨的國王死後，遺骸被浸泡在生石灰中，而他的葬禮則是在晚上悄悄舉行，只有一個大臣出席。路易十五去世以後，他的孫子繼位，人稱路易十六。

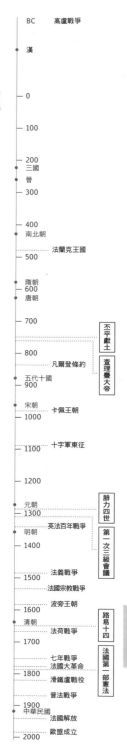

BC　高盧戰爭

漢

0

100

200　三國
晉
300

400　南北朝
法蘭克王國
500

隋朝　600
唐朝

700

不平獻王　查理曼大帝

800
凡爾登條約
五代十國　900
宋朝　卡佩王朝
1000

十字軍東征　1100

1200

元朝　腓力四世
1300
英法百年戰爭　第一次三級會議
明朝
1400

法義戰爭　路易十四　法國第一部憲法
1500
法國宗教戰爭
波旁王朝　1600
清朝　法荷戰爭
1700

七年戰爭　法國大革命
1800
滑鐵盧戰役
普法戰爭
1900　中華民國　法國解放
歐盟成立
2000

路易十五雖然不是個好國王，但並不是白癡，他生前做的預言，逐漸實現了。隨著法國的君主專制制度衰落，啟蒙思想開始萌芽。當這股思想經過發展逐漸成熟後，又碰上了路易十五這樣的糟糕國王。法國人民將要迎來一段對法國甚至對全世界歷史都有著巨大影響的時期。這一時期無論對法國民間，還是對王權統治，都將是「滔天洪水」。

BC

耶穌基督出生　0—

君士坦丁統一羅馬

羅馬帝國分成兩部

波斯帝國　500—

回教建立

阿拉伯人攻佔西班牙

東羅馬其頓王朝

神聖羅馬帝國建立
1000—

英國征服愛爾蘭

蒙古第一次西征

歐州流行黑死病

文藝復興

哥倫布發現新大陸
1500—

英國大破無敵艦隊

發明蒸汽機

美國獨立
拿破崙稱帝

美國南北戰爭開始

第一次世界大戰
第二次世界大戰

2000—

巨星！啟蒙時代

經歷路易十四、路易十五兩代昏庸的國王統治後，法國上下已經滿目瘡痍。宮廷貴族和教士互相勾結，一邊過著揮霍無度的奢侈生活，一邊則大行文化專制和愚民政策，他們以為這樣子就能安枕無憂地腐敗下去。但是有一群人不買他們的帳，這些人比普通的農民、工人富有，有的可能還擁有很多地產，或者自己開公司。因為有錢，他們也受過更好的教育。雖說是有錢人，他們又不像貴族、教士那樣擁有特權，這群人後來被馬克思稱為「資產階級」。

隨著科技的進步和工商業的發展，這些資產階級人士手上的財產越來越多，他們自然不想繼續被那群貴族和教士指指點點。在這種情況下，受過良好教育的資產階級，以及傾向資產階級的其他階層湧現出許多思想家。這些思想家致力於給沉寂腐朽的法國帶來新思想，去反對宗教的愚昧主義，反對專制統治，他們為人類帶來了「民主」和「科學」之光。人們把這段時期稱為「啟蒙時代」。

「啟蒙」在法語裡是個多義詞，它單數的時候可以譯為「光明」、「闡明」、「認識」；當它為複數的時候，就有「智慧、知識」的意思。換句話說，「啟蒙時代」就是一個引領人們從黑暗走向光明，從無知走向認知的時代。啟蒙思想的核心內容是理

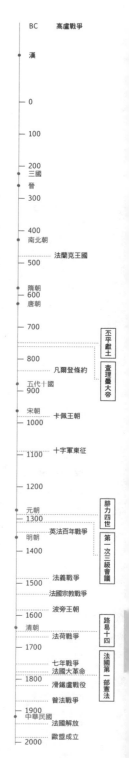

一般認為，理性主義是隨著笛卡兒的理論產生的。笛卡兒
出生在路易十四統治下的法國，他頭上頂著的頭銜光環也令人頗
為感歎：數學家、物理學家、哲學家。頭頂眾多個「家」頭銜是
啟蒙時代大部分巨匠的共同特點。笛卡兒因將幾何座標體系公式
化而被認為是「解析幾何之父」，也是西方現代哲學思想的奠基
人。有趣的是，這個怪才除了學識淵博之外，還能將在高中時把
諸位讀者折磨到不行的三角函數變成「把妹公式」。他試過寫情
書給一個公主，為了保證只有公主看得懂，他只在信上寫了一條
方程式：$r = a(1-\sin\theta)$。其他人都不明白是什麼意思，只有公主
看完後知道怎麼做，她迅速建立了一個座標軸，然後開始計算，
最後在這個座標軸上畫出了一個心形（雖然圓了點），公主瞬間
感動得淚流滿面……。

在浪漫的笛卡兒之後，又湧現了一大批啟蒙思想的巨匠。
在這個團體當中，孟德斯鳩和伏爾泰是早期啟蒙思想的代表。孟
德斯鳩（1689年—1755年）家境非常好，他來自於一個穿袍貴族
世家。孟德斯鳩雖是富二代，但自己也非常爭氣，藉由自己的努
力，曾經出任過波爾多的高級法院院長。孟德斯鳩是個全才的學
者，他寫過物理學、醫學方面的論文，還曾經準備發表一部叫
「地球地質史」的書。不過孟德斯鳩最大的成就還是在思想上。
西元1721年，他發布了他的成名作《波斯人信箚》。這本書以書
信體的形式，講述了兩個波斯貴族青年在巴黎旅遊居住時的所見
所聞。在這本書裡，孟德斯鳩開始對專制制度進行抨擊。

幾年之後，孟德斯鳩辭去了自己法院院長的職位，開始在

BC

耶穌基督出生　0—

君士坦丁統一羅馬

羅馬帝國分成兩部

波斯帝國　500—

回教建立

阿拉伯人攻佔西班牙

東羅馬其頓王朝

神聖羅馬帝國建立
1000—

英國征服愛爾蘭

蒙古第一次西征

文藝復興

歐州流行黑死病

哥倫布發現新大陸
1500—

英國大破無敵艦隊

發明蒸汽機

美國獨立
拿破崙稱帝
美國南北戰爭開始

第一次世界大戰
第二次世界大戰

2000—

歐洲巡迴旅行。他走遍了義大利、奧地利、瑞士、荷蘭等地。最令他流連忘返的，是經過「光榮革命」後已經實行君主立憲制的英國，他在那裡足足待了一年半。西元1734年，他出版了第二部重要論著《羅馬盛衰原因論》。在這本書裡面孟德斯鳩更是開足火力，將矛頭對準專制帝王。他說，共和時期的羅馬那麼強盛，是因為當時羅馬公民人人都享有政治權利，人人都是國家的主人翁，人人都會為國家貢獻出自己的力量。但是後來羅馬變成皇帝專政，人民的權力都被剝奪了，自此羅馬帝國才衰落了。

孟德斯鳩最重要的著作要數《論法的精神》。在這本書裡，他闡述了一個影響至今的理論——三權分立說。他主張一個國家應該要反對無組織、無法律的「人治」，取而代之的是由全體人民按照一定的規則進行法治。三權分立的思想要求國家把權力分為行政權、立法權和司法權，這三種權力不可以落入同一個人或者同一個團體手中。將三種權力分給不同的人，讓這些人能夠相互制約、彼此制衡，這樣才能避免國家因為獨裁者的貪婪、愚昧而墮入深淵。時至今日，三權分立制度仍然為很多國家所採用。

在孟德斯鳩之後，又一個啟蒙領袖對獨裁者進行了口誅筆伐，這個人就是伏爾泰（1694年—1778年）。伏爾泰和孟德斯鳩一樣，也是出生在一個富裕家庭，但是他的境遇沒有孟德斯鳩那麼順利。讀書的時候，伏爾泰的成績非常好。他在中學畢業之後，本來打算是要成為一個文學家，但是伏爾泰的父親一點也看不起「作家」這個職業，他警告自己的兒子，當作家和當乞丐沒什麼兩樣，於是強迫伏爾泰去讀法律。心有不甘的伏爾泰學了一段時間之後，就不聽他父親的命令，毅然放棄法律，繼續學習他深愛的文學。

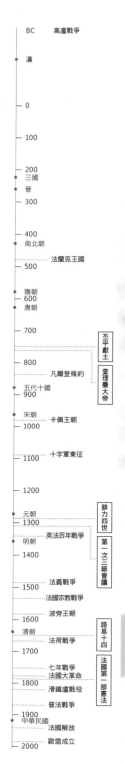

在文學大道上修行的伏爾泰，因為寫了太多諷刺詩而得罪當時的攝政王奧爾良公爵，還因此被人扔進了巴士底獄，最後被驅逐出法國。但是奧爾良公爵沒想到把這個煩人的「作家」驅逐出境之後，反而讓伏爾泰在外國增長了自己的見識。在歐洲走了一圈，再一次回到法國後，伏爾泰寫的作品更加辛辣、更具嘲諷意味。貴族和天主教會簡直把伏爾泰當成惡魔，而伏爾泰也樂於接受這種「殊榮」，並且更加勤快地「回報」這些特權階級對他的「厚愛」。

在《耶穌會教士自中國被逐記》這本書裡，伏爾泰杜撰了一個橋段，講述一個教士在中國和雍正皇帝的對話。從這個段子裡就可以感受到伏爾泰文字的力量，也可以瞬間明白為什麼教士會對伏爾泰深惡痛絕：

教士：「上帝的母親其實不是普通的血肉之軀，她是由她的兒子上帝用木頭雕刻出來的……」

雍正：「你，你等一下，你是說上帝是一個木匠，他是被一個木頭女生下來的？」

教士：「是的，皇上！她不是一個成年女子，她已經結了婚，並且生了兩個孩子，但她還是個處女……」

雍正：「你是說她已經生過孩子了，卻還是處女？」

教士：「皇上您真聰明！事情就是這麼的巧妙，是上帝讓她生下兒子……」

雍正：「你說什麼？你說上帝讓自己的老媽懷孕了，然後生下了自己，上帝是上帝的老爹？」

教士：「聖上英明！看來您已經領悟到了這些精髓……」

雍正：「……」

伏爾泰和孟德斯鳩一樣，他們雖然對君主制度深惡痛絕，但是他們都出身於既得利益者的家庭，所以他們的思想裡多多少少還會有一些保守的地方，這也是啟蒙運動前期的特徵。到了1750年代之後，啟蒙運動步入了後期階段。這個時期的思想家更為激進，對舊制度的批判更加徹底，其中最具代表性的就是盧梭。和孟德斯鳩、伏爾泰不同，盧梭（1712年—1778年）出生在一個鐘錶匠家裡。盧梭出生才5天，他的媽媽就因病去世。10歲的時候，他的爸爸因為犯罪而潛逃，可憐的盧梭成了孤兒。為了生計，他當過僕人、學徒，童年黑暗的經歷甚至令盧梭成了一個受虐狂和露體狂（這兩種毛病還經常一起發作）。

幸好這些挫折沒有讓盧梭放棄自己。

在一次徵文比賽中成名的盧梭找到了自己的道路，那就是寫書。童年的種種經歷令他寫的書比起此前任何一位啟蒙思想家都要激進。

在《論人類不平等的起源和基礎》中，他一針見血地指出了為什麼人類會不平等：「從人們察覺到一個人擁有兩人份食糧的好處時開始，平等就消失了……不久便可以看到奴役和貧困伴著農作物在田野中萌芽和滋長。」盧梭認為，當君主專制出現後，這種不平等也到了極點。要推翻這種不平等就只有一個辦法：以暴制暴，用暴力推翻暴政。盧梭還在《社會契約論》裡說明，每個人都應該公平地享有人民主權、服從人民主權。《社會契約論》在後來的法國大革命被視為一部民主憲章，盧梭也成為啟蒙時代最具聲望的思想家。

啟蒙時代是一個偉大的時代，雖然當時法國的國力下降，但是在這種情況下，卻孕育了歐洲最先進的思想。當時歐洲其他

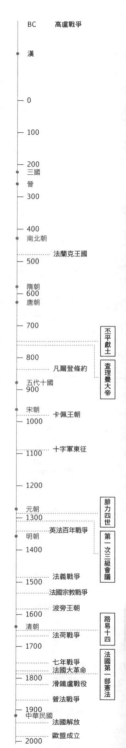

BC　高盧戰爭

漢

0

100

200　三國
　　晉
300

400
南北朝

法蘭克王國
500

隋朝
600
唐朝

700

不平獻土　查理曼大帝

800
凡爾登條約
五代十國
900

宋朝
卡佩王朝
1000

1100　十字軍東征

1200

元朝　腓力四世
1300
明朝　英法百年戰爭　第一次三級會議
1400

1500　法義戰爭
法國宗教戰爭
波旁王朝
1600　路易十四
清朝
法荷戰爭
1700

七年戰爭　法國第一部憲法
法國大革命
1800
滑鐵盧戰役
普法戰爭

1900
中華民國
法國解放
歐盟成立
2000

各國對法國思想非常崇拜，許多人都以講法語為榮。有一些「學者」本身並沒有多少本事，但是因為他會講法語，就可以被各國顯貴請到家裡當家庭教師。經歷了啟蒙時代的洗禮，法國終於做好了準備，迎接一個最重要的時代——法國大革命時期。

| 第六章 | 大革命時期

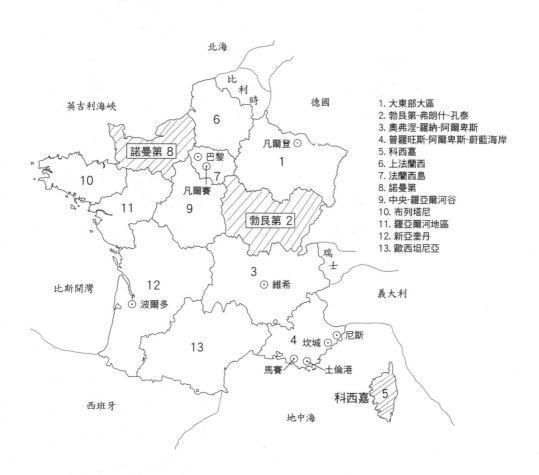

1. 大東部大區
2. 勃艮第-弗朗什-孔泰
3. 奧弗涅-羅納-阿爾卑斯
4. 普羅旺斯-阿爾卑斯-蔚藍海岸
5. 科西嘉
6. 上法蘭西
7. 法蘭西島
8. 諾曼第
9. 中央-羅亞爾河谷
10. 布列塔尼
11. 羅亞爾河地區
12. 新亞奎丹
13. 歐西坦尼亞

北海
英吉利海峽
比利時
德國
凡爾登
諾曼第 8
巴黎
7
凡爾賽
10
6
1
勃艮第 2
9
11
瑞士
3
維希
義大利
比斯開灣
波爾多
12
13
4 坎城
尼斯
馬賽
土倫港
西班牙
地中海
科西嘉 5

鎖匠！路易十六與瑪麗皇后

BC

耶穌基督出生　0—

君士坦丁統一羅馬

羅馬帝國分成兩部

波斯帝國　500—

回教建立

阿拉伯人攻佔西班牙

東羅馬其頓王朝

神聖羅馬帝國建立
　　1000—

英國征服愛爾蘭

蒙古第一次西征

歐州流行黑死病

文藝復興

哥倫布發現新大陸
　　1500—

英國大破無敵艦隊

發明蒸汽機

美國獨立

拿破崙稱帝

美國南北戰爭開始

第一次世界大戰
第二次世界大戰

　　2000—

　　歷史上有很多所謂的「昏君」，其本質並不是窮凶極惡，甚至還在其他領域有超於常人的成就，只不過他們的志趣不在治國上，然而生於帝王之家卻讓他們別無選擇，才落得昏君的罵名。

　　在中國，這樣的帝王就有詞人李煜、書畫家趙佶、木匠朱由校等。法國也有一個著名的鎖匠皇帝，他本無帝王之心，卻不得已在王位上累己累人，他就是路易十六（1754年—1793年）。

　　路易十六為人隨和內向，遇事比較猶豫不決。這本來並不是什麼特別大的問題，但路易十六繼承了他爺爺路易十五的王位成為法國國王，這種性格就顯得非常糟糕。面對祖先留下來的爛攤子，路易十六經常對大臣提出來的問題不知所措。後來他就索性不理大臣們，開始醉心於自己最感興趣的事情——玩鎖。

　　路易十六可謂是一流「鎖王」，他製造出來的鎖簡直是巧奪天工的藝術品。除了鎖造得漂亮，路易十六的開鎖技巧也非常高超，據說一個普通的鎖，他不用鑰匙也能輕易打開。深諳開鎖訣竅的他，製造出來的鎖當然就非常難開了。他曾經把一些重要的文件放在一個很結實的盒子裡，這個盒子就是用他自己造的鎖來上鎖的。法國大革命爆發後，人們為了蒐集他的罪證，曾經想拿這些文件來治他的罪。但是這個盒子敲不爛，鎖也打不開，最後只能找到路易十六的好朋友加曼來打開——這個人也是個鎖匠，

他因為鎖技出眾經常被國王請到自己房間裡一塊玩，而這是大臣們都沒資格做的事。

路易十六除了玩鎖之外，對其他事情都不太感興趣，甚至連女人也不能轉移他的注意力。這令他的老婆瑪麗王后（奧地利公主）非常鬱悶。雖然丈夫為人和藹可親，也沒有和她發生過爭執，但這種平淡如水的夫妻生活，令從小嬌生慣養的瑪麗很無聊。為了解悶，她只好每天請許多人和她一起開派對、賭錢、穿漂亮衣服、跳舞⋯⋯用這種奢華的生活來麻醉自己。有時候王后娘娘手風不太順，一個晚上就輸掉大把大把的錢。沒錢花的王后就會向國王撒嬌哭鬧，要丈夫再給自己一些零用錢。生性軟弱的路易十六平時就已經覺得自己不常陪老婆很對不起她，老婆一哭二鬧三上吊，他更是有求必應。不知不覺之間，國王在王后身上居然花了數以百萬計的鉅款！

國王兩夫妻都這麼不像話，大臣們也沒能好好地規勸他們。雖然大臣們當中不乏有才能的人，也願意為國家盡心盡力，但這些忠義之士終歸也是有心救國無力回天。比如說路易十六的首任財務總監杜爾哥，他在任的時候，曾經推行過一些積極的政策來挽回敗局。他允許糧食在國內自由流通，打擊那些囤積糧食投機取巧的傢伙；又下令以後不用強制民眾服修路的勞役，只要以自家財產為依據繳交道路稅就可以了，這個稅每個人都要交，包括那些擁有特權的貴族；最後還廢除酒類的專賣特權，允許市場上自由買賣酒。

這些政策本來既利民又富國，但是會有損貴族利益。不久之後，那些利益受損的貴族全都跑到路易十六那裡投訴。三人成虎，更何況路易十六本來就是個耳根軟的人，結果杜爾哥在位兩

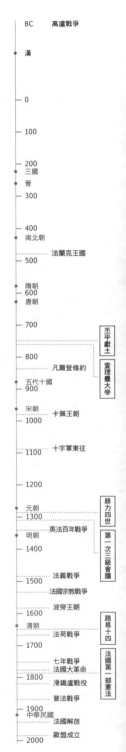

年就被罷免，他推行的改革政策也隨之停擺。

杜爾哥走了之後，接任的是一個叫內克的銀行家。他憑藉在商界的聲譽，成功地借了幾筆錢，替國庫暫時解了燃眉之急。雖然借錢可以暫時拖延時間，但沒聽說哪個人能一輩子靠借錢度日的，更何況是一個國家？內克當然知道借回來的這些錢只能撐一陣子，因此他也決定要進行改革。有了杜爾哥的前車之鑒，內克不敢隨便亂來，他最初只是進行一些溫和的改革。但這些政策的實施基本就是隔靴搔癢，無法解決根本問題。眼見著自己借回來的錢快要撐不住了，內克還是得把「刀子」撿起來，割那些貴族身上的肥肉。

同樣的故事上演了，貴族們猛烈地反抗，對內克一頓狂批。惱羞成怒的內克直接寫了一份財政報告，寫明這些貴族全都是一群光吃飯不做事的飯桶。這更加令貴族們忍無可忍，內克最後也只能是被罷免。不過內克對法國倒也不算毫無貢獻，最起碼在他爆料之後，法國廣大民眾對貴族和王室愈加不滿，這令大革命來得更快了。

內克之後的繼任者卡隆就更加不堪一提。他本來就不是什麼人才，為了個人權位，在上任初期竭力討好貴族。但是國庫沒錢是一個不爭的事實，他就算能把牛皮吹上天也不能吹出金子來。最後卡隆還是只能向這個國家最富有的那群人開刀。為了讓自己的法令能通過，卡隆還煞有其事地召開了「顯貴會議」。顧名思義，這個會議的參加者就是擁有特權的貴族們。卡隆想尋求顯貴們的支持，讓貴族老爺們支持通過自己的改革方案。這樣的方法就算用膝蓋想一下，都知道是行不通的。但當時卡隆就真這麼做了，結果可想而知。他的方案被駁回還不止，連烏紗帽也被人摘

掉了。

　　前面已經連換了三人，接下來的布里埃納更慘。他看貴族靠不住，就希望高等法院支持自己的加稅方案，但是法院沒理他，反而提出要召開三級會議，讓全國人民一起來決定國家的未來去向。國王一怒之下把兩個法官關進監獄。但是民眾支持法院，他們群起激憤，看到皇家士兵就在屋頂上拿雜物砸他們。這時候，反對王室對自己徵收新稅的貴族們也來湊熱鬧，聲稱自己絕對不會繳納那些無厘頭的新稅賦，並且也要求召開三級會議，妄圖透過會議維護自己的利益。就這樣，從亨利四世開始，中斷了100多年的三級會議，將再度被召開了。

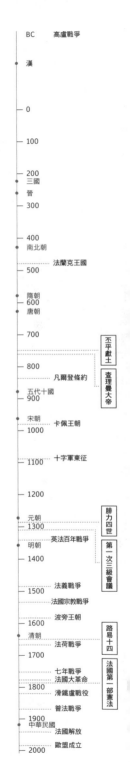

BC

耶穌基督出生　0—

君士坦丁統一羅馬
羅馬帝國分成兩部

波斯帝國　500—

回教建立

阿拉伯人攻佔西班牙

東羅馬其頓王朝

神聖羅馬帝國建立
1000—

英國征服愛爾蘭

蒙古第一次西征

歐州流行黑死病

文藝復興

哥倫布發現新大陸
1500—

英國大破無敵艦隊

發明蒸汽機

美國獨立
拿破崙稱帝
美國南北戰爭開始

第一次世界大戰
第二次世界大戰

2000—

重開！三級會議

　　新年終於到來了，但是在西元1789年的法國，大部分人都沒有心情好好地享受這個新年。平民因為前一年發生了自然災害而吃不起麵包，人人都在挨餓。吃飽穿暖的貴族們也不好受，他們沒日沒夜地煩惱，琢磨著怎樣鎮住那些越來越不聽話的平民，保障自己的利益。貴族當中甚至有人說出了「他們沒有麵包，那為什麼不吃蛋糕」這種令人啼笑皆非的話來。這一年春天，法國人很流行看一種小冊子，這種小冊子上面寫的都是什麼呢？「什麼是第三等級？第三等級就是一切。以前，第三等級是什麼？它什麼都不是。現在，它要求什麼？要有所作為！」屬於第三等級的資本家、農民、市民等，決心伸出手來要權力、要地位了。

　　法國政府這邊，布里埃納在貴族和民眾一起反對的壓力下，宣布國家財政破產，然後狼狽地辭職了。當初那個深得普通百姓之心的銀行家內克，這回又帶著他借來的錢回來了。二度進宮的他，為第三等級在將要召開的三級會議中爭取了人數多一倍的席位。既然有這麼好的條件，第三等級各人士自然不敢怠慢，大家積極地準備開會，一切都是為了在三級會議中有所作為。他們要嘛相約到咖啡館，要嘛三五成群到某個首領的家裡，興奮地談論著國家的未來。

　　這段時間裡，法國似乎真的瀰漫著一股「第三等級最高」的

氣息，就連去看戲，只要見到主角在臺上挖苦嘲諷貴族和教士，臺下的觀眾就會齊聲叫好。在這樣的環境下，大多由法律界人士、商人組成的第三等級代表已經磨刀霍霍，準備在三級會議上一展拳腳。

千等萬盼，這一天終於來了。

西元1789年5月5日，291名教士代表、270名貴族代表、578名第三等級代表，來到了凡爾賽的遊藝廳召開三級會議。首先出場的是國王，路易十六講的話一點實質內容都沒有，只是一味地警告大家不要亂來，要謹慎。國王的話令第三等級代表非常失望，他們只好把希望寄託於內克身上了。誰知道這個傢伙比國王還悶，足足3個小時的演講裡，內克不停重複的全都是「欠債」、「虧損」等字眼，反正最後得出的只有一個結論：「國家沒錢了，大家要一起勒緊褲頭，共體時艱。」

雖然這些話對於內克而言只是在其職謀其事，但是對於參會代表來說就是廢話。這群人可不是來聽你講如何省錢繳稅的，第三等級要求的是打破特權等級的統治！相反，特權等級要求的則是維護自己原有的利益。兩邊針鋒相對，勢如水火。不解決這個矛盾，這次三級會議就沒完！

現在問題就擺在眼前，這次的三級會議，最後到底是要按人頭數來投票決議，還是像以前那樣，每個等級一票？教士和貴族等級當然是想維持原狀，因為這樣子無論第三等級有多少人、多麼「猖狂」，提出多麼「可惡」的議案，他們都能輕易地以兩票對一票，瞬間否決第三等級的提議。第三等級代表要求的，自然是一人一票，不然他們這麼多人來到這裡，都跟只有一個人一樣，完全沒有意義。

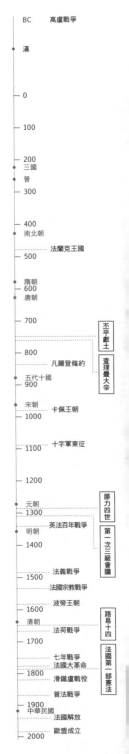

耶穌基督出生　0—

君士坦丁統一羅馬
羅馬帝國分成兩部

波斯帝國　500—

回教建立

阿拉伯人攻佔西班牙

東羅馬其頓王朝

神聖羅馬帝國建立
1000—

英國征服愛爾蘭

蒙古第一次西征

文藝復興

歐州流行黑死病

哥倫布發現新大陸
1500—

英國大破無敵艦隊

發明蒸汽機

美國獨立
拿破崙稱帝
美國南北戰爭開始

第一次世界大戰
第二次世界大戰

2000—

　　仗著自己人多勢眾，第三等級的代表對貴族和教士展開了猛烈抨擊。他們七嘴八舌地要求今後三級會議不可以像以前那樣，搞那種黑箱會議沒意思，你們特權階級有什麼事別藏著掖著，拿出來和大家一起討論！那些貴族和教士當然不願意，這群鄉巴佬現在要求一起開會，下次就真要一人一票了，這還了得？千萬不能讓他們得逞！雙方就這個問題爭吵，一吵就拖了一個多月，吵得不可開交。最後，第三等級決定單獨審查代表資格，然後成立了「國民議會」，聲稱這個議會代表了全國96%人口的意志。國民議會被眾議院通過後，一部分教士看到第三等級來勢洶洶，也選擇了讓步。

　　6月19日，教士等級也加入了國民議會。

　　貴族們沒想到第三等級代表居然能搞出這麼大的動靜，為了對付這些不識好歹的平頭老百姓，他們找到了國王，遞上了他們的抗議書。這份抗議書還寫得繪聲繪色，說得好像他們才是王國最後的忠臣：「假如我們保衛的權力純粹屬於我們自己，假如這些權力只關係到貴族，我們不會這麼努力去爭取，這麼堅持地去維護。陛下，我們保衛的不止是我們的利益，也是您的利益和國家的利益，這歸根結柢也是法國人民的利益啊！」

　　雖然這些都是假話，但這群假惺惺的傢伙還真的打動了路易十六。鎖匠國王當天就決定派人去關閉第三等級的會議廳，說裡面正在裝修，閒人勿進。

　　第二天一早，準備來開會的代表們被守門的衛兵攔住。他們聽到「內部裝修閒人勿進」這種理由後，一個個都怒不可遏，天底下哪有突然要對正在使用的會議廳進行裝修的？

　　這分明就是要趕我們走嘛！行，巴黎這麼大，還怕找不到開

會的地方？代表們由議長巴伊帶路，來到了距離會場不遠的一個網球場，他們在網球場裡發表演講，最後還一個個在議長面前宣誓：「我們宣誓永遠不脫離國民議會，在形勢需要的任何地方開會，直到王國的憲法制定出來，並且得到鞏固後，才肯甘休！」這群人在網球場裡沸騰著自己的激情和熱血，為了國家的未來大家都發誓願意付出一切，這就是著名的「網球場宣誓」。

當他們準備為了國家犧牲的時候，在背後一直觀察的路易十六已經磨刀霍霍，為各位代表準備好了「獻身機會」。一場令法國翻天覆地的變革就要來臨……

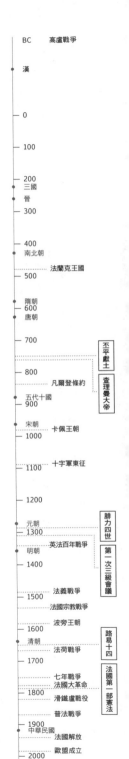

攻陷！巴士底獄

君士坦丁統一羅馬

羅馬帝國分成兩部

波斯帝國　500—

回教建立

阿拉伯人攻佔西班牙

東羅馬其頓王朝

神聖羅馬帝國建立

　　　　1000—

英國征服愛爾蘭

蒙古第一次西征

歐州流行黑死病

文藝復興

哥倫布發現新大陸

　　　　1500—

英國大破無敵艦隊

發明蒸汽機

美國獨立

拿破崙稱帝

美國南北戰爭開始

第一次世界大戰
第二次世界大戰

　　　　2000—

　　西元1789年6月23日，籌備多日的御前會議終於召開。各方代表都等這天好久了，尤其是第三等級代表——當然，現在應該要稱他們為國民議會代表了。他們準備在這次會議上攤牌，逼迫國王答應他們的要求。

　　當天下著淅淅瀝瀝的小雨，會場周圍戒備森嚴。當特權階級代表入席之後，國民議會代表被擋在門外。他們被要求一個個接受搜身，進會場的時候還要被衛兵監視著，兩個兩個進去。數量眾多的代表導致這個檢查工作進行了很久，許多代表在外面乾等著，天還下著雨。這些代表不單被擋在門外受屈辱，還被雨淋成了落湯雞。

　　好不容易大家都進場了，國王卻等到中午才磨磨蹭蹭地來到會場。路易十六也沒打算聽代表們的訴求，一來到會場就自說自話，警告各位代表要記清楚，國王才是你們的領導者，別搞不清立場。然後就讓他的秘書宣布聲明：「國王希望三個等級的劃分能保留下來，這是我們國家祖輩流傳下來的制度。你們還是應該像以前那樣，按照等級進行討論，在國王同意的情況下，你們才能一起討論。只有這樣，你們才算是國家的代表團體。」秘書說完這一段話後，緊接著又宣布此前第三等級組成國民議會的決議無效，他們產生出來的其他決議自然而然也是非法的。

被雨淋了半天的國民議會代表，聽到這個聲明不禁怒火中燒。秘書宣布完聲明後，路易十六就準備退場了，他臨走前還回頭放狠話：「假如你們在這項如此美好的事業中背叛我，我就自己來為人民謀福祉。你們現在全部給我解散，明天再回去你們各自等級的大廳裡，該幹什麼就幹什麼去！」說完就把還愣著的代表們扔在那裡，擺駕回宮了。

國王都走了，貴族和教士的代表們很快就乖乖地聽話，散場走人。但是國民議會代表卻不管這些，繼續留在他們的座位上。就算有人來趕他們走，他們依然不走，其中一個代表還義憤填膺地說：「回去告訴你家主人，是人民的意志讓我們來到這裡的，想讓我們回去？可以，拔刀相見吧！」

路易十六沒想到，國民議會代表會有如此強硬的態度。更嚴重的是，隨著國民議會代表們表明為國犧牲的立場，不但得到這個等級人士的支持，還爭取到了其他兩個階級中的有識之士。現在越來越多教士，還有以奧爾良公爵「平等路易」為首的貴族代表，也逐漸加入國民議會，大臣內克也站在他們一邊去了。路易十六見大勢不妙，也只好假裝讓步。6月27日，他寫信給尚未加入國民議會的其他代表，要他們別再鬧彆扭了，順應潮流，加入國民議會。

路易十六終於低頭！這個消息傳開來之後，整個巴黎都在歡呼雀躍，尤其是那些國民議會代表，他們還熱火朝天地開始討論接下來要做的事：我們要制定國家的憲法，要創立一種新的政治制度，要麵包……為了這一切，他們還把國民議會改名為制憲委員會。眼見著他們快要透過自己的努力，成功地完成一次不流血革命！

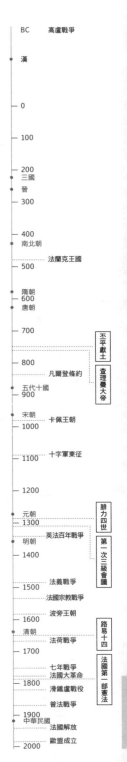

但是，事情有這麼容易嗎？當然不可能！路易十六的讓步是「假裝」的，他在要求代表加入國民議會（制憲委員會）的同時，暗地裡卻和王后、頑固派貴族商議，把大批軍隊調回巴黎。這些軍隊有很多都是外國的僱傭軍團，他們只聽老闆的號令，也就是法國國王路易十六的號令，絕對不會管法國人民的生死或者法國前途如何。當制憲委員會成員發現巴黎城中聚集越來越多荷槍實彈的軍人，並且正緊盯著自己的時候，他們才認識到國王的讓步只是暫時性的。現在路易十六已經拔出了刺刀，準備對著自己的喉嚨刺進來。議會成員知道再這樣下去是不行的，一個口才了得的律師爬到高處，對巴黎市民發表了一次慷慨激昂的演講，號召武裝保衛議會。在場的人聽完之後都非常激動，大家嚷嚷著：「拿起武器來吧！」

巴黎市內很快就爆發了大規模的動亂。許多人舉著從蠟像館取得的內克和奧爾良公爵的蠟像遊行示威，他們一邊走一邊喊「內克萬歲」、「奧爾良公爵萬歲」，甚至有一些示威者還在喊「路易十七萬歲」（路易十七是路易十六的太子，當時年僅4歲）。這些暴徒到處破壞、搶劫，議會代表只好成立常務委員會，並且建立民團（國民自衛隊）。民團的任務就是保衛首都，抵擋那些外籍軍團；另外一個任務就是防止那些暴徒趁火打劫，擾亂秩序。隨著民團的建立，巴黎人民和國王的對立，從政治權力上的爭鬥，發展到軍事武裝對峙的階段。

民團很快恢復了巴黎的秩序，接下來他們的任務就是要和國王抗爭。要對付國王的軍隊，首先得要有像樣的武器。他們把兵工廠攻佔了下來，結果發現那裡幾乎沒什麼能用的武器。兵工廠的人告訴他們：「巴士底獄有很多槍炮，要的話就去那裡拿

吧——呵呵，假如你們有這本事的話。」

巴士底獄！在當時巴黎人心目中是一座不可侵犯的建築。巴士底獄本身是一座城堡，百年戰爭時期查理五世在巴黎城外修建巴士底城堡，用來抵禦敵軍。戰爭結束後這裡仍然是一座重要的軍事要塞，只是後來隨著巴黎城擴大，這座堡壘被巴黎囊括進去，才失去了軍事作用。因為這裡本來是一座要塞，修建得非常牢固，所以法國王室就把這裡改造成監獄，專門用來關押政治犯。因此，巴士底獄對於巴黎人來說代表著王室特權。

巴黎民團為了獲得武器，決定進攻巴士底獄。當時巴士底獄裡只有幾十個老弱殘兵在把守，但是有堡壘的防禦工事和結實的城牆作為阻擋，民團雖然人多勢眾，一開始還真沒辦法攻進去，隨著時間推移傷亡還逐漸增多。最後他們想辦法從榮譽軍人院搶來幾門大炮，並找到有經驗的炮兵來操作，對準巴士底獄一陣狂轟濫炸，才終於迫使裡面的守軍投降。他們有模有樣地釋放了裡面的囚犯（其實只有7個），然後開始歡慶：第三等級終於戰勝了國王的專制統治，攻克了巴士底獄！

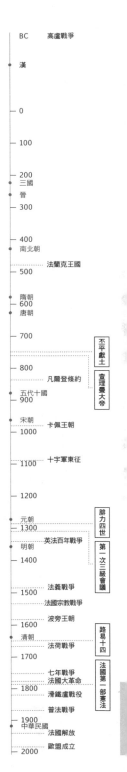

BC　高盧戰爭

漢

0

100

200
三國
晉
300

400
南北朝

法蘭克王國　500

隋朝
600
唐朝

700

不平獻土　查理曼大帝

800

凡爾登條約
五代十國
900

宋朝
1000　卡佩王朝

1100　十字軍東征

1200

腓力四世　第一次三級會議

元朝
1300

英法百年戰爭
明朝
1400

1500　法義戰爭
法國宗教戰爭
波旁王朝
1600
清朝
法荷戰爭
1700

路易十四　法國第一部憲法

七年戰爭
法國大革命
1800
滑鐵盧戰役

普法戰爭
1900
中華民國
法國解放
歐盟成立
2000

《人權宣言》！百姓的勝利

　　巴黎市爆發了轟轟烈烈的一幕，最有意思的是這時候國王路易十六居然對這事不聞不問。他的大臣向他報告這事的時候，他好像還很吃驚：「怎麼了，發生暴動了嗎？」這時候他的大臣糾正了他的說法：「不，陛下，發生革命了。」

　　路易十六知道自己輸了。他本來就不是鐵腕國王，於是向制憲委員會屈服。在一次講話中，路易十六說：「朕已經和國民融為一體，不分你我了，朕現在還要依靠你們啊！朕希望國民議會能夠做實事，這樣子朕就能相信你們是忠誠的，那時候朕就把軍隊撤離巴黎。」議員們發現，這時國王說的是「國民議會」，而不是「三級會議」。這就說明路易十六已經正式承認了國民議會（制憲委員會）的存在！

　　路易十六被迫罷免了幾位不得人心的大臣，又召回內克，還承認了巴伊為巴黎市長。路易十六親自到巴黎接受這一切事實。夾道圍觀的百姓全都在高呼「萬歲」，但是和過去不同，他們現在喊的是「國民萬歲」，而不是「吾王萬歲」了。巴伊對這個場面感動至深，他說：「當年亨利四世就是在這裡征服了他的人民，現在，輪到人民征服他們的國王了。」如他所言，路易十六屈服了，他戴上了三色帽徽，三種顏色是由代表巴黎的藍色和紅色夾著代表王室的白色組成。當他戴著這頂帽子出現在市政大廳

的時候，全場爆發雷鳴般的掌聲和歡呼聲。

有人歡喜，必然也有人憂。制憲委員會和人民征服了國王，原來養尊處優的那些貴族知道，自己以後在法國是沒有好下場的了，他們寧願帶上金銀財寶離開祖國，跑到其他國家，也不願意留在這裡，免得以後遭罪。這些貴族雖然走了，但是他們並不甘心，終有一天，他們還是會回來的，那時候的故事以後還會再提到。

這些貴族的出逃選擇其實是正確的，最起碼他們保住了自己的命根子。假如他們遲走半步，興許就死了。在這年的7月，法國各地的人們也學習巴黎人民的壯舉，各自砸毀當地的「巴士底獄」。不久之後，就有一些不明來歷的傳言，這些傳言說，現在有一群不知道哪裡來的強盜，要來我們村子，他們要把我們的麥子全部割走，然後燒毀村莊……這種無厘頭的流言居然流傳甚廣，並且令各地的農民都相信了，他們非常害怕，陷入一片混亂當中。有一些膽子大的人就出來鼓動父老鄉親，要拿起武器保護自己。當他們舉起鐮刀，扛著鋤頭，甚至把獵槍都拿出來上好子彈了，卻突然發現，說好的強盜根本就沒出現，純粹是謠傳。這時候一種奇怪的想法在他們腦子裡萌生出來：刀已出鞘，不見血是不會收回去的。既然沒有強盜，我們就把那些貴族給搶了，他們以前搶我們的錢還少嗎？他們就是強盜啊！走！大夥兒一起殺貴族，殺強盜！

他們說到做到，拿著武器衝進封建領主的城堡，逼迫他們把徵稅的契約、代表他們權力的證書交出來，然後全部燒掉。假如哪個倒楣的領主膽敢反抗的話，他們就殺掉那個貴族領主，然後一把火將他的城堡燒掉。很快，這場不知道應該叫暴動還是起義

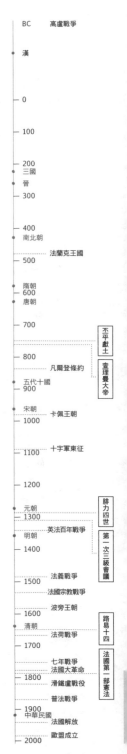

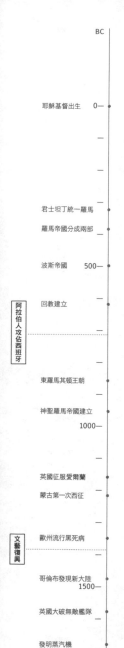

的農民運動席捲整個法國。按理來說，農民反抗剝削他們的貴族不是什麼錯，但是他們的手段太過激烈了，而且不分青紅皂白。這些暴民的行為令城裡頭的資產階級人士感到不安，他們這些人雖然不是貴族，但是在農村裡也有不少地產，他們害怕農民們會在他們的土地上亂來。為了維護自己的利益，他們不得不和原來最痛恨的貴族們聯手，對付這些如同瘋子一般的農民，最後還動用武力，血腥地鎮壓。

　　但是這種做法無異於抱薪救火。鎮壓不但沒有令農民乖乖聽話，反而使他們更加不滿，反抗運動更加劇烈。代表們慌了，急急忙忙地召集大家來一起開會，大部分人都明白一點，那就是不滿足這些農民的要求，他們是不會甘休的。農民的要求是什麼？很簡單，廢除那些封建貴族的徵稅特權，還他們自由。

　　為了能讓大家行動起來，解決這次危機，在8月4日晚上舉行了會議。一個大地主艾吉榮公爵主動登臺演講，表示自己願意放棄祖祖輩輩留下來的封地徵稅特權，說著說著還痛哭流涕起來：「我們的老百姓苦啊，我們不能再這樣魚肉他們。現在都什麼年代了，我們手上那種不合理的特權，還有老百姓肩上扛著的各種不合理賦稅，都應該被廢除了！」在場所有人都被他感動了。大家也和他一樣，高呼著要放棄自己的特權。這群人就像「磕了藥」一樣，熱淚盈眶地揚言要把自己口袋裡的錢全都掏出來分給人民，而且異常興奮地相互擁抱慶賀。

　　在這個神奇的晚上，大家一致通過了消除特權的共識。接下來的事本來是讓人加班趕工，迅速把具體條款落實成文件就好了。誰知道到了第二天，前一天晚上還在慷慨激昂的代表們，卻開始支支吾吾，東拉西扯想要賴皮。彷彿昨晚說的話都是喝醉了

胡說八道一樣，第二天酒醒了又趕緊改口。有些教士還直截了當
地撕破臉皮，問大家能不能當他那句「取消什一稅」的話沒說
過。

　　這麼一折騰，大家討論幾天之後終於弄了個不倫不類的《八
月法令》出來。法令宣布要將封建制度完全廢除，但農民假如想
要廢除自己身上的封建土地義務，就一定要出錢贖買。雖然這份
法令並沒有從實質上給農民帶來太多利益，但好歹也算是在形式
上廢除了封建制度，拆毀了舊社會的框架。那麼接下來，代表們
就要繼續努力制定一個新的制度了。

　　從8月12日起，制憲委員會的代表們就開始天天加班。經過
20天的爭論、逐字推敲後，他們終於制定了舉世聞名的《人權宣
言》。《人權宣言》一共17條內容，它指出了無視、遺忘或蔑視
人權是導致公眾不幸以及政府腐敗的唯一原因。那麼，什麼是人
權呢？自由財產、人身安全還有反抗壓迫都是人民擁有的、不可
剝奪的人權。人民享有言論、信仰、著作和出版的自由；私有財
產不可侵犯；主權在人民手中；主權的表現形式就是法律。當
然，最重要的一點還是那句：法律面前，人人平等。

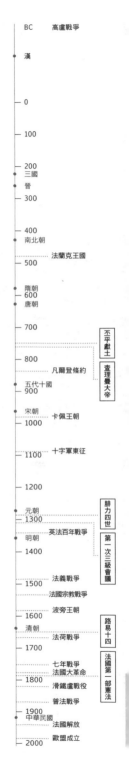

淪落！國王被捕

BC

耶穌基督出生　0—

君士坦丁統一羅馬

羅馬帝國分成兩部

波斯帝國　500—

回教建立

阿拉伯人攻佔西班牙

東羅馬其頓王朝

神聖羅馬帝國建立
1000—

英國征服愛爾蘭

蒙古第一次西征

歐州流行黑死病

文藝復興

哥倫布發現新大陸
1500—

英國大破無敵艦隊

發明蒸汽機

美國獨立

拿破崙稱帝

美國南北戰爭開始

第一次世界大戰
第二次世界大戰

2000—

　　幾經周折，法國人終於通過了《人權宣言》。有了《人權宣言》作為綱領，制憲委員會終於可以開始著手討論制定憲法了。正所謂好事多磨，所有人都知道這事不會一帆風順。果然，一些堅持保衛王權的人還是冥頑不靈，他們要求在往後的日子裡，國王有權反對議會通過的決議。其他人當然不贊成，大家這麼辛苦鬧革命，為的就是要打破舊的制度。假如到頭來國王一句話就能否決大家贊成的議案，那和以前有什麼區別？這兩方人在開會的時候經常吵得不可開交，而且他們習慣於各自抱團坐在一塊。擁護國王的人坐在右邊，反對國王的人坐在左邊，當時的人就喜歡把他們稱為「右派」和「左派」，我們現在用「左」和「右」來形容政治傾向的習慣，也是從這時候開始的。

　　看到有這麼一群「忠良死節之臣」維護自己的權力，路易十六也自覺不能「妄自菲薄」，「辜負」這些「忠臣」的厚望，於是他決定做點什麼。他想要否決《八月法令》，至於《人權宣言》就更加不肯接受了。路易十六和那些「王室護衛」的表現令革命者感到非常不安，他們在報紙上呼籲群眾趕緊擦亮自己的眼睛，不要被這群貴族欺騙了。一時之間，巴黎城內的局勢又一次變得緊張起來。

　　在這種微妙的關頭上，總有人會不甘寂寞地鬧點事端出來。

西元1789年10月1日，國王衛隊的軍官在凡爾賽宮請弗朗德勒軍團軍官吃飯。席間，國王路易十六也來捧場湊熱鬧，一起款待客人。見到國王來了，軍官們難免心情有些激動，再加上當時餐廳裡播放的背景音樂剛好是歌劇《獅心王理查》的插曲，還剛剛好就唱到了「啊，我的國王，世人都拋棄了您！」，這些酒精上腦的軍官們忍不住熱血沸騰，再也管不住自己，他們突然就把頭頂的三色帽扔在地上使勁地踩，然後戴上了象徵波旁王朝的白色帽。這群軍官的酒後英姿被《凡爾賽郵報》爆料了，而這時候巴黎又正好處於糧食緊缺的狀態，許多人吃了上頓沒下頓。大家在報紙上看到這些貴族軍官吃吃喝喝也就算了，居然還不識好歹地踐踏三色帽！早就對國王和貴族不爽的人們終於爆發了：「我們要麵包！要處死教士！處死貴族！處死王后！」

這一回，女士們可謂搶盡風頭了。10月5日，一波又一波從菜市場趕來的婦女們聚集在市政廳門前，要求政府給她們派發麵包。這時候有一個經歷過攻陷巴士底獄的傢伙自告奮勇，要帶著這些女士們去凡爾賽宮找國王算帳。當這些人湧到凡爾賽宮的時候，路易十六還在悠閒地遊玩。突然見到一票人出現在他家門口，路易十六大概知道發生什麼事了，他趕緊讓衛隊阻擋這些暴民，自己則和王后躲到宮殿裡面去。但是路易十六沒有想到，這座奢華的宮殿為了好看，一點防禦性能都沒有。有的大門從路易十四時期就一直是敞開著的，現在急急忙忙想要關上這些門時才發現，連門軸都轉不動了。平時陰冷潮濕的凡爾賽宮今天突然變得「熱鬧非凡」。示威人群還和國王的衛隊發生了衝突，他們威武霸氣地殺了兩個衛兵。

路易十六慌了，這群人真的不好惹，這下只好他們要什麼就

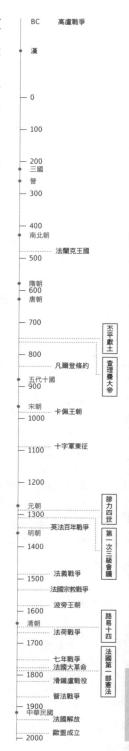

答應什麼了。批准《八月法令》和《人權宣言》？沒問題。要派麵包？沒問題。要出來和他們談判？沒問題吧……我也不能說不了。路易十六被迫在陽臺和群眾見面，他一出場，所有人指著他的鼻子怒吼：「走！跟我們回巴黎！」路易十六心想，完了，這群人不光來搶麵包，還要來搶人。但是他能如何呢？據說除了這批示威者外，巴黎城還有許多人正陸陸續續趕來，國民自衛隊把大炮都運過來了。沒有辦法，這位國王只好聽從他的子民了。

　　10月6日的下午，群眾成功地「劫持」了國王，開始返回巴黎。走在隊伍最前面的，是肩扛長矛的人，長矛的尖端，插著剛剛被殺衛兵的腦袋；緊隨其後的，就是國民自衛隊的士兵，接下來是推著一車車糧食的婦女們，走在最後的是垂頭喪氣的國王路易十六一家。這行人到晚上8點終於到達巴黎，路易十六被人扔到杜伊勒里宮。那裡已經荒廢多時，就連床位都不夠，路易十六的子女也只能睡士兵臨時搭建的行軍床。歷史上雖然有不少帝王遭遇過比路易十六更慘的狀況，但是像他那樣一家子被自己國家的子民劫持的還真不多見。

　　隨著國王「搬家」到了巴黎，制憲委員會也在幾天之後來到巴黎工作。這裡的政治氛圍越來越濃厚，巴黎終於變成了名副其實的首都。在這段時間裡，許多在日後影響很大的政治俱樂部湧現出來了，其中最有影響力的就是雅各賓俱樂部。

　　雅各賓俱樂部的成員最初都來自布列塔尼，他們在參加三級會議的時候，為了能在會議上更好地連成一氣，維護布列塔尼地區的利益，總是事先去特定的地方聚會一下，討論交換意見。後來，大批政治活動家也加入這個俱樂部。他們這種做法很快就被其他人效仿，越來越多的人建立起政治俱樂部。有一些俱樂部入

會條件還很寬鬆，有的俱樂部開會的時候也不關門，就這麼一邊喝茶一邊開會，讓周圍的街坊也進來一起聽，而且一個人可以同時加入多個俱樂部。這種風氣越來越盛行，最後連保王黨也依樣畫葫蘆，成立一個叫作「王政憲法之友俱樂部」，可見當時的巴黎人是多麼熱衷於政治。

趁著這股高漲的革命氣氛，制憲委員會就趕緊工作，不斷地破舊立新，通過新的法令。他們重新劃分了全國的行政區域，廢除貴族的特權，廢除封建制度，徹底剷除教士等級。西元1790年7月14日，全國人民為了紀念攻陷巴士底獄一週年而慶祝，大家都沉浸在一片幸福的海洋裡。

可惜他們並不能高興很久，新的敵人又開始不安地覬覦著法國人民，並且開始付諸實際行動，企圖摧毀革命帶來的一切……。

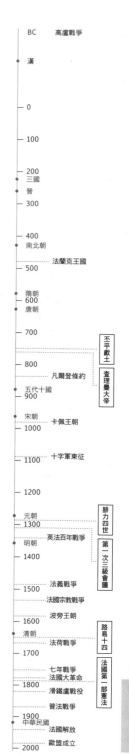

馬賽曲！覺醒之歌

BC

耶穌基督出生　0—

君士坦丁統一羅馬

羅馬帝國分成兩部

波斯帝國　500—

回教建立

阿拉伯人攻佔西班牙

東羅馬其頓王朝

神聖羅馬帝國建立
　　1000—

英國征服愛爾蘭

蒙古第一次西征

歐洲流行黑死病

文藝復興

哥倫布發現新大陸
　　1500—

英國大破無敵艦隊

發明蒸汽機

美國獨立

拿破崙稱帝

美國南北戰爭開始

第一次世界大戰
第二次世界大戰

　　2000—

　　西元1791年6月20日午夜，一輛馬車匆匆地從巴黎駛出，它的目的地是法國的邊境線。這輛馬車上的乘客，正是國王路易十六。當這輛馬車走到了離國境不遠的一個鎮時，有人發現坐在這輛車上的居然是國王。他們覺得很奇怪，國王陛下你現在不是應該在巴黎杜伊勒里宮乖乖地待著嗎，為什麼跑到我們這個窮地方來了？轉頭一想，國王你該不會是想逃跑吧？腦子裡有了這個想法，再看看路易十六故意穿得破破爛爛，就很容易判斷國王此行的目的。他們立即喊人把路易十六的去路堵住，並且把他送回巴黎。

　　大家把國王送回巴黎後才發現，他何止是在密謀跑路，根本是要背叛革命！原來，路易十六之前已經透過信件和歐洲各國國王聯絡好了，現在是要逃到國外和外國軍隊匯合，殺回巴黎，搞定那些煩人的代表，重新過回以前萬人之上的王者生活。

　　這太離譜了！雖然經過革命之後，法國人都不會再把路易十六當作高高在上的統治者看待，但路易十六畢竟還是個國王，也沒說要殺掉你或者廢了你，你乖乖聽話像英國國王那樣過日子也挺安穩不是嗎？結果你倒好，竟敢當「叛徒」、「賣國賊」！

　　人們憤怒地去找制憲委員會，要求他們一定要給國王教訓。路易十六也瞬間服軟（這是他的拿手好戲），向議會賠禮道歉，

說自己以後絕對不會做那樣的傻事了。但是人們早就不再相信路易十六了，誰說他只會玩鎖的？很明顯撒謊才是他的強項嘛！人民等著要好好教訓一下路易十六，孰料這個時候制憲委員會卻出乎意料地支持國王。為什麼呢，不是因為他們相信路易十六的話，其實他們也是有所擔憂的。

　　首先，制憲委員會大多數人是希望像英國那樣搞君主立憲制，他們本來就沒打算廢掉國王；其次，路易十六實實在在是和外國一些國王有著共同利益，假如對路易十六太狠了，其他國家的國王來找法國麻煩，會得不償失；再次，他們害怕廢掉國王會令事態失控，而且那些支持廢掉國王的共和派會趁機得勢，影響他們的權力。這麼幾方面考慮下來，他們就對路易十六這次的罪行睜一隻眼閉一隻眼了。

　　持有這些想法的人士退出了自己原先參加的雅各賓俱樂部。他們以拉法耶特為首，成立了斐揚俱樂部。斐揚派為了保證自己的計畫無阻，還在7月17日出兵鎮壓民眾要求廢除路易十六的示威行動，有50多人因此喪生。

　　這事搞出人命了，路易十六才終於在9月14日宣布接受憲法。這部《1791年憲法》是法國史上第一部憲法。憲法規定法國為君主立憲制國家，國家實行三權分立制度，國王要依法才能行使他的行政權，年滿25歲的男子享有公民權，但是要按照財產界定他們有沒有選舉權。最後，大概700萬公民裡面有400萬人享有選舉權。

　　憲法終於落實，制憲委員會以為可以鬆一口氣，但事情還沒完，外國軍隊打進來了。

　　8月27日，奧地利和普魯士聯合發表宣言，警告法國人立即停

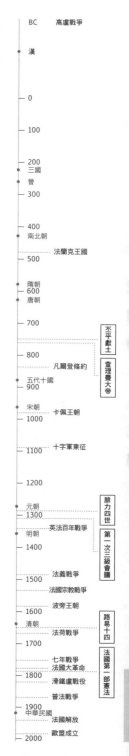

BC

耶穌基督出生　0—

君士坦丁統一羅馬

羅馬帝國分成兩部

波斯帝國　500—

回教建立

阿拉伯人攻佔西班牙

東羅馬其頓王朝

神聖羅馬帝國建立
　　　　　1000—

英國征服愛爾蘭

蒙古第一次西征

文藝復興

歐州流行黑死病

哥倫布發現新大陸
　　　　　1500—

英國大破無敵艦隊

發明蒸汽機

美國獨立
拿破崙稱帝
美國南北戰爭開始

第一次世界大戰
第二次世界大戰

　　　　　2000—

止這種胡鬧的行為，趕緊恢復國王的權力，解散議會，否則就要打過來。其實這些外國人這麼「熱心」來「幫」路易十六的忙，不是因為他們和路易十六關係好，只是不願意看到法國人的革命成功。否則，要是自己國家的百姓依樣學樣，那就危險了。之前那些逃到外國的貴族這時候又集結在一塊，等著和「外國友人」一起殺回去，到時候又可以對著江東父老們耀武揚威：「我說過會回來的吧！」

　　法國外交形勢嚴峻，國內也是一團糟，農村因為糧食匱乏發生了動亂。不甘寂寞的教士們則煽動一些真心信仰基督教的群眾起來反對之前損害教士利益的法令。

　　在這種情況下，法國群眾趕緊在10月份透過投票選舉產生了立法議會，取代制憲委員會。這個議會大致上還是能分成左中右三派：右翼由264名斐揚派議員組成，他們支持君主立憲制；大部分左翼由雅各賓俱樂部的人組成，他們的人還能再分成兩邊，一邊人以布里索為首，他們的思想較為溫和，後來由於這夥人經常和來自吉倫特郡的代表意見不謀而合，所以人們把他們稱為吉倫特派；另一邊人以羅伯斯庇爾、丹東等為代表，態度比較激進，對現行憲法不夠滿意，並且更傾向於令法國走向共和制。這群激進雅各賓分子因為經常跑到會場最高的地方坐，所以他們被人稱為山嶽派或者雅各賓派（雅各賓派作為山嶽派的主導派別，二者在重大事件上幾乎是同義的）。至於那些既不是左，也不是右的傢伙們就沒有堅定的立場，這群中間派則被人稱為平原派或者沼澤派。

　　議員們為了解決這次危機，決定出狠招。正所謂攘外必先安內，布里索等人促使兩條激烈的法令通過。一條是宣布那些逃

亡者假如在該年年底還不回來的話，將視為叛國，抓住要處以死刑；另外一條則規定所有教士在一個禮拜之內全都要來宣誓，誓死效忠憲法，假如不這樣做的話就取消他的年金，如果哪個教士不識好歹參加叛亂就關到監牢。

國內的動盪暫時這樣處理，還有那些外國軍隊正虎視眈眈，這該怎麼辦呢？對於這夥人，議員們的態度就各不相同了。吉倫特派的人想，要打又如何？要戰便戰，戰個痛快，把這群人打走了我們的革命大業就穩了，而且打勝仗的話還能把法國商品銷出去賺錢，何樂而不為？還有一點吉倫特派人不會說出來，就是他們的對頭斐揚派反對戰爭，只要戰爭打贏了，就能把斐揚派給擠走。這邊一心想搞君主立憲的斐揚派覺得法國已經很好了，國王還是當他的國王，我們搞君主立憲嘛，沒必要為了那有名無實的國王招罪外人。一旦戰爭不利，之前努力的成果不就白費了？雅各賓派的羅伯斯庇爾等人也反對戰爭，不過他們的理由和斐揚派不同，顯得非常實在：打什麼打，軍隊都是貴族控制的，他們有可能好好打仗嗎？這仗打十次輸十次。

路易十六看到這夥人吵架就樂不可支，他和宮廷人員都清楚，現在的法軍是不可能打贏敵人的，到時候等外國「友人」剷除這些煩人的傢伙，自己就可以繼續當國王了。為了更快達到自己的目的，路易十六廢掉了斐揚派內閣，組成以吉倫特派為主的新內閣，新內閣很快就向奧普宣戰。就在法國各派人士各懷鬼胎的情況下，戰爭爆發了。

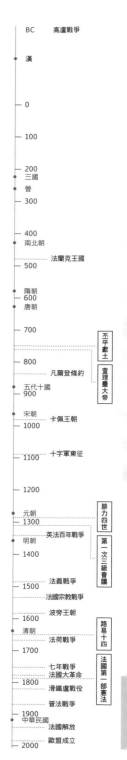

罪惡！假自由之名

耶穌基督出生　0—

君士坦丁統一羅馬

羅馬帝國分成兩部

波斯帝國　500—

回教建立

阿拉伯人攻佔西班牙

東羅馬其頓王朝

神聖羅馬帝國建立
　　　　1000—

英國征服愛爾蘭

蒙古第一次西征

文藝復興
歐洲流行黑死病

哥倫布發現新大陸
　　　　1500—

英國大破無敵艦隊

發明蒸汽機

美國獨立
拿破崙稱帝
美國南北戰爭開始

第一次世界大戰
第二次世界大戰

　　　　2000—

　　吉倫特派的人以為只要快速打贏戰爭，一切就都到手了。結果開戰之後，事情的發展就如羅伯斯庇爾所料，法軍的情況非常糟糕。許多軍官都是貴族，現在要開打了，根本不聽內閣的調遣。這還不止，瑪麗王后居然還把法軍的作戰計畫悄悄透露給她的娘家奧地利。這樣的仗的確是打十次輸十次。吉倫特派知道再這樣輸下去可不行，為了力挽狂瀾，他們趕緊開會。會議上，他們通過決議驅逐那些拒絕宣誓的教士，還要解散王室的近衛軍，重新組織一支能用的軍隊。路易十六一開始還打算否決這些決議，後來礙於群眾壓力而不得不接受。

　　但光是有議案是不夠的，關鍵是要有能幹實事的人來執行方案。就在這個危急關頭，本來和吉倫特派意見不合的羅伯斯庇爾主動站出來，暫時放下成見，幫忙發表演講，募集軍隊，並號召所有行政部門改為常設辦公。眾人拾柴火焰高，奇蹟發生了。短短幾天之內，巴黎人民組織了一支1.5萬人的義勇軍，而且全國各地還有更多的熱血男兒正在趕赴巴黎。尤其是馬賽來的義勇軍，一路而來都唱著《獻給呂克內元帥的軍歌》：「前進，祖國的兒女們……」巴黎人把這首歌稱作《馬賽曲》，後來被定為法國國歌。《馬賽曲》不斷奏響，巴黎乃至法國人民奮勇從軍，組成了龐大的軍隊，這些平民士兵與過去拿軍餉混日子的士兵不同，他

們能隨時為祖國獻身。

在這種時候，外敵更加猖狂。奧普聯軍又一次發表宣言，要求法國人恢復路易十六的權力，不然的話就血洗巴黎。

巴黎民眾聽說這樣的話後，氣得臉都綠了。他們強烈要求議會趕緊做事，保衛祖國，但是此時的立法議會根本不能完成他們的請求。在山嶽派人的慫恿下，巴黎人又爆發了起義，推翻原來的市政府，建立了新的市政府。這個被習慣稱為「1792年公社」的市政府，任命雅各賓派的桑泰爾為國民自衛隊司令。這位司令一上任做的第一件事，就是率領起義的群眾攻打王宮。擊潰由瑞士僱傭軍組成的王宮衛隊後，他們又一次把路易十六綁回去。之前路易十六即使多番使壞被人揭穿，也沒人敢懲罰這個國王，頂多就是軟禁他。這回新政府可是一點也不客氣，直接把他關到監獄裡頭，等著把事忙完了再跟他算帳。

路易十六都成階下囚了，支持國王想搞君主立憲制的斐揚派自然而然地被趕出議會。從此，議會落入吉倫特派的手中。吉倫特派等這一天很久了，他們一上場，就通過了許多決議，繼續削弱國王的影響力。比如在以後的法令中，「國王」都要改成「國民」，並且加大力度剷除逃亡貴族和反抗派教士。他們還取消了以前根據財產判定公民是否有選舉權的規定。做到這裡，吉倫特派認為已經可以見好就收了，因為王權已經被推翻，政權掌握在自己手裡。這時候不應該再過多地折騰，應該好好鞏固自己派別的統治，保護大資本家的利益。

巴黎發生這樣的動盪，「外國友人」們可不會閒著。在這段時間裡，奧普聯軍已經打下了凡爾登，直逼巴黎，議會只好派遣重新組織的部隊急忙抵擋。當時的法軍戰士大多由平民組成，以

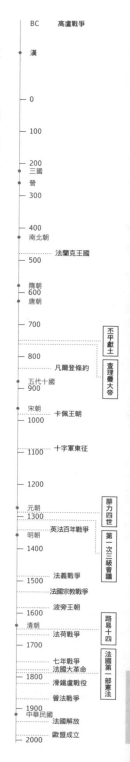

前這些平民總是被貴族和有錢人嘲笑連套褲都穿不起，稱他們為「無套褲漢」。但是在大革命時期，正是這些無套褲漢充當起法國軍隊的中流砥柱。

　　無套褲漢們之前根本沒摸過槍桿，但是他們在凡爾登南方的瓦爾密和普魯士軍隊作戰時表現得異常英勇。傲慢的普軍把大炮抬出來，對著法軍一陣亂轟，他們以為這樣子法軍就會像以前那樣抱頭鼠竄。誰知道現在這群無套褲漢不但沒逃，反而給自己送來了「回禮」，法軍主帥還用劍挑起自己的帽子，一邊揮舞一邊高呼：「民族萬歲！」這陣勢嚇得普軍腿都軟了。法軍再一陣炮擊之後，普軍居然被迫撤退。這場戰役雖然沒有對普軍造成太大傷亡，但在精神上鼓舞了法國人。奪取了瓦爾密後，法軍繼續炮轟聯軍。聯軍士兵本來就不太願意介入法國的「家事」，現在看法軍還這麼猛，自然不肯拼死作戰，加上供給困難和天氣不良等原因，沒多久後聯軍就撤離法國。

　　瓦爾密大捷的第二天，國民公會正式開幕，吉倫特派占了160個席位，並且成功籠絡了510席中間派議員，控制了中央行政機構。國民公會第一天開會就宣布廢除王政，第二天還宣布法國為共和國。排除了種種困難後，法蘭西第一共和國終於成立。

　　共和國是成立了，但是以前的國王路易十六該怎麼辦呢？這一次，吉倫特派和雅各賓派又出現分歧了。雅各賓派的羅伯斯庇爾強烈要求要處死路易十六，他拿出很多證據來證明路易十六和王后在之前的戰爭裡通敵賣國，這樣的人絕對不能留。吉倫特派不想再對那個鎖匠窮追不捨，他們不斷地為路易十六辯解。兩派人為了這事吵得水火不容。雖然大家都是來自於雅各賓俱樂部，但是最後吉倫特派的首領布里索被開除出俱樂部，其他吉倫特派

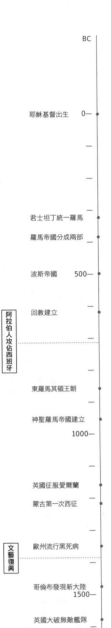

耶穌基督出生　0—

君士坦丁統一羅馬
羅馬帝國分成兩部

波斯帝國　500—

回教建立

阿拉伯人攻佔西班牙

東羅馬其頓王朝

神聖羅馬帝國建立
　　　1000—

英國征服愛爾蘭

蒙古第一次西征

歐州流行黑死病
文藝復興

哥倫布發現新大陸
　　　1500—

英國大破無敵艦隊

發明蒸汽機

美國獨立
拿破崙稱帝
美國南北戰爭開始

第一次世界大戰
第二次世界大戰

　　　2000—

分子也紛紛退出。曾經在對抗外敵時合作的兩派人正式分裂。

　　雅各賓派繼續煽動大夥要求審判路易十六。沒過多久，人們又在王宮壁櫥裡發現路易十六更多的罪證。羅伯斯庇爾發表演說：「是，以前路易的確是國王，但現在我們成立了共和國，他又犯下那樣的罪行，他就是個賣國賊！他不被審判，共和國還怎麼生存下去？路易必須處死，因為法國必須活著！」

　　最後國民公會成立特別法庭，對路易十六進行審判。大家一致認定他有罪後，就開始投票決定到底要不要判他死刑。這次投票足足進行了24小時，最終以387票對334票宣判路易十六死刑。西元1793年1月21日，路易十六被推到現在的協和廣場上的斷頭臺處死。諷刺的是，以前路易十六當國王時，就覺得斷頭臺的鍘刀像菜刀一樣平，砍人不夠痛快，於是命人把鍘刀改成斜口。結果最後他自己卻要被人押到斷頭臺上，親身體驗自己設計的殺人機器到底夠不夠快。路易十六被處死的消息傳開之後，最不安的反而是以前法國的各個老對手們，英國、荷蘭、奧地利、普魯士、西班牙、葡萄牙、撒丁王國、那不勒斯王國……這些國家要嘛是想趁法國動亂來撈便宜，要嘛是來阻止法國這種「弒君」的行為成為歐洲的「潮流」。大家都舉著喪旗，聲稱要來替路易十六報仇。除了外國入侵以外，國內保王黨餘孽也在西部的旺代發動叛亂，那裡的農民特別信仰上帝，因為革命政府宣布剷除教士，令這裡的農民特別不滿。他們認為，反正民主共和與他們無關，他們只要像以前那樣就好了。內憂外患使吉倫特派的統治越來越艱難，雅各賓派人士也不斷地在責難吉倫特派。

　　西元1793年春天，法軍前線一個將軍戰敗後投降敵人，羅伯斯庇爾再次向吉倫特派發難，他們指責吉倫特派的人就是那個將

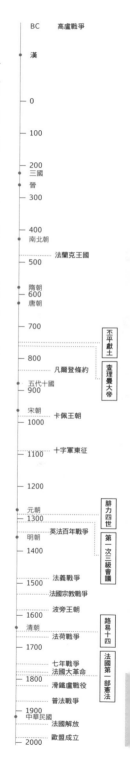

BC　高盧戰爭

漢

0

100

200
三國
晉

300

400
南北朝

法蘭克王國
500

隋朝
600
唐朝

700

800

凡爾登條約
五代十國
900

宋朝
卡佩王朝
1000

十字軍東征
1100

1200

元朝
1300
英法百年戰爭
明朝
1400

法義戰爭
1500
法國宗教戰爭

波旁王朝
1600
清朝
法荷戰爭
1700

七年戰爭
法國大革命
1800
滑鐵盧戰役
普法戰爭
1900
中華民國
法國解放
2000
歐盟成立

不平獻土　查理曼大帝

腓力四世　第一次三級會議

路易十四　法國第一部憲法

BC

耶穌基督出生　0—

君士坦丁統一羅馬

羅馬帝國分成兩部

波斯帝國　500—

回教建立

阿拉伯人攻佔西班牙

東羅馬其頓王朝

神聖羅馬帝國建立
1000—

英國征服愛爾蘭

蒙古第一次西征

文藝復興

歐州流行黑死病

哥倫布發現新大陸
1500—

英國大破無敵艦隊

發明蒸汽機

美國獨立
拿破崙稱帝
美國南北戰爭開始

第一次世界大戰
第二次世界大戰

2000—

軍的同夥。為了反擊，吉倫特派則要求國民公會撤銷由雅各賓派掌控的巴黎市政府，他們甚至惡狠狠地警告雅各賓派人士：「如果誰敢用無休止的起義來損害現在的國家制度，我就要以全法蘭西的名義告訴你們，巴黎將會被夷為平地，到時候這裡只會留下一點兒遺跡。」聽到這種話的巴黎人民，彷彿又看見了之前同樣恐嚇過他們的奧普聯軍。回想吉倫特派掌權以來，說要推翻國王，卻遲遲不肯審判國王；說要打倒外國敵人，結果現在各國還在對法國虎視眈眈；共和國雖然是建立了，但也不知道建立共和制度有什麼用，我們老百姓到現在還吃不起麵包。凡此種種，都令吉倫特派完全喪失民心。

　　西元1793年6月2日，雅各賓派發動了起義，大批不用上班的工人跑來參加，就連國民自衛隊也把大炮抬了出來，對準議會大廳，逼迫議員們接受雅各賓派的要求。雅各賓派當場點名，軍隊將吉倫特派的重要人物全都抓回來，然後送上斷頭臺。被逮捕的人裡面最從容不迫的，就是吉倫特派的靈魂人物羅蘭夫人。這位在自家召開沙龍的女子，用她的魅力和見識引領吉倫特派走過了不少路。在她被處死之前，仍然不失風度地說出了她那句流傳至今的遺言：「自由，自由，多少罪惡假汝之名以行！」

　　平心而論，雅各賓派和吉倫特派的主要領導人，無論羅伯斯庇爾還是羅蘭夫人，都是真心的愛國人士，但是為什麼走到這一步，兩個本來目的相同的革命黨會落得自相殘殺的下場？因為大革命到了現在已經進入了一個失控階段，為了避免革命成果在這個瘋狂而又混亂的時代中喪失，雅各賓派想確保自己的政策得到絕對推行，為此不得不採取極端手段。法國大革命又進入另一個階段——雅各賓派的恐怖統治階段。

恐怖！雅各賓的斷頭臺

　　說到雅各賓俱樂部，不得不提的一個名字就是羅伯斯庇爾（1758年—1794年）。羅伯斯庇爾出生於一個律師世家，出生沒多久母親就去世，父親也扔下他不管，這樣的童年令他的性格變得孤僻。他成長學習的時間正值法國的啟蒙時代，孟德斯鳩和盧梭的思想對他影響非常深遠，尤其是同樣經歷過不幸童年的盧梭，簡直是他的偶像。羅伯斯庇爾和盧梭一樣嚮往一個沒有等級區分，沒有貧富差別，維護私有制，講究自由的國度。西元1788年，路易十六宣布三級會議將重新召開，羅伯斯庇爾積極地競選，並且成功地當選為第三等級代表，開始了從政之路。

　　來到了巴黎之後，他認識了一群志同道合的朋友，就是雅各賓俱樂部的各位成員。雅各賓俱樂部的成員在大革命中貢獻出自己的力量，《人權宣言》、瓦爾密大捷……羅伯斯庇爾在一場場演講中磨礪自己。雅各賓俱樂部中途經過兩次分裂，甚至演變成雅各賓派和吉倫特派的互相鬥爭。羅伯斯庇爾和丹東、馬拉等人成為了雅各賓派的領導人。雅各賓派把吉倫特派轟下臺後，正式取代他們，支配國民公會，領導法國，而羅伯斯庇爾也成為法蘭西的領袖。

　　和他們的前任一樣，雅各賓派接手的法國也是一個爛攤子。反法同盟虎視眈眈；吉倫特派餘黨煽動叛亂；保王黨已經在旺代

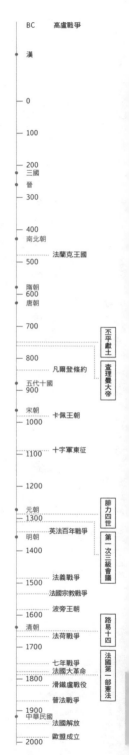

BC

耶穌基督出生　0—

君士坦丁統一羅馬
羅馬帝國分成兩部

波斯帝國　500—

回教建立

阿拉伯人攻佔西班牙

東羅馬其頓王朝

神聖羅馬帝國建立
　　　1000—

英國征服愛爾蘭
蒙古第一次西征

文藝復興

歐州流行黑死病

哥倫布發現新大陸
　　　1500—

英國大破無敵艦隊

發明蒸汽機

美國獨立
拿破崙稱帝
美國南北戰爭開始

第一次世界大戰
第二次世界大戰

　　　2000—

鬧翻天；還有吃了許久貴麵包的老百姓也越來越不安分了。所有問題全都堆積在那裡，而且一件也不能怠慢，任何一件事搞砸了都可能把整個法國葬送。

雅各賓派經歷過大風大浪，他們知道關鍵是要得到這個國家的大多數人的支持，也就是農民的支持。他們見過農民是如何燒死那些封建貴族的。現在輪到他們自己掌權了，無論如何都要牢牢地抓住農民的心。怎麼才能辦到呢？其實很簡單，只要填飽他們的胃，就萬事大吉。雅各賓派上臺後通過法令，把那些逃亡國外的貴族們帶不走的農田分成小塊賣出去，價錢很公道，而且允許窮人在十年內分期付款。然後又按人口平均分配農村公社的公家土地，最後宣布無償廢除封建義務，銷毀一切封建契約。這些政策全都令農民實實在在得到好處，因此雅各賓派得到了很多農民的支持。

除了籠絡農民外，雅各賓派也非常重視拉攏城市裡的市民。當時有很多市民不滿雅各賓派，說他們在搞獨裁。雅各賓派清楚必須儘快做點事情，來洗脫「獨裁者」這個可怕的罪名。怎麼辦呢？堵住那些人的嘴巴？不行，那樣子真把「獨裁」的帽子扣在自己頭上了。置之不理？也不可能，掩耳盜鈴遲早會像吉倫特派的下場一樣。既然沒辦法堵，那就疏導吧。雅各賓派大張旗鼓地通過了《共和元年憲法》，這次憲法的內容就算放到今天來看，也會讓人覺得異常豪邁。它不僅像《1789年憲法》那樣承認人民有反抗壓迫的權力，它還承認了起義權！憲法規定：「當政府侵犯人民權力的時候，起義對於全體人民是最神聖、最不可推卸的責任。」這就相當於擺出一副「你要是覺得我們做得不對，大可以起義啊」的大義凜然的姿態。這一招確實夠狠，之前那些一直

嚷嚷「雅各賓派就是獨裁者」的傢伙們頓時閉嘴，安分許多了。雖然這份以180多萬票對1萬多票通過的憲法，後來因為形勢嚴峻並沒有真正實行，但至少暫時令雅各賓派穩定了怨聲載道的形勢。

光是這樣還不夠。法國國內經歷了饑荒和混亂這麼多年，物價高得離譜，老百姓的日子苦不堪言。雅各賓派為了盡量平抑物價，下令關閉了交易所，並且把那些囤積生活必需品以牟取暴利的商人通通抓起來，沒收貨物，處以死刑，希望這樣能穩定物價。但是他們的努力失敗了，雖然嚴厲的懲罰的確能減少商人們投機的行為，但有些物資的匱乏並不是商人故意藏著導致的，經過長時間的戰亂，你就算跑斷腿也找不到很多生活必需品。

除了物價高昂之外，法軍在前線不停戰敗。保王黨分子在南方的土倫港找來了路易十六的兒子，宣稱要立他為路易十七，再次君臨法國。最糟糕的是，雅各賓派一個重要成員馬拉在家裡浴缸泡草藥的時候，被一個叫作夏洛特・科黛的年輕女子殺了。那個女子思想有點偏激，她認為法國現在這麼糟糕，全都是馬拉的錯。因此夏洛特・科黛撒謊混進馬拉的家，趁他泡藥水的時候一刀將他捅死。這些情況都令法國人民憂心忡忡，更令雅各賓派頭疼不已，這樣下去還怎麼管理國家？

西元1793年9月4日，巴黎又爆發了遊行示威。示威人士把國民公會包圍起來，他們的代表說：「我們大家一直到現在都還餓著肚子，為什麼？都是那些該死的有錢人還有商人！政府要替我們做主，對付他們就只能實行恐怖政策，直接制定全面的限價法令，不然說什麼都沒用！」面對聲勢浩大的示威群眾，雅各賓派人士趕緊開會討論。最後他們同意了示威人群的要求，決定建立

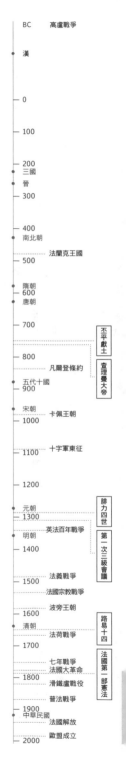

BC　高盧戰爭

漢

0

100

200
三國
晉

300

400
南北朝　　法蘭克王國

500

隋朝
600
唐朝

700

不平獻土

800　　　　查理曼大帝
凡爾登條約
五代十國
900

宋朝　卡佩王朝
1000

1100　十字軍東征

1200

元朝　　　　腓力四世
1300
明朝　英法百年戰爭　第一次三級會議
1400

1500　法義戰爭
法國宗教戰爭
波旁王朝　路易十四
1600
清朝　法荷戰爭
1700
七年戰爭　法國第一部憲法
法國大革命
1800　滑鐵盧戰役
普法戰爭
1900
中華民國
法國解放
2000　歐盟成立

革命軍，改組革命法庭，走上了一條永遠無法回頭的道路——恐怖統治。

雅各賓派的恐怖統治是從三個方面著手的，一是經濟，二是宗教，三是政治。雅各賓派三隻手來抓，三隻手都強硬。在經濟方面，由政府直接全面限制生活必需品的價格，在全國建立統一的供應機構，限制那些狡猾的商人，不讓他們再無良地賺老百姓的錢。保證了老百姓的基本需求後，政府宣布擁有無償徵發軍用物資的權力，用來保障前線作戰的需求。

在宗教上，雅各賓派搞出一套新的曆法，稱之為「共和曆」，並且制定了一些新的節日，讓百姓拋棄過去的信仰。他們還掀起了聲勢浩大的反教會運動，鼓勵人去打劫教堂，並且繼續處死那些不肯乖乖聽話的教士。

上述的這些都還只是小兒科，最可怕的還是雅各賓派在政治上的恐怖手段。雅各賓派決定實行恐怖統治後，就拼命地把那些與自己政見不和的人全都抓了起來，統統殺掉。當時法國上下最忙碌的就是劊子手和斷頭臺，要殺的人越來越多，斷頭臺都不夠用，他們還特製了一種艙底可以活動的船，把要殺的人全都扔上去，然後丟到河裡淹死。

東羅馬其頓王朝

神聖羅馬帝國建立
　　1000—

英國征服愛爾蘭

蒙古第一次西征

歐州流行黑死病

文藝復興

雅各賓派用恐怖的手段把全法國人綁在同一條船上——那就是誓死保衛革命的成果。誰不為國效力，誰敢發國難財，誰敢在這種時候對政府有意見的，通通殺掉。所有的法國人不管是被迫也好，怕死也罷，都只能使出吃奶的勁去「報效祖國」。沒想到，強扭的瓜有時候居然還真可以是甜的。實行恐怖統治後，前線捷報頻傳：旺代叛軍主力受到重創；奧地利軍被擊敗；英國人從土倫撤退；普魯士也敗走美因茲。法國在恐怖統治之下暫且得

哥倫布發現新大陸
　　1500—

英國大破無敵艦隊

發明蒸汽機

美國獨立

拿破崙稱帝

美國南北戰爭開始

第一次世界大戰
第二次世界大戰

　　2000—

救了。不過雅各賓派有本事解救自己的祖國，卻沒能力保住自己。當國外的威脅暫時解除後，把國內搞得一片人心惶惶的他們，很快就要被「以其人之道還治其人之身」了。

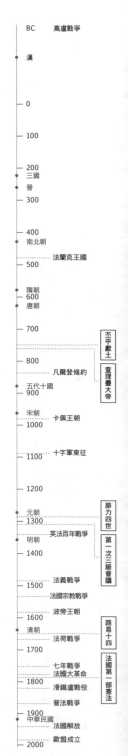

BC

耶穌基督出生　0—

君士坦丁統一羅馬

羅馬帝國分成兩部

波斯帝國　500—

回教建立

阿拉伯人攻佔西班牙

東羅馬其頓王朝

神聖羅馬帝國建立
1000—

英國征服愛爾蘭

蒙古第一次西征

文藝復興

歐州流行黑死病

哥倫布發現新大陸
1500—

英國大破無敵艦隊

發明蒸汽機

美國獨立
拿破崙稱帝
美國南北戰爭開始

第一次世界大戰
第二次世界大戰

2000—

保命！熱月政變

　　凡事都不能做得太過分，雅各賓派的恐怖統治政策可算是「工於謀國，拙於謀身」，終於招致失敗。首先是雅各賓派內部出現了分歧。在法國暫時渡過了危機後，雅各賓人對接下來的道路如何走，又分成了三派。以埃貝爾為首的一派人號稱代表下層窮人利益，他們已經殺紅了眼，走火入魔，仍然堅持繼續甚至是加強恐怖統治。他們瘋狂到了揚言要打擊所有的商人，說什麼「我們以前絕不放過那些投機的大商人，現在是時候懲罰那些賣胡蘿蔔的小商販了」！

　　另一派以丹東為首，這群人思想比較保守，想搞自由經濟，他們覺得殺得差不多了，提倡要轉行搞寬容政策。他們指責埃貝爾派太過無腦，有時候也會順帶攻擊以羅伯斯庇爾為首的中間派。

　　中間派羅伯斯庇爾掌握著這個時期法國最高領導機構——救國委員會的實權，他對自己無辜「中槍」感到很憤怒。他知道現在不能繼續走恐怖統治路線，但也明白不能一下子就把屠刀扔掉。羅伯斯庇爾對兩派人都不支持，其他兩派人也都反對他。雅各賓派內部這次發生的分歧，是動輒要掉腦袋的鬥爭，情況很是激烈。最後處於統治地位的羅伯斯庇爾懶得跟另外兩派多說廢話，直接把兩派的領導人推上斷頭臺。

羅伯斯庇爾以為這樣子做，整個世界就會清靜下來。不過事實證明，殺人是不能解決問題的。兩派各自的支持者看到羅伯斯庇爾這樣的行為都非常不滿，乾脆聯合起來對付他。羅伯斯庇爾氣急敗壞，也開始失去理智了，他迅速地促使國民公會通過了「牧月法令」。這條法令簡化了審判的程序，判決的時候只要經過所謂的推理判決，就可以判一個人有罪，意思就是說要定一個人死罪不需要證據，只要拍拍腦袋就行。這條法令讓羅伯斯庇爾能夠方便大開殺戒，法令實行了45天左右，光是巴黎就有1000多人被處死。這下好了，全國上下人人自危，大家都害怕明天自己就會被莫名其妙地殺頭。還有一批曾藉著鎮壓反革命而濫殺無辜的人，他們也擔心被追究責任，這些人和左右兩派糾纏在一起。

面對越來越猖獗的敵人，羅伯斯庇爾決心反擊。一次，他當眾聲稱「國民公會中還有尚未肅清的議員」。但這位大律師出身的革命領袖居然沒有指名道姓，沒說清楚到底哪個是他要對付的目標。結果，這讓所有的人都驚慌不已，大家都在擔心是不是自己被盯上了？他們想，讓你羅伯斯庇爾繼續這麼統治下去，就算明天不是我，也逃不過後天、大後天。反正橫豎都是死，先下手為強，後下手遭殃！

反對羅伯斯庇爾的人開始行動了。在西元1794年7月27日的國民公會上，他們展開了對羅伯斯庇爾的群起圍攻，說得羅伯斯庇爾連還口的機會都沒有。反對者最後一致通過了逮捕羅伯斯庇爾和他的幾個同黨的決議，並且當場將他逮捕。7月28日晚上，殺人無數的羅伯斯庇爾也被送上了斷頭臺。羅伯斯庇爾死後，連墓誌銘都被對他恨之入骨的人「惡搞」了一番，上面寫著：「過路人，長眠於此的是我，羅伯斯庇爾。不過你不要為我難過，因為

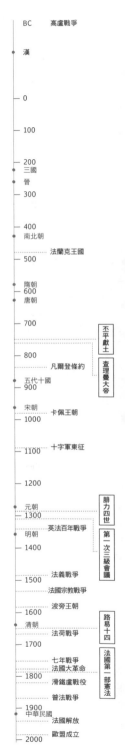

假如我還活著，那麼躺在這裡的就應該是你了。」

羅伯斯庇爾被處死，雅各賓派的統治隨之倒臺。有些學者認為，法國大革命也隨著雅各賓派的倒臺而結束。因為針對羅伯斯庇爾和雅各賓派的政變是發生在共和曆的熱月，因此這次政變被稱為「熱月政變」。在這次政變中，羅伯斯庇爾的反對者們被稱為「熱月黨」。

「熱月黨」上臺後做的第一件事，就是結束雅各賓派的恐怖統治。他們實施寬恕政策，可以饒恕所有人，甚至包括革命時期大家都恨之入骨的貴族們。他們說：「假如一個人奉公守法，那麼就算他以前是貴族又如何呢？相反，一個人假如淨做一些下流無恥的勾當，那麼就算他出身平民，對社會又有什麼用呢？」在這種寬恕的思想下，熱月黨人逐漸恢復了前段時間被打壓得太慘的貴族和教士們的自由，廢除極端時期的經濟封鎖政策和殺人不眨眼的「牧月法令」。人們終於可以鬆一口氣，不用擔心自己脖子上的腦袋瓜哪天會掉下來。

但是除了廢除已經不再合時宜的恐怖政策外，熱月黨人幾乎就沒再做過什麼正經事兒。在他們統治的這段時間裡，法國人忘記了革命時期的「刻苦」精神，以前那種崇尚奢華的風氣又抬頭了。人們相互之間稱呼不再用「男公民」、「女公民」，又變成「先生」、「太太」。「無套褲漢」的服飾被華麗的奇裝異服取代，這些人甚至又把以前天天開舞會的習慣搬出來。最離譜的是有一種奇特的「犧牲者舞會」，規定只有家裡曾經有成員在斷頭臺上送命的人，才有資格參加。大革命的前輩們鮮血還沒乾，屍骨未寒，這些人就這樣子拿死人開玩笑，可想而知當時法國的社會風氣。

耶穌基督出生　0—

君士坦丁統一羅馬
羅馬帝國分成兩部

波斯帝國　500—

回教建立

阿拉伯人攻佔西班牙

東羅馬其頓王朝

神聖羅馬帝國建立
　　　　　1000—

英國征服愛爾蘭
蒙古第一次西征

歐州流行黑死病

文藝復興

哥倫布發現新大陸
　　　　　1500—

英國大破無敵艦隊

發明蒸汽機

美國獨立
拿破崙稱帝
美國南北戰爭開始

第一次世界大戰
第二次世界大戰

　　　　　2000—

普通人荒唐胡鬧，統治階級也好不到哪裡去。熱月黨人雖然口上說要寬恕，但那些「寬恕」只不過是針對那些對他們的統治沒有威脅的人。實際上他們執政的時候，一旦遇到反對他們的人，採取的手段絕不會比雅各賓派溫柔。該關監牢裡的、該殺頭的，絕不手軟，毫不含糊。在一段時間裡，那些蠢蠢欲動的保王黨分子見雅各賓派倒臺後，以為熱月黨人真的如他們所言那麼「寬宏大量」，好像比較好欺負，於是他們又冒出來，找來了路易十六的弟弟，立他為路易十八，準備要進行偉大的「復國」戰爭。結果這群傢伙被熱月黨人指揮法軍打得落花流水，幾百個主要參與者被抓起來後統統槍決。

　　西元1795年，國民公會又通過一部新的憲法，被稱為《共和三年憲法》。這次憲法修正了雅各賓派時期的《共和元年憲法》太過激進的地方，變得稍微溫和。但是所謂的「溫和」卻是哪都不討好，保王黨渴求的權力自然是沒有的，但是民主派要求的民主自治也是不可能的。該憲法令熱月黨人到處挨罵。通過新憲法後，他們成立的督政府辦起事來是處處不順。民主派的巴貝夫密謀起義，想推翻督政府。幸虧起義者中出了叛徒，督政府才及時發現並且迅速扼殺起義。而保王黨經過多次叛亂失敗後，痛定思痛想出了更「科學」、「有效」的「復國」辦法——那就是投其所好，參加競選。在他們奮力不懈的努力下，還真在立法兩院，也就是五百人院和元老院的改選中取得了一定的席位。保王黨人開始有能力對督政府的施政指手畫腳，多番阻攔。

　　熱月黨人真心受不了這兩派人的折騰，最後決定用最簡單、最直接的方法來解決——武力鎮壓。在西元1797年和1798年兩年裡，熱月黨人先後發動「果月政變」和「花月政變」，直接動用

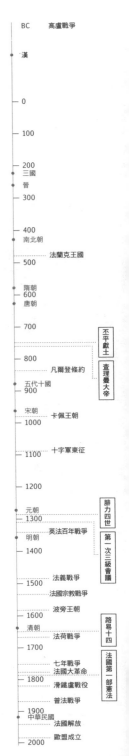

軍隊鎮壓保王派人和民主派人。

　　雖然兩次政變把兩派敵人打敗了，但是熱月黨人的統治地位並沒有穩固，反而是更加搖搖欲墜。面對著國內外敵人的武裝反撲，他們被迫越來越依靠軍隊。而在幾次軍事行動中，一個將軍的權力卻越來越大了。

　　這個將軍，就是日後叱吒全歐的拿破崙・波拿巴！

| 第七章 | 拿破崙時代

1. 大東部大區
2. 勃艮第-弗朗什-孔泰
3. 奧弗涅-羅納-阿爾卑斯
4. 普羅旺斯-阿爾卑斯-蔚藍海岸
5. 科西嘉
6. 上法蘭西
7. 法蘭西島
8. 諾曼第
9. 中央-羅亞爾河谷
10. 布列塔尼
11. 羅亞爾河地區
12. 新亞奎丹
13. 歐西坦尼亞

葡月！巨星升起

BC

耶穌基督出生　0—

君士坦丁統一羅馬
羅馬帝國分成兩部

波斯帝國　500—

回教建立

阿拉伯人攻佔西班牙

東羅馬其頓王朝

神聖羅馬帝國建立
　　　　1000—

英國征服愛爾蘭
蒙古第一次西征

歐州流行黑死病

文藝復興

哥倫布發現新大陸
　　　　1500—
英國大破無敵艦隊

發明蒸汽機

美國獨立
拿破崙稱帝
美國南北戰爭開始

第一次世界大戰
第二次世界大戰

　　　　2000—

　　科西嘉島，這個地中海第四大的島嶼，本身並沒有多少令人稱道的地方。西元1769年8月15日，這個島上一個落魄貴族的家裡迎來了他們家第二個孩子，這個孩子叫拿破崙・波拿巴（1769年—1821年）。他們本來是義大利人，因為不久前義大利把這個島賣給法國，所以現在他們是法國人了。老父親夏爾・波拿巴為子女的前途費盡心思，把拿破崙送到了法國的軍校去讀書。

　　異地求學的生活並不好過。拿破崙的同學都不喜歡他，覺得這個從海島上來的小子又窮又老土，只是個「次等」法國人。他們經常取笑拿破崙，而拿破崙也沒少和他們打架。他極度討厭這些紈褲子弟，希望有朝一日能讓他們徹底閉嘴，因而讀書非常勤奮。5年以後，他以優異的成績被保送到巴黎的軍校繼續深造。可惜好景不長，他到了巴黎才幾個月，父親就病逝了。家裡還有六個弟妹，拿破崙再也不能光吃飯不做事，只好放棄學業，早早從軍，他被派到法國南部擔任炮兵團少尉。軍官的薪餉不算高，拿破崙每個月都要把大部分薪水寄回家，自己只能過著清貧的生活。他的同僚們每天下了班就去找各種樂子，而拿破崙只能一個人待在小房間裡看書。在這段時間裡，拿破崙接觸了伏爾泰、盧梭等人的作品，開始被他們的思想影響。拿破崙還日夜鑽研用武力解放科西嘉島的方法，曾經和科西嘉島的獨立運動領袖保利聯

繫，交換意見。西元1789年，拿破崙放假回老家，準備將這些計畫付諸行動。但是保利和他的意見並不一致，因此那些計畫只能變成空想。無事可做的情況下，拿破崙參加了當地的雅各賓俱樂部。西元1793年，科西嘉島上親英國分子勢力猖狂，拿破崙為了避開他們，只好帶著家人逃離故鄉，搬到法國本土。

當時的法國正值雅各賓派統治時期，拿破崙這時候還非常熱情地寫了一本小冊子，說現在法國正要和全歐洲的暴君決鬥，大家一定要在雅各賓派的領導下統一步伐，否則，一盤散沙是不可能戰勝敵人的。拿破崙寫的這本小冊子令雅各賓黨人相信他是「自己人」。

不久之後，在法國南部的土倫港，拿破崙迎來他人生中第一個轉捩點。當時國內有許多保王分子在胡作非為，他們除了不停地發動叛亂之外，還引來了外國軍隊，為虎作倀。西元1793年8月，占據土倫港的保王黨為了獲得英軍的庇護，居然直接把要塞和船艦都拱手送給了英國人。土倫港是法國極為重要的戰略港口，雅各賓政府迅速募集了大軍，準備光復土倫港。

土倫港作為一個重要據點，防禦嚴密。起初，法軍一籌莫展，進攻的過程中還折損了負責指揮炮兵的少校。炮兵們失去指揮，成了一盤散沙，根本不能對敵軍造成壓力。這時候拿破崙正前往新任命的駐地，恰好路過土倫港。他有一個叫薩利希蒂的朋友，此時是國民公會的特派員，也在進攻土倫港的軍隊裡。薩利希蒂知道拿破崙是炮兵少尉，於是就向司令官推薦拿破崙指揮炮兵。

拿破崙上任之後才發現，這裡的情況比想像中還要糟糕。這裡所謂的「炮兵」們，有一些連怎麼開炮都不會，況且軍中的

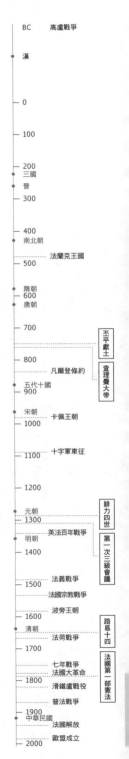

BC　高盧戰爭

漢

0

100

200
三國
晉
300

400
南北朝
500　　法蘭克王國

隋朝
600
唐朝

700

800
凡爾登條約
五代十國
900
宋朝　卡佩王朝

1000

1100　十字軍東征

1200

元朝
1300
明朝　英法百年戰爭
1400

1500　法義戰爭
法國宗教戰爭
波旁王朝
1600
清朝　法荷戰爭
1700
七年戰爭
法國大革命
1800　滑鐵盧戰役
普法戰爭
1900
中華民國
法國解放
歐盟成立
2000

不平獻土
查理曼大帝

腓力四世
第一次三級會議

路易十四
法國第一部憲法

火炮和彈藥都不是很充足。拿破崙看著這一堆爛攤子，不知道是該笑還是該哭。但再困難也要想辦法解決。沒彈藥？找！不會開炮？我來教！拿破崙讓人去兵工廠搜刮彈藥，自己則整天和士兵們待在一塊，一則教導他們基本的戰鬥常識，二則建立自己在軍中的威信。這一切工作都進行得有條不紊，拿破崙手下軍隊的戰鬥力也越來越強了。

這時候又有另一個問題出現：拿破崙發現他的司令腦袋有點不太好。這個連各種火炮能打多遠都不清楚的司令，老是對他下一些莫名其妙的命令，不管拿破崙怎麼解釋，他都堅持己見。最離譜的一次，拿破崙率軍眼見要衝破敵人的防線了，自家陣地裡卻傳來了撤退的命令。回去之後才發現，原來這個司令因為身邊的副官中槍了，就急急忙忙地下令撤退。不怕神一樣的敵人，就怕豬一樣的隊友，拿破崙三番五次被折騰後，連他的屬下都開始對司令不滿。在大家的強烈要求下，上頭終於改派了一個老將軍杜戈梅過來接替。

專業的就是不一樣，杜戈梅上任後立即改變了之前的狀況。他大膽地採納「新手」拿破崙提出的作戰計畫，不著急攻打土倫港，而是集中兵力打下土倫港以西的堡壘，切斷海港和外界援軍的聯繫，然後再用大炮對準土倫港狂轟濫炸。這個計畫取得完全成功，土倫港裡的保王黨們很快就投降了。當時羅伯斯庇爾的弟弟也在軍中，他目睹拿破崙指揮的這場勝仗，真是打得太漂亮了，回去之後就向哥哥羅伯斯庇爾強烈推薦拿破崙。

但是羅伯斯庇爾還沒來得及重用拿破崙，就已經腦袋搬家了。熱月黨人推翻了雅各賓政權，拿破崙也差點被清算。幸好他行為良好，熱月黨人也沒把他怎麼樣，關了十天就放出來了。雅

耶穌基督出生　0—

君士坦丁統一羅馬

羅馬帝國分成兩部

波斯帝國　500—

回教建立

阿拉伯人攻佔西班牙

東羅馬其頓王朝

神聖羅馬帝國建立
　　　　1000—

英國征服愛爾蘭

蒙古第一次西征

文藝復興　歐州流行黑死病

哥倫布發現新大陸
　　　　1500—

英國大破無敵艦隊

發明蒸汽機

美國獨立
拿破崙稱帝

美國南北戰爭開始

第一次世界大戰
第二次世界大戰

　　　　2000—

各賓派的倒臺對他的打擊非常大，被釋放後的拿破崙就像個頹廢大叔一樣，終日無所事事又不修邊幅。

　　不過，是金子總會發光的，沒過多久，拿破崙的機會又來了。原來熱月黨人為了保障自己的實際統治權，規定國民公會每次改選的時候一定要保留原來2/3的議員。這條議案令保王黨們很難進入公會，他們就發動了叛亂。熱月黨人耍嘴皮子是很厲害，打起仗來就束手無策了。迫不得已之下，他們想起了當年打下土倫港的那個拿破崙，快去請他來對付這群造反的傢伙啊！

　　西元1795年10月（共和曆裡的葡月），拿破崙在巴黎率軍與兵力三倍於己方的敵人作戰。他果斷地用火炮轟擊，擊潰了這些囂張的叛軍。和在土倫港時一樣，拿破崙用自己的力量挽救了將要四分五裂的法國，這一戰也令拿破崙得到了「葡月將軍」的美譽。

　　當年軍事學院裡那個總被嘲笑的小個子，現在已經是一個聲名遠播的將軍了。「熱月黨」的督政府需要拿破崙，沒了拿破崙的有力支持，他們說的話都沒有人聽。但是拿破崙需要督政府嗎？這個問題的答案，拿破崙很快就會告訴各位：不！

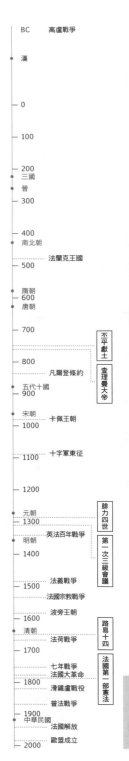

霧月！百廢待興

BC

耶穌基督出生　0—

君士坦丁統一羅馬

羅馬帝國分成兩部

波斯帝國　500—

回教建立

阿拉伯人攻佔西班牙

東羅馬其頓王朝

神聖羅馬帝國建立
　　　　1000—

英國征服愛爾蘭

蒙古第一次西征

文藝復興

歐州流行黑死病

哥倫布發現新大陸
　　　　1500—

英國大破無敵艦隊

發明蒸汽機

美國獨立
拿破崙稱帝
美國南北戰爭開始

第一次世界大戰
第二次世界大戰

　　　　2000—

　　拿破崙在鎮壓保王黨的葡月事件中大放異彩，熱月黨人和督政府對他非常倚重。西元1796年3月，也就是葡月事件後第二年，拿破崙就被任命為對義大利軍團的總司令，而他當時還不滿27歲。為了粉碎想要埋葬大革命的反法同盟，拿破崙決定進攻義大利的要塞曼圖亞。曼圖亞是奧地利軍在義大利的重要根據地，如果攻下這裡，法軍就可以很容易地威脅奧地利，反法同盟國就危險了。因此奧地利出動數萬兵馬，由老將維爾姆澤帶領，前去救援曼圖亞。

　　拿破崙生下來就是塊打仗的料，年紀輕輕的他完全不害怕經驗豐富的對手。他大膽地火速進軍，搶在維爾姆澤來到之前，迅速包圍了曼圖亞。維爾姆澤雖然姍姍來遲，仗著他的兵力比拿破崙多，一開始還滿不在意。維爾姆澤決定兵分幾路，給拿破崙來個泰山壓頂。但是這位老人家指揮軍隊的能力實在是令人不敢恭維，幾路軍隊鬆鬆散散，被拿破崙一眼就看出破綻。拿破崙巧妙地假裝後退，讓維爾姆澤以為自己要逃跑。正當維爾姆澤高高興興做著「不戰而勝」的美夢時，拿破崙突然對其中一路敵軍發動猛攻。這時候維爾姆澤才知道自己中計，但已經太晚了。

　　奧軍被殺得丟盔棄甲，一退再退。損失不少士兵後，維爾姆澤不甘失敗，又集結後援兵力再度前來。結果這一次還是重蹈覆

轍，被拿破崙打得七零八落，縮回曼圖亞。維爾姆澤本來是來救援的，到頭來反倒被困在裡面，成為待救者。

維爾姆澤被困後，奧地利方面再派出阿爾文齊來當救兵。為了阻止奧地利軍會師，拿破崙帶著法軍將士用令人無法置信的速度疾速行軍，向阿爾文齊率領的軍隊發動了猛攻。這次的戰鬥異常激烈，拿破崙身先士卒，差點被敵軍炸死。但法軍浴血奮戰，艱難地挺了過來，成功擊退奧地利援軍。最後孤立無援的曼圖亞只能投降。奧地利遭到慘敗後，第一次反法同盟就瓦解了。

現在，不止法國，全歐洲都知道拿破崙的大名了。連遙遠的俄國元帥知道後都大吃一驚：「這人跑得太遠了！是時候讓他停下來了！」而督政府的人對拿破崙是既愛又恨，愛呢，是因為拿破崙是一條好用得不得了的獵狗，無論是什麼飛禽走獸、跳樑小丑，只要派拿破崙去，全都妥當地收拾乾淨；恨呢，是因為他們害怕自己餵不飽這條狗，不知道什麼時候他會變成一條豺狼，反咬自己一口。這時候拿破崙已經聲名遠播，在軍中又有威信，就算他們想收拾拿破崙也沒法下手。那怎麼辦呢？就只能把拿破崙扔得遠遠的，哪裡麻煩就扔哪裡，眼不見為淨，讓他自生自滅。就這樣，拿破崙被派去遠征埃及。

拿破崙不是笨蛋，他知道這「遠征」是流放的意思。但是他也知道，現在還不到發難的時候。去就去，誰怕誰？果然，在拿破崙去埃及的這段時間裡，法國在歐洲戰場面臨第二次反法同盟的絞殺，一敗再敗，之前拿破崙拿下的曼圖亞也被敵人奪回。再加上國內也被各路「豪傑」搞得狼煙四起，督政府已經焦頭爛額。

拿破崙在埃及聽說國內的這些情況，再也不能忍了。他不能

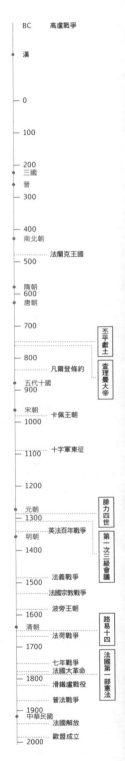

忍受這群無能之輩糟蹋自己的成果，更不願在埃及這種地方錯失改變命運的機會。他決定回國。他對自己的親信說：「跟我一起回去吧，我會給法國帶來光明和希望的。」

拿破崙一向果斷，為了儘快回國，他直接把遠征軍扔在埃及不管，自己帶著幾百個精兵便乘船回到法國。就像他預料的那樣，得知他回來的消息，整個法國就像過節一樣，大肆慶祝。巴黎人還舉行了隆重的歡迎儀式，大家都在歡呼：「拿破崙回來了！」

除了普通百姓，還有些政客見到拿破崙回來也非常高興，其中就有剛當選督政官的西哀耶斯。他為了鞏固自己的地位，悄悄來見拿破崙，兩人一拍即合，組成了一個政變集團。法國的大財團也希望一個英雄人物出來保證國家穩定，提供了大筆鈔票支持。現在的問題是如何對付元老院中的反對派？拿破崙有主意：反對派嘛，不讓他們出現就好了！

波斯帝國　500—

回教建立

阿拉伯人攻佔西班牙

東羅馬其頓王朝

神聖羅馬帝國建立
　　　　1000—

西元1799年11月9日，拿破崙的同夥們忽然在元老院召開了一個「緊急會議」，宣布了兩項重要決議：為了避免「雅各賓餘孽」搗亂，我們要另選地方開會；同時任命人民英雄拿破崙為首都和近郊武裝部隊的總司令，維持治安。當時反對拿破崙的議員們根本不知道有這個會議，所以兩項議案都被拿破崙一黨順利通過了。

拿破崙靠著這個任命，迅速出兵控制巴黎各個重要的據點。11月10日，前一天缺席的那幫反對派議員一上班，就被告知昨天通過的「重要決議」，紛紛成了丈二金剛摸不著頭腦：「怎麼無緣無故又冒出雅各賓餘孽來了？」他們懷疑西哀耶斯和拿破崙在搞鬼（這懷疑沒錯）。經過大革命洗禮，法國政客們的戰鬥精神

哥倫布發現新大陸
　　　　1500—

英國大破無敵艦隊

發明蒸汽機

美國獨立
拿破崙稱帝
美國南北戰爭開始

第一次世界大戰
第二次世界大戰

　　　　2000—

十足。反對者們嚴厲質問拿破崙，要他坦白交代事情的來龍去脈，甚至激動地衝上前抓住拿破崙的衣領「逼供」。現場越來越混亂，不少人高呼「打倒暴君」，要把拿破崙毒打一頓。正在萬分危急的時候，拿破崙的士兵們端著刺刀衝了進來。那些議員有的在刀口下乖乖閉嘴，有的被轟了出去。10日晚上，拿破崙宣布廢黜督政府，建立臨時執政府，由拿破崙、西哀耶斯、杜科等三人為執政官。這場政變發生在共和曆的霧月，因此就被人稱為「霧月政變」。

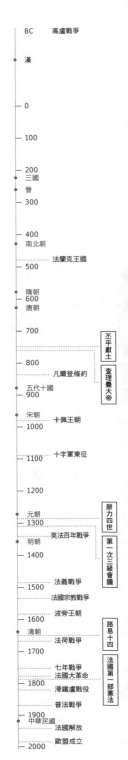

萬歲！法蘭西第一帝國

BC

耶穌基督出生　0—

君士坦丁統一羅馬

羅馬帝國分成兩部

波斯帝國　500—

回教建立

阿拉伯人攻佔西班牙

東羅馬其頓王朝

神聖羅馬帝國建立
1000—

英國征服愛爾蘭

蒙古第一次西征

歐州流行黑死病

文藝復興

哥倫布發現新大陸
1500—

英國大破無敵艦隊

發明蒸汽機

美國獨立
拿破崙稱帝
美國南北戰爭開始

第一次世界大戰
第二次世界大戰

2000—

「霧月政變」成功後，西哀耶斯開始做他的美夢：利用拿破崙當他的打手，掃清一切敵人，自己掌控朝政。不過當他再次面對拿破崙時，他才意識到自己錯了，原來自己才是被利用的那個人。

拿破崙很快把西哀耶斯一腳踢開，通過了《共和八年憲法》。這部憲法規定了作為第一執政的拿破崙擁有公佈法律的權力，可以隨便任命、撤換任何官員，敵人來了，可以自己決定到底要戰還是和。那麼第二、第三執政做什麼呢？沒什麼事，「以供諮詢」。立法權歸屬於四個院：參政院、保民院、立法院和元老院，但是這四個院其實都沒有單獨立法的權力，最後能不能通過都是拿破崙說了算。這時候的拿破崙，已經把法國的行政權和立法權都控制在自己手上。法國開始進入拿破崙的時代。

自從路易十六重新召開三級會議引發大革命爆發以來，法國的政權就從來沒有穩定過，從斐揚派、吉倫特派，到雅各賓派以及「熱月黨」，他們的「接棒」速度快到可以參加奧運會接力賽，拿破崙可不想也像他們那樣。為了改變這種局勢，他上臺後就拼命地加強中央集權。他把法國劃分為88個省，省長、市長都由自己來任命。然後又任了一個叫富歇的人擔任警務部長，這個人出了名的陰險狡猾，當初在雅各賓時代曾展開血腥屠殺，後

來又在「熱月政變」中出賣羅伯斯庇爾。但正是這樣的人才適應當時的時代——治理「壞人」就要任用比他們更「壞」的人。這種情況下，就連巴黎最高法院的法官都不敢不聽拿破崙的。

至於對付以前那些雅各賓黨人和保王黨，拿破崙也有一套。「霧月政變」後，路易十六的弟弟寫信給拿破崙，要拿破崙和自己聯手恢復波旁王朝的統治。假如這樣的話，到時候他就是「路易十八」，而拿破崙也可以呼風喚雨。拿破崙看過信後就想笑，只能回他：「你要想恢復統治，除非踩著我們的屍體，不過我建議你還是別這麼做，歷史會給你記著這筆帳的。」

拿破崙明確斷絕保王黨恢復波旁王朝的希望之後，同時用「胡蘿蔔」和「大棒」鎮壓這些亂黨。一方面，他出兵殺到血流成河也一點不手軟；另一方面，他又宣布只要你們保王黨肯歸順，我統統赦免你們。拿破崙很討厭別人跟他講什麼「民主自由」，因此他現在非常討厭雅各賓派的人（雖然他自己曾經也是），他經常抓住雅各賓黨人一些雞毛蒜皮的事就對他們嚴加處罰。有一次拿破崙差點被暗殺，逃過一劫的他認定這件事是雅各賓派的人做的，馬上就逮住了上百個雅各賓派分子，把他們遣送到美洲。事後調查才發現，那事是保王黨人做的，雅各賓派純屬「無辜中槍」，不過拿破崙對此事諱莫如深。

至於在宗教上，拿破崙聰明地選擇了和教會適度合作，改變大革命時期一直追著教士窮追猛咬的政策，這樣子令這些教士也稍微安心了點。

社會安定了下來，拿破崙才有機會去做其他事情，比如說填飽大家的肚子。他加強了中央政府對財政的管理，規定金銀和貨幣的比率，積極發展工商業，大力打擊貪污腐敗。不僅如此，他

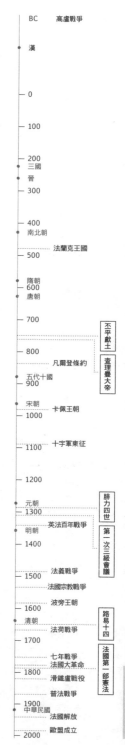

還積極地擴大了耕地面積，提高穀物的售價，保護農業。這些政策令法國的財政狀況得到改善，人們的生活才稍微好了些，從大資本家到平民百姓也都緩過了一口氣。

然後，拿破崙才可以安心地為法國制定民法典。為了令這套法典更加完善，拿破崙事先做足了功課，參考了大量法學書籍和羅馬法，然後又跟法學專家們開了100多次會議，歷時3年多才最終修訂好。這部後來被稱為《拿破崙法典》的民法典，堪稱是拿破崙時代乃至整個法國大革命時期最經典的成果之一。它規定了人法、物法等，內容非常完善。後來很多國家制定民法的時候，也都是參考《拿破崙法典》。該法典中許多內容時至今日在法國仍然生效。拿破崙自己也對這部法典引以為豪。他在後來回憶自己一生的時候，曾經這樣說過：「我一生中就算打再多勝仗又如何，一次滑鐵盧就把這些全都清空了，但是我的民法典將會是永垂不朽，不會被人忘記的。」

正當拿破崙忙得不亦樂乎的時候，法國那些「好鄰居」組成的第二次反法同盟打上門來了。拿破崙雖然能征善戰，但他更明白法國這時候需要的是休養生息，所以他不斷地向英國、奧地利、俄國的君主提出停戰建議，但是這些豺狼沒有理會，還說：「假如你們真的希望和平，那就恢復你們國王的王位啊。」拿破崙知道這些人是吃硬不吃軟，好吧，既然戰爭避無可避，那我就用槍桿子來和你們「議和」！

敵人有三個，拿破崙就算會飛，也雙拳難敵四手，怎麼辦呢？他的方針非常明確，打一個盯兩個，只要打垮一個，你們的聯盟非瓦解不可。可這三個國家該打誰呢？俄國和英國，一個太遠，一個隔著海，不好辦；奧地利和法國爭霸了幾百年，就挑你

了！選定對手後，拿破崙迅速作出戰略佈署。他讓莫羅將軍率領一部分部隊在萊茵、巴伐利亞附近來回行軍，和奧軍玩「躲貓貓」。自己就率領另一支部隊冒著暴風雪，通過一條又窄又危險的小路，翻越阿爾卑斯山，繞到奧軍的背後，對奧軍發起突擊。神兵天降的法軍在馬倫哥和奧軍戰了個痛快，把措手不及的奧軍打得落花流水。另一方面，之前一直在「躲貓貓」的莫羅將軍，這時候也不失時機地配合著拿破崙發動攻勢，奧軍又一次敗在拿破崙手下。西元1801年，奧地利皇帝被迫和法國簽訂和約，承認法國占領的比利時和義大利部分領土，而且宣布法國和奧地利是友好國。

把奧地利打敗後，拿破崙就拉攏俄國。俄國見奧地利被打敗了，另一個盟友英國遠在天邊，而拿破崙又主動來與自己和好，幹嘛非得惹這個戰無不勝的傢伙呢？沒多久，俄國也和法國成了「好朋友」。俄國和奧地利都退出了，英國人也不笨，你們不玩我也不玩，於西元1802年和法國簽訂了《亞眠和約》。拿破崙漂亮地粉碎了第二次反法同盟，終於令法國在大革命之後重新確立了在歐洲的優勢。拿破崙自己也因此成為全國的民族英雄。

趁著全國人民對自己的崇拜，拿破崙繼續加強自己在國內的威信。元老院提出重選拿破崙連任第一執政十年，但是十年又怎麼能滿足現在的拿破崙呢？他讓全民進行公投，決定自己是否能擔任終身執政。結果這次投票有350萬人贊成，僅有8000多人反對，真是壓倒性的民意啊！元老院就在西元1802年8月2日宣布拿破崙為法國的終身執政。

拿破崙在法國呼風喚雨的時候，英國又一次跑來當拿破崙再往前進一步的臺階。原來《亞眠和約》簽訂後，英國人回家就越

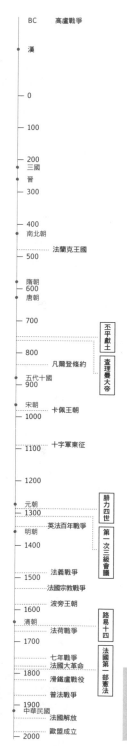

BC　高盧戰爭

漢

0

100

200　三國

晉

300

400　南北朝

法蘭克王國　500

隋朝　600

唐朝　700

800　凡爾登條約

五代十國　900

宋朝

1000　卡佩王朝

1100　十字軍東征

1200

元朝　1300

明朝　英法百年戰爭

1400

1500　法義戰爭

法國宗教戰爭

波旁王朝　1600

清朝

法荷戰爭

1700

七年戰爭
法國大革命　1800

滑鐵盧戰役

普法戰爭

1900　中華民國

法國解放

歐盟成立　2000

不平獻土

查理曼大帝

腓力四世

第一次三級會議

路易十四

法國第一部憲法

BC

耶穌基督出生　0

君士坦丁統一羅馬
羅馬帝國分成兩部

波斯帝國　500

回教建立

阿拉伯人攻佔西班牙

東羅馬其頓王朝

神聖羅馬帝國建立
1000

英國征服愛爾蘭
蒙古第一次西征

歐州流行黑死病

文藝復興

哥倫布發現新大陸
1500

英國大破無敵艦隊

發明蒸汽機

美國獨立
拿破崙稱帝
美國南北戰爭開始
第一次世界大戰
第二次世界大戰
2000

想越氣，總是不肯按和約內容辦事，想要賴皮。英國的傳媒行業也不停地在抹黑拿破崙。拿破崙一開始還很正式地向英國政府提出抗議，結果英國政府對抗議採取無視的態度。拿破崙氣得腦袋冒煙，讓法國的新聞界也趕緊還擊，絕不落後。兩國的關係再次變得緊張起來。

西元1803年，英王直接在議會上開腔指責法國，隨後又通過了徵兵令，還直接違反了《亞眠和約》的規定，占領馬爾他島，一副「要戰便戰」的姿態。拿破崙也不客氣，直接對著英國的大使怒吼：「你們要擴軍的話，那我們也會這樣做，既然你們要戰，那我就奉陪到底！要嘛把馬爾他島交出來，要嘛來戰個痛快！」英、法這對老冤家又一次大張旗鼓地準備戰爭。法國為了應付英國這個海上強敵，積極地打造海軍，拿破崙還經常親自巡視各地的造船廠和港口。至於英國那邊，則想盡一切辦法暗殺拿破崙，他們相信只要殺掉這個牧羊人，法國人就會變成一群任人魚肉的溫順羔羊。

但是英國人沒想到自己的刺殺行動，成功地「殺死」了作為法國終身執政的拿破崙，卻造就了一個作為法國皇帝的拿破崙。敵人反對的就是我們贊同的，法國人民面對英國這種喪心病狂的暗殺行動，變得更加狂熱和盲目地擁護拿破崙。為了維持法國的現狀，他們想要拿破崙當皇帝。這樣，假如哪天一個不小心，拿破崙被刺殺了，還可以由他家族的其他人繼承他的位置。拿破崙又一次辦起了公投，這次的支持者還是350萬人左右，而反對者只有2000多人，可以說幾乎所有選民都贊成拿破崙當皇帝。元老院宣布，拿破崙·波拿巴為法蘭西帝國的皇帝，稱拿破崙一世。歷史上則把此時的法蘭西帝國稱為「法蘭西第一帝國」。

西元1804年12月2日，已經60歲的羅馬教皇庇護七世不惜山長水遠地來到法國的巴黎聖母院，為拿破崙舉行加冕儀式。可憐這個老頭走這麼遠的路，結果連一場戲都沒演好。加冕儀式中，拿破崙直接一手把皇冠從他的手上搶了過來，自己為自己戴上，向天下宣布我的權威是由我自己賜予的！

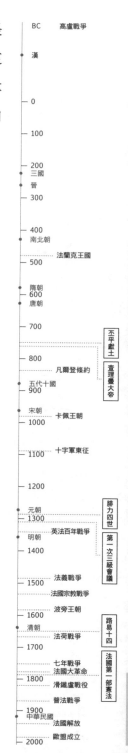

戰神！橫掃歐洲

　　當拿破崙正興高采烈地為自己加冕為法蘭西皇帝的時候，英國也沒有閒著，他們正在積極地拉幫結夥，準備再一次組建反法聯盟，一定要把拿破崙和法國打壓下去。拿破崙稱帝後，也投入到緊張的戰爭籌備工作中。為了和英國開戰，拿破崙做了兩手準備，水路並進。自己帶領著陸軍在預定地點等待從土倫出發的海軍艦隊，等海軍上將維爾涅率領著船隊來到之後，就乘船渡海攻打英國人。

　　拿破崙天天在海港像望夫石那樣，望著沒有邊際的汪洋，就盼著維爾涅的船出現在海天相接的地方。不過計畫永遠趕不上變化，他並沒能等來維爾涅，只等到一條令人沮喪的消息：維爾涅的艦隊被英國海軍狙擊，現在已經退到西班牙維修，肯定沒辦法按照約定時間趕過來了。就在這時候，又一條更糟糕的消息傳過來，英國已經成功地拉攏了奧地利、俄國、瑞典和那不勒斯成立第三次反法同盟，而奧地利已經開始在行動，正在巴伐利亞和法國的東部搗亂。

　　面對這種糟糕的狀況，拿破崙很快反應過來，迅速改變戰略，放棄水路，果斷地率軍東進，先搞定這群陸地上的敵人再說。這一次，拿破崙大軍的神速又一次為他們贏得一場勝利，他們用20天的時間疾行數百里，突然來到了奧軍意想不到的地方發

起突襲。奧軍被拿破崙包圍在烏爾姆要塞，奧軍主帥麥克被拿破崙的用兵如神摧毀了自信心，在還有3萬多士兵、軍備完整的情況下，選擇了直接投降。拿破崙的屬下此時也忘記了強行軍的勞累，他們為勝利而歡呼。

可惜在烏爾姆的勝利並沒有解決困境，在麥克投降的第二天，海上又傳來了壞消息。維爾涅的艦隊在特拉法加海角和英國海軍激戰，雖然擊斃了英國的將領納爾遜，但是法國艦隊幾乎全軍覆沒。拿破崙這時候已經沒心思管海上發生什麼事了，只能率領軍隊繼續向東，直指奧地利首都維也納，奧地利皇帝被拿破崙嚇得逃出了皇宮。但是法軍的整體形勢還在惡化，普魯士被俄國拖下水，普魯士軍隊隨時可能參戰，奧地利南線軍團也正朝拿破崙而來，正面則是奧皇的殘部和俄國沙皇的大軍。而此時法軍已經遠離本國，形勢非常糟糕。

拿破崙知道，假如等普魯士軍和奧南線軍趕來會合，那法軍就很難抵擋了，他決定再像以往那樣實行逐個擊破。普魯士是剛剛才被拖下水的，現在肯定還沒完全投入戰爭，可以趁著他們還沒到來，迅速打敗俄國。這樣子就要及早引誘俄國、奧地利軍隊趕緊和自己決戰，拖得越久法軍就越危險。

為了能讓俄奧聯軍能「放心」地撇開普魯士，「大膽」地與自己決戰，拿破崙又開始演戲。他一邊派人和普魯士談判，儘量拖延他們參戰；另一邊又派人去見俄國沙皇，低聲下氣地求和。當拿破崙接見俄國使者的時候，更是發揮出上佳的演技，垂頭喪氣，顯得一點精神都沒有。拿破崙這個「最佳男主角」成功地俘獲了「觀眾」俄國沙皇亞歷山大一世的心，他真以為拿破崙和法軍已經接近崩潰了，興奮的他不聽手下的勸阻，決定拉上奧地利

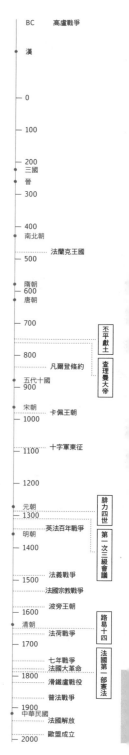

BC

耶穌基督出生　0—

君士坦丁統一羅馬
羅馬帝國分成兩部

波斯帝國　500—

回教建立

阿拉伯人攻佔西班牙

東羅馬其頓王朝

神聖羅馬帝國建立
　　　　1000—

英國征服愛爾蘭

蒙古第一次西征

歐洲流行黑死病

文藝復興

哥倫布發現新大陸
　　　　1500—

英國大破無敵艦隊

發明蒸汽機

美國獨立
拿破崙稱帝
美國南北戰爭開始

第一次世界大戰
第二次世界大戰

　　　　2000—

這個盟友，迅速給拿破崙致命的一擊。

　　就這樣，法、奧、俄三國在奧斯特利茨村爆發了歷史上著名的三皇會戰。在這場戰鬥中，拿破崙巧妙地利用了亞歷山大一世一心想要消滅自己的心態，在戰鬥初期主動後退，甚至放棄了防守高地。這令俄軍以為法軍果然不堪一擊，於是不顧友軍的配合行動，一味進攻，導致聯軍的陣腳被打亂。拿破崙則看準了時機，突然反擊，把聯軍切成兩段，逐一殲滅。戰鬥從日出打到傍晚，法軍大獲全勝，俄皇和奧皇倉皇逃走。

　　奧斯特利茨戰役的大勝令第三次反法同盟又被拿破崙摧毀，現在仍然屹立在巴黎的凱旋門，就是為了慶祝這次勝利而建造的。除了法國人普天同慶外，有趣的是原來被俄國拉攏到反法同盟的普魯士，倒是第一時間卻派遣使者來到法國向拿破崙道賀。而英國首相小皮特（七年戰爭時期首相老皮特的兒子）聽到俄奧聯軍慘敗的消息之後就一病不起，夙夜憂歎的他在臨終前看到釘在牆上的歐洲地圖就不爽，命人把它拿走，還說以後十年這張地圖都沒用了。

　　在拿破崙的征伐下，那張「歐洲地圖」的確不再適用了。拿破崙的勢力不斷地擴張到歐洲各國，所謂的歐洲地圖很快就要變成「拿破崙帝國地圖」了。為了不讓小皮特臨終前的「烏鴉嘴」成真，歐洲各國再一次站到同一戰線，成立了第四次反法同盟。

　　這一次反法同盟的主力是普魯士、俄國。普魯士之前一直沒有和拿破崙正面交手，他們尚不知道拿破崙的厲害之處。和法軍交戰之前，普軍將士充滿了一種莫名其妙的自信心，結果拿破崙輕輕鬆鬆就把普魯士軍隊打敗，法軍直搗柏林。普魯士敗了之後，還指望著俄國能幫他們出頭，結果俄軍也不是拿破崙的對

手。

　　西元1807年7月，拿破崙和兩國簽訂了合約。

　　和約規定，普魯士要支付巨額賠款給法國，喪失將近一半的領土，沒還清欠款之前，法軍駐紮在普魯士境內，而且普魯士必須參加針對英國的大陸封鎖體系。俄國則被迫和法國同盟，對英宣戰，同樣參加大陸封鎖體系。挫敗了第四次反法聯盟後，拿破崙除了是法蘭西皇帝之外，還兼任義大利國王、萊茵聯邦的保護者、瑞士聯邦的仲裁者。他的幾個兄弟分別是那不勒斯、荷蘭、威斯特伐里亞的國王。奧地利是戰敗國，普魯士直接被法軍占領，俄國是一個同盟國，而英國則受制於大陸封鎖體系。拿破崙用一己之力，令法國站上了歐洲之巔！

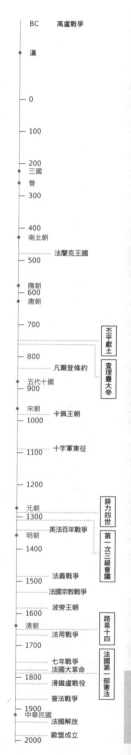

冰封！遠征煉獄

　　拿破崙的帝國已經強大得不能再強大了，除了英國以外，整個歐洲沒人敢不聽他的號令。但是拿破崙自己非常清楚，法蘭西帝國是靠自己一槍一戰，硬生生地打下來的，這種勝利能維持多久呢？就算拿破崙是戰神再世，也不能確保在往後的日子裡永遠不敗。他知道一旦出了什麼差錯，這個看起來強大，實際上卻危機重重的帝國就會立即解體。拿破崙要令自己的帝國能夠長久地發展下去，得讓帝國所有人打心底裡崇拜自己，忠於帝國。

　　愛國要從娃娃抓起。為了讓帝國未來的花朵從小就擁有「正確良好」的愛國觀念，拿破崙下令成立帝國教育團。教育團的責任就是負責分管全國29個教育區的教育事務。一個孩子有機會在帝國接受三個時期的教育，首先是由教會負責的初等教育。在這段時期裡，他們除了學習基礎知識之外，還要經常看一本《教理問答》的小冊子，裡面內容大致都是像這樣的問答：「問：你認為應該怎樣對待那些沒有對皇帝盡義務的人啊？答：他們這樣是在抵制上帝親自建立的秩序，要將他們永遠打入地獄！」法國未來的花朵們就是接受這樣的教育。稍微年長一點後，他們則要進入國立中學繼續學習。在這裡教書的教師全都經過了國家的考試，才有資格執掌教鞭。孩子們上課要穿制服，遵守軍事紀律。經過前兩個階段的教育後，才能繼續上大學深造，學習專業的知

識。

　　拿破崙不僅要讓孩子們知道自己的皇位是「受命於天」且「神聖不可侵犯」，他還要讓成年人也認可自己高貴的身分。拿破崙出身並不算特別好，為了擺脫自己「暴發戶」的形象，他在稱帝後的幾年，拼命地想和歐洲一些老牌大貴族聯姻。他和不能生育的結髮妻子約瑟芬離婚後，先是去俄國，向沙皇的妹妹求婚，可惜俄國老太后並不允許。然後又跑去奧地利，向法國的老冤家哈布斯堡王室提親。奧地利之前屢次遭受拿破崙欺辱，他們不敢說不，只好在西元1810年把公主瑪麗·露易絲嫁給了拿破崙。拿破崙自認為現在的自己也是歐洲貴族了，居然開始在國內裝模作樣地封了幾十個親王、公爵，還有成百上千的男爵、伯爵，構成了帝國的新貴族階層。

　　拿破崙有意識地讓帝國的子民接受自己的皇位是「受命於天」，這種做法恰恰說明拿破崙變了，變得不像以前那麼自信。本來，他所擁有的一切全都是透過自己的努力、果斷準確地判斷爭取得來的。他以前帶領著法國人民和全歐洲的封建君主作鬥爭，現在他自己卻要向封建君主們靠攏。

　　這種矛盾令他開始和人民背道而馳。大家尤其討厭他娶回來的新皇后，因為路易十六的老婆瑪麗皇后也是從奧地利嫁過來的。法國人對這個地方出產的公主有些排斥，他們覺得這個皇后會為法國帶來不幸。實際上，不幸的確開始降臨到法國，但是絕對不能將原因歸咎於一個無辜的少女。罪魁禍首，還是海峽對岸的英國。一直以來，拿破崙雖然能在陸戰中像一個逆天的神話一樣存在，戰勝各種各樣的對手，但偏偏對於有大海保護的英國無可奈何。拿破崙為了能打擊英國，不斷地用武力迫使歐洲其他國

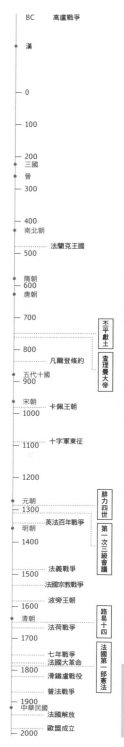

家奉行自己的大陸封鎖政策。

　　所謂的大陸封鎖體系就是針對英國，破壞英國貿易的一個政策。它規定帝國控制的港口不允許英國的船隻停泊，沒收曾經在英國靠岸的中立國船隻以及船上的貨物，還規定歐洲大陸所有貿易品都要有出產地證明，假如是來自英國或者是英國殖民地的「英產貨」通通不許進入歐洲大陸。

　　這條政策一開始的確令英國人損失很大，不過他們很快就找到了應對方法，那就是走私。全歐洲那麼大，海岸線那麼長，英國人就不信你拿破崙還全都管得著？他們經由走私的方法不斷地把貨物賣到歐洲，而各國工商業發展又非常需要這些貨物，封鎖政策反倒令這些走私貨價格更加昂貴。這樣一來，拿破崙的政策不但沒有讓英國困死在孤島上，反而是法國本身因為封鎖政策令工商業發展都受到了打擊。為了打擊英國人的走私行為，拿破崙決定出兵攻打英國最大的走私管道所在地——西班牙和葡萄牙。

　　拿破崙於西元1807年11月派兵入侵葡萄牙，又在第二年2月派繆拉元帥進攻西班牙，逼迫西班牙的波旁王室把王位讓給拿破崙的哥哥約瑟夫。可是這實在是一步錯棋，因為西班牙王室原本對拿破崙很恭順的，拿破崙滅了這個唯唯諾諾的附庸國，他這種直接侵略行為反而激起了西班牙人的民族情緒，各地都發起了反對約瑟夫的叛亂，並且利用游擊戰術多次打敗當地的法軍。拿破崙沒想到西班牙人居然能打敗自己的軍隊，只好親自率領20萬大軍殺回去。這當然是牛刀殺雞，手到擒來。但等拿破崙一離開，西班牙人又繼續叛亂，繼續打游擊，英國也摻和進來支持游擊隊，拖得法軍疲憊不堪，成功地把法軍幾十萬人馬消耗在這裡。

　　看見西班牙人游擊戰打得這麼好，歐洲其他國家也心癢了。

耶穌基督出生　0

君士坦丁統一羅馬
羅馬帝國分成兩部

波斯帝國　500

回教建立

阿拉伯人攻佔西班牙

東羅馬其頓王朝

神聖羅馬帝國建立
1000

英國征服愛爾蘭
蒙古第一次西征

文藝復興

歐洲流行黑死病

哥倫布發現新大陸
1500

英國大破無敵艦隊

發明蒸汽機

美國獨立
拿破崙稱帝
美國南北戰爭開始

第一次世界大戰
第二次世界大戰

2000

尤其是像奧地利這種被拿破崙欺負了好幾次的國家，早就想報仇了。現在看到原來這世界上也有你拿破崙無法戰勝的人，那還不趕緊把大家拉過來一起，再去組團挑戰拿破崙？就這樣，又一次反法同盟成立了，這已經是第五次了，反法方似乎終於看到了希望。在阿斯佩恩—艾斯林戰役中，拿破崙這樣的軍事專家居然被奧軍找到了破綻，軍隊正在渡河時遭到突襲，先輸一陣。奧軍居然戰勝了拿破崙指揮下的法軍！這消息讓全歐洲振奮。雖然後來拿破崙反敗為勝，又一次戰勝反法同盟，逼得奧地利割地賠款，但是現在拿破崙已經不能再保持過去那種戰無不勝的神話了。他的帝國，也開始從頂端下滑。

　　離法國比較遠的俄國接過奧地利的棒，繼續扛起「反法大旗」。他們早就被大陸封鎖體系搞得雞犬不寧，現在看到拿破崙的統治力逐漸下降，於是開始悄悄地和英國恢復貿易。嘗過一兩年甜頭後，沙皇亞歷山大一世更是直接全面開放港口，大量引進英國貨，再轉賣到歐洲各國。俄國這樣做，令拿破崙的大陸封鎖政策完全變成一紙空文。不收拾俄國，拿破崙顏面何存？帝國的安全何在？

　　西元1812年6月，拿破崙率領60萬大軍進攻俄國。這次的戰爭並不好打，俄羅斯遼闊的領土、惡劣的氣候、俄軍的頑強抵抗以及俄國老百姓和民兵奮戰不懈的游擊戰，讓法軍付出了沉重的代價。一路上累死、病死的士兵比戰死的還多，馬匹更是成千上萬地死掉。法軍單是行軍這麼遠，就損失了大量的戰力。他們終於在9月攻進莫斯科，但是到了這裡拿破崙和法軍都已經疲憊不堪了。拿破崙想和亞歷山大一世議和，但遭到拒絕。既然不想和談，那我們打吧，結果俄軍又堅守不出。冬天很快就要來臨，

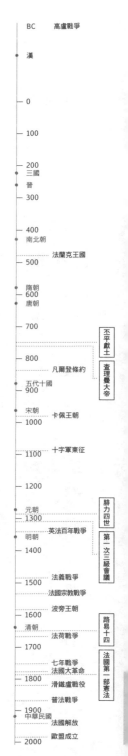

BC

耶穌基督出生　0—

君士坦丁統一羅馬

羅馬帝國分成兩部

波斯帝國　　500—

回教建立

阿拉伯人攻佔西班牙

東羅馬其頓王朝

神聖羅馬帝國建立
　　　　　1000—

英國征服愛爾蘭

蒙古第一次西征

文藝復興

歐洲流行黑死病

哥倫布發現新大陸
　　　　　1500—

英國大破無敵艦隊

發明蒸汽機

美國獨立

拿破崙稱帝

美國南北戰爭開始

第一次世界大戰

第二次世界大戰

　　　　　2000—

俄國這種地方冷起來不是人待的。拿破崙被俄軍這麼一折騰，只好撤退。在法軍撤退的途中，俄軍迅速反撲，沿途不斷地打騷擾戰，令法軍損失慘重。更糟糕的是，拿破崙聽說在他遠離法國的這段時間，巴黎居然有人造反。雖然最後造反者失敗了，但已經令拿破崙迫切想要回國，最後他直接把遠征軍丟給繆拉元帥，自己急急忙忙地跑回國。幾十萬大軍最後回到國內的還剩不到一成。歐洲各國還是第一次看見拿破崙如此狼狽，大家都躍躍欲試，打倒拿破崙的日子終於到了！西元1813年，俄國、英國、奧地利、普魯士、瑞典等國家組成第六次反法同盟，向法國發動進攻。聯軍人多勢眾，而法軍主力已在西班牙和俄國損耗大半。拿破崙儘管憑藉個人能力屢屢擊退聯軍，但聯軍依然從四面八方包圍上來，有時還特地避開拿破崙，專挑其他法軍將領打。法軍兵力和彈藥漸漸不足，原本依附法軍的一些德意志諸侯也紛紛倒戈。30多萬聯軍將20萬法軍圍在萊比錫，打敗了拿破崙的軍隊，迫使他退守萊茵河。隨後聯軍避開拿破崙率領的殘軍，直接攻到巴黎，終於在西元1814年3月29日迫使巴黎守將投降。然後找來了路易十六的弟弟，就是那個一直自稱路易十八的傢伙，擁立他當法國國王，逼迫拿破崙退位。

　　知道大勢已去的拿破崙只好在退位書上簽字，並且前往厄爾巴島。雖然名義上他擁有在義大利西邊的這個小島的主權，但是誰都不相信他還能在這個島上折騰出什麼來。各國都認為自己終於戰勝了拿破崙，戰勝了強大的法蘭西帝國。得意之餘，他們在維也納開會，商量如何分贓，你爭我奪，咬得一嘴毛。

　　事實證明，拿破崙絕對是一個不能輕視的對手，只要有機會，他一定會回來，到時候，全歐又將為之顫抖……

回天！滑鐵盧之敗

　　經過了六次圍剿，反法同盟終於成功地把拿破崙打敗了。法國國王變成了那位許久都沒人提起過名字的人——波旁王室的路易十八（1755年—1824年）。此時距離大革命爆發都已經過去20多年了，這個胖子卻是「什麼都沒學會，什麼也沒忘記」。什麼意思呢？經歷了攻陷巴士底獄、處死路易十六、拿破崙統治後的法國，已經不可能再接受以前由國王獨裁統治的那套了。但是路易十八不僅沒意識到這點，還老想恢復王室和貴族以前的特權。而那些保王黨人這時候也興奮得不得了，上躥下跳要求復官復權。霎時間，法國又被這夥人弄得烏煙瘴氣，人們開始懷念起他們的皇帝拿破崙。

　　這時候拿破崙在厄爾巴島上幹什麼呢？在這裡他被英國人監視著，一開始也因為失敗而灰心喪氣，甚至有自殺傾向。不過很快這位英雄就恢復過來，開始和他的「子民」一心一意地打理厄爾巴島的事務，取得了非常不錯的成績。負責監視他的人見拿破崙如此，認為他大概是找到自己人生另一個目標，應該已放下了法國的一切。不過，這些都是拿破崙演的又一齣好戲而已，實際上他已經從各種管道得知法國現在的情況。他很清楚祖國需要他，只要一有機會，他一定會逃離這座孤島。但是在這之前，他一定要忍，要裝，要令英國人放鬆對自己的戒備，不然說什麼都

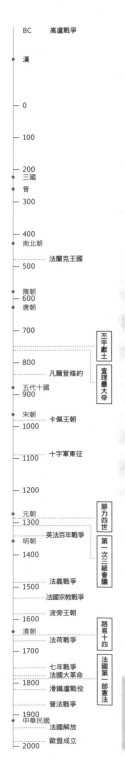

白搭。

　　機會真的來了。西元1815年2月26日，拿破崙和幾百名士兵趁著夜色的掩護，偷偷乘船出航，準備返回法國。他的屬下或許對此行不是很有信心，就算成功回國了又如何呢？拿破崙現在已經是個光桿司令了，一旦遇到路易十八或者是英國派來的人，還不是一樣又被逮回去嗎？拿破崙告訴他們不用怕，這回我拿破崙不用一兵一槍，就可以再次征服整個法國。

　　拿破崙上岸後，立刻遇上了一群法軍。他面對軍隊發表演說：「我是你們的將軍，當初也是你們投票選我當你們的皇帝的，現在我又回來了，你們趕緊找回三色旗！以前我錯了，我企圖去當其他民族的主人，那是不可能的！但是現在，我不能眼見著你們被其他民族欺辱。士兵們！集合在你們領袖的旗幟下吧！我的權力就是你們的權力！」士兵們歡呼著，加入了他的隊伍。

　　拿破崙回來了！這個驚人的消息在法國傳開後，不同的人有不同的反應：普通百姓在歡呼，法國的英雄終於回來了，大家又有好日子過了。路易十八如臨大敵，不斷地派兵去討伐拿破崙，結果他的軍隊是肉包子打狗，有去無回。法軍將士以前都是拿破崙的手下，也曾跟隨拿破崙揚眉吐氣，掃蕩歐洲，他們全部一見到拿破崙就果斷地拋棄路易十八，投奔「皇帝」的懷抱。拿破崙的的確確不用一兵一槍就回到了巴黎，趕跑了路易十八，重新登上帝位。東山再起的拿破崙從失敗中獲取教訓，那就是「木秀於林，風必摧之」，再強的人偶爾也要收斂一下。他這次就不停地向外界宣布，自己只是個人畜無害的法國皇帝，不會再要求歐洲各國要如何如何，可是你們也別再欺負我們法國，我們河水不犯井水。

耶穌基督出生　0

君士坦丁統一羅馬

羅馬帝國分成兩部

波斯帝國　500

回教建立

阿拉伯人攻佔西班牙

東羅馬其頓王朝

神聖羅馬帝國建立
1000

英國征服愛爾蘭

蒙古第一次西征

歐洲流行黑死病

文藝復興

哥倫布發現新大陸
1500

英國大破無敵艦隊

發明蒸汽機

美國獨立
拿破崙稱帝
美國南北戰爭開始

第一次世界大戰
第二次世界大戰

2000

但是歐洲各國早已經把拿破崙當成公敵了，這時候拿破崙才說這些，誰會相信啊！好不容易終於把你打沉了，現在又冒出來，還不趕緊趁你喘息未定時打敗你，難道要等你坐穩江山再跟我們一個個算舊帳嗎？本來因為領土瓜分問題而爭吵不斷的各國，在這瞬間又成了好朋友，第七次反法同盟就此成立，各國近百萬軍隊陸續出發，準備最後一次絞殺拿破崙。

而法國這邊呢，拿破崙東拼西湊，好不容易建起了一支20萬人的軍隊，這支軍隊連武器都不齊全，就要面對如潮水般湧來的敵人。拿破崙分析了一下形勢，敵眾我寡，更不能坐以待斃，要主動出擊，各個擊破。一旦各國的軍隊都集結到一起，再如泰山壓頂一樣打過來，那就算再來20萬人的軍隊，再多幾個拿破崙，也無力回天了。

於是拿破崙趁俄奧軍隊還遠在東邊，便向近處的普軍撲去。法軍單獨對付一個國家的話，數量上還不算劣勢，加上拿破崙的指揮，戰勝他們是不太難的。普軍很快就被拿破崙擊潰，但是普軍的主帥布呂歇爾是個狡猾的傢伙，他見自己打不過拿破崙，就拿出看家本領，帶兵撤腿溜走躲起來，避免和拿破崙決戰。

拿破崙追不上普軍，又擔心保留了主力的普軍會在日後攪局，於是留下3萬兵力給他的一個元帥格魯希去追擊普軍，自己趕緊帶著7萬人馬去打下一個敵人——英軍！

英軍的主帥威靈頓公爵帶著7萬大軍早早就在滑鐵盧嚴陣以待。西元1815年6月18日，決定整個歐洲命運的決戰開始了。拿破崙使出了他的渾身解數，和英軍激戰了許久，雙方都到了極限。法軍占據微弱的優勢，但英軍還用最後一口氣牢牢撐著。這時候拿破崙期待著一個人，那就是格魯希元帥。他率領的3萬法軍假如

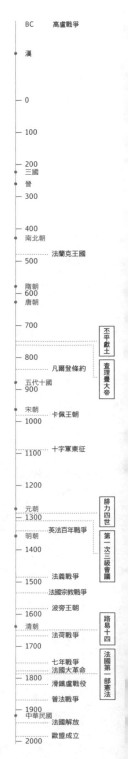

BC　高盧戰爭

漢

0

100

200
三國
晉
300

400
南北朝
　　　　法蘭克王國
500

隋朝
600
唐朝

700

不平獻土　　查理曼大帝

800
　　凡爾登條約
五代十國
900

宋朝
　　卡佩王朝
1000

1100　十字軍東征

1200

元朝
1300
　　　英法百年戰爭
明朝

1400

胖力四世　第一次三級會議

1500　法義戰爭
　　法國宗教戰爭
　　波旁王朝
1600
清朝
　　法荷戰爭
1700

　　七年戰爭
　　法國大革命
1800
　　滑鐵盧戰役
　　普法戰爭
1900
中華民國
　　法國解放

　　歐盟成立
2000

路易十四　法國第一部憲法

在知道滑鐵盧大戰後能果斷地來幫忙，這時候應該差不多到了。拿破崙左盼右盼，終於看到了天邊一支軍隊出現了！不過，這支軍隊給他帶來的不是希望，而是絕望。他們不是格魯希帶領的法軍，而是布呂歇爾率領的普軍！鏖戰了一天的法軍將士，哪裡還能抵擋幾萬生力軍的夾擊？拿破崙輸了，法國輸了。這一次拿破崙再也沒能有機會捲土重來。再次被迫退位後，他被放逐到大西洋上的一座孤島——聖赫勒拿島。失去了拿破崙的法國，又將如何繼續走下去呢？

耶穌基督出生　0—

君士坦丁統一羅馬

羅馬帝國分成兩部

波斯帝國　500—

回教建立

阿拉伯人攻佔西班牙

東羅馬其頓王朝

神聖羅馬帝國建立
　　　1000—

英國征服愛爾蘭

蒙古第一次西征

歐州流行黑死病

文藝復興

哥倫布發現新大陸
　　　1500—

英國大破無敵艦隊

發明蒸汽機

美國獨立

拿破崙稱帝

美國南北戰爭開始

第一次世界大戰
第二次世界大戰

　　　2000—

| 第八章 | 近代的折騰

1. 大東部大區
2. 勃艮第-弗朗什-孔泰
3. 奧弗涅-羅納-阿爾卑斯
4. 普羅旺斯-阿爾卑斯-蔚藍海岸
5. 科西嘉
6. 上法蘭西
7. 法蘭西島
8. 諾曼第
9. 中央-羅亞爾河谷
10. 布列塔尼
11. 羅亞爾河地區
12. 新亞奎丹
13. 歐西坦尼亞

復辟！偉人身後的耗子

耶穌基督出生　0—

君士坦丁統一羅馬

羅馬帝國分成兩部

波斯帝國　　500—

回教建立

阿拉伯人攻佔西班牙

東羅馬其頓王朝

神聖羅馬帝國建立
　　　　　1000—

英國征服愛爾蘭

蒙古第一次西征

歐州流行黑死病

文藝復興

哥倫布發現新大陸
　　　　　1500—

英國大破無敵艦隊

發明蒸汽機

美國獨立
拿破崙稱帝
美國南北戰爭開始

第一次世界大戰
第二次世界大戰

　　　　　2000—

　　拿破崙退位後，反法同盟討論著到底找誰來續任法國國王比較合適。沙皇亞歷山大一世想讓奧爾良公爵代替之前表現很糟糕的路易十八。路易十八一聽說這個消息，就風馳電掣地從比利時趕回法國。反法聯軍看他這麼積極，也就順勢答應助他登基。

　　西元1815年7月8日，路易十八乘坐著反法聯軍的車，進入巴黎，登上王位，波旁王朝又一次復辟。

　　路易十八之前一直宣稱自己要寬恕「走入迷途的法國人」，法國人民之前做的一切都只不過是被人誤導了，自己重登王位後會寬恕大家。但是他卻說一套做一套，路易十八成為國王之後，第一時間便成立了軍事法庭和特別法庭。這兩個法庭專門審訊被波旁王室認定為「弒君者」和「拿破崙鷹犬」的人。單單是軍事法庭，判決出有罪的案件就有足足一萬件。當年贊成處死路易十六的議員、曾經投靠拿破崙的軍官全部都被秋後算帳，無一倖免。

　　在這種氛圍下，法國8月份進行眾議院改選。當選的402名議員之中，有350名貴族、上層教士，這些人都極力擁護君主制，維護封建勢力的權力。路易十八聽到選舉結果後，高興地說：「好！這樣的議會，簡直就是舉世無雙！」

　　在「無雙議會」成立後，路易十八任命當年紅衣主教黎胥

留的後人——黎胥留公爵執掌內閣。黎胥留公爵上任做的第一件事，就是被迫和反法同盟國簽訂第二次巴黎條約。條約規定，法國需要賠償將近10億法郎；15萬反法同盟軍將要駐紮在法國的東部和北部，每年將近1.5億法郎的駐紮費用由法國支付；法國的領土只能保留西元1790年時的疆界。黎胥留公爵努力地想方設法還債，法國人民在這段時間裡嘗盡苦頭，終於在西元1818年繳付了大約7億法郎的賠款，這樣反法聯軍才相繼撤離法國。

就在法國百姓努力賠錢的時候，「無雙議會」卻在費盡心思想如何擴大自己的權力。執掌內閣的黎胥留公爵雖然也是不支持革命的人，但是他明白像「無雙議會」那樣沒日沒夜地殺人，遲早會害死自己的。更何況當時法國舉步維艱，還要償還賠款，黎胥留公爵經常反對「無雙議會」的決議，和他們據理力爭。在這段時間裡，黎胥留得到了警務大臣德卡茲的支持。這個德卡茲是路易十八的寵臣，他經常對路易十八講，所謂「無雙議會」那群人根本是不能成事的，加上「無雙議會」居然聲稱本國沒必要替拿破崙背黑鍋賠款，反法同盟的國家聽說這事，擔心這些人真決定不賠款，遂也派人來給路易十八施加壓力。最後路易十八只好宣布解散這次被自己稱讚為「無雙」的議會。「無雙議會」解散後，一切都在向稍好的方向發展，舊貴族妄圖重拾舊特權的希望一個個破滅。而德卡茲也如願以償地成了內閣首相，準備按照自己的想法組建一個更為寬容的政府。法國雖然恢復了君主制，但畢竟比路易十六時代的封建專制要進步些了。

可惜好景不長。西元1820年2月，路易十八的侄子貝里公爵被一個馬鞍匠刺殺。因為這個貝里公爵是有資格繼承王位的，他的死被保王黨們認為是敵人想斷絕王室血脈。這次意外被舊貴族、

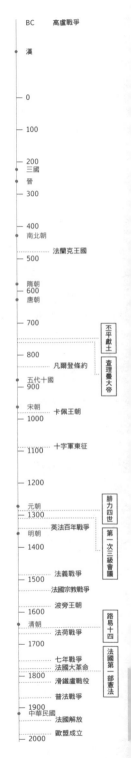

BC　高盧戰爭

漢

— 0

— 100

— 200　三國

晉
— 300

— 400
南北朝

— 500　法蘭克王國

隋朝
— 600
唐朝

— 700

不平獻土

— 800
凡爾登條約

查理曼大帝

五代十國
— 900
卡佩王朝

宋朝
— 1000

— 1100　十字軍東征

— 1200

元朝
— 1300
腓力四世

明朝　英法百年戰爭

第一次三級會議

— 1400

— 1500　法義戰爭
法國宗教戰爭

路易十四

— 1600　波旁王朝
清朝
法荷戰爭

— 1700

— 1800　七年戰爭
法國大革命
滑鐵盧戰役
普法戰爭

法國第一部憲法

— 1900
中華民國　法國解放

歐盟成立

— 2000

耶穌基督出生　0—

君士坦丁統一羅馬
羅馬帝國分成兩部

波斯帝國　500—

回教建立

阿拉伯人攻佔西班牙

東羅馬其頓王朝

神聖羅馬帝國建立
　　　　1000—

英國征服愛爾蘭
蒙古第一次西征

歐州流行黑死病

文藝復興

哥倫布發現新大陸
　　　　1500—

英國大破無敵艦隊

發明蒸汽機

美國獨立
拿破崙稱帝
美國南北戰爭開始

第一次世界大戰
第二次世界大戰

　　　　2000—

保王黨們拿來大做文章，他們說德卡茲要對這件事負責任。面對這群人的猛烈攻勢，路易十八又把德卡茲撤了下來，重新找回黎胥留公爵。

黎胥留公爵再次回到內閣的時候，已經頂不住保王黨們的巨大壓力了。新內閣不得不接受保王黨提出的一些非常離譜的要求。這些要求裡面最荒唐的要數「雙重投票法」，這條法例規定最有錢的選舉人有權投兩次票。

當年11月，在「雙重投票法」的「幫助」下，保王黨們又捲土重來。他們成功地趕走了黎胥留公爵，並且選出他們的代表人物擔任內閣首相。保王黨上臺之後，就開始喪心病狂地打壓一切政敵，隨後又取消了拿破崙時期辛辛苦苦建立起來的教育制度。各學校都被教會監視著，霎時間，教士又成了法國社會的上層人士。

路易十八去世後，他的弟弟阿圖瓦伯爵，也就是被暗殺的貝里公爵的父親繼位，稱查理十世。這位仁兄之前一直就是王權的忠實擁護者，繼位後更加是有恃無恐，他根本不想實行君主立憲，反倒渴望恢復以前的君主獨裁統治。他繼位為王之後，保王派人的所作所為簡直要把法國推向萬丈深淵。

在波旁王朝復辟的這段時間裡，法國的政治、經濟簡直可以說是直線倒退。但是這種黑暗的統治還孕育出了兩個偉大的空想社會主義者——聖西門和傅立葉，他們的思想甚至影響了後來的馬克思主義。而波旁王朝的倒行逆施也註定不可能長久，等著他們的，是「七月革命」的火焰。

漁翁！七月王朝

復辟的波旁王朝遲早要為自己的胡作非為付出代價，只是大事件的爆發總需要一些偶然事件作為導火線。從西元1825年開始，法國和其他國家一樣，許多工廠面臨著危機，因為它們造了太多產品出來，最後發現賣不出去。大批的工廠接連倒閉，許多工人加入了失業大軍。偏巧那幾年法國的農作物又歉收，許多人就連馬鈴薯都買不起。巴黎再一次「攢」夠了「炸藥」——一群沒飯吃、沒工作的人。這時候，一份《221人致詞》成了引爆這堆炸藥的導火線。

西元1830年3月18日，議會提交了一份由221名議員連署簽名的致詞，這份致詞要求政府必須保持和議會的意見一致。國王查理十世怎麼可能聽他們的，他粗暴地解散了議會，等著重新再選一屆新的議會。因為當時查理十世的親信在阿爾及利亞打了勝仗，他以為這時候改選有很多「自己人」會輕易成功當選。結果投票出來的結果令查理十世大跌眼鏡，原來反對他的人只有221個，改選之後這群人增加到了274個。這可怎麼辦呢？查理十世沒想到自己甩出去的耳光最後居然落到自己臉上了。惱羞成怒的他索性一不做，二不休，繼續蠻幹下去。就在當年7月，查理十世頒布了《七月敕令》，敕令總共有四條：取消出版自由，不再允許那些對自己評頭論足、指手畫腳的報刊、書籍流傳；剛剛的這次

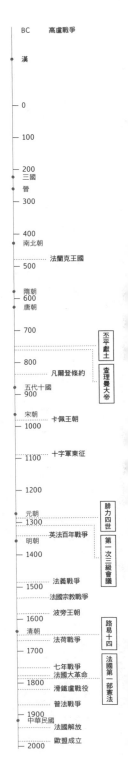

BC　高盧戰爭

漢

0

100

200
三國
晉
300

400
南北朝

法蘭克王國
500

隋朝
600
唐朝

700

不平獻土

800
查理曼大帝

凡爾登條約

五代十國
900

宋朝
卡佩王朝
1000

1100
十字軍東征

1200

元朝
1300
腓力四世

英法百年戰爭
第一次三級會議
明朝
1400

1500
法義戰爭

法國宗教戰爭
波旁王朝
1600
清朝
路易十四

法荷戰爭
1700

七年戰爭
法國大革命
法國第一部憲法
1800
滑鐵盧戰役

普法戰爭
1900
中華民國
法國解放

歐盟成立
2000

選舉不算數，解散新成立的議會；修改選舉制度，那些只是繳納商業稅就想擁有選舉權的商人們沒有資格參與選舉；9月再重新選議會。

　　查理十世這種像小孩子耍賴一樣的行為惹怒了全法國。一些有頭有臉的資產階級人士站了出來，號召大家反對國王。《國民報》的創辦人梯也爾甚至馬上親自執筆，草擬了一份書面抗議書。他寫完後拿給自己的員工看，對他們說：「兄弟們，這份抗議書下會擺著一顆顆人頭，不過沒關係，我第一個交出自己的！」當天，成千上萬的人舉行示威遊行，所有人都在高喊「打倒波旁王朝」！查理十世一看，暗呼不妙，這是要造反的前兆，他派遣軍隊去鎮壓示威群眾，結果富有造反傳統的法國老百姓一看見軍隊，頓時個個來勢洶洶，殺氣騰騰地站出來，最後真的把這次示威「鎮壓」成了起義。從7月28日清晨開始，幾萬名起義者和軍隊進行肉搏。許多看不慣國王的士兵臨陣倒戈，與父老鄉親一起並肩作戰。只用了三天時間，起義者就打敗了查理十世的軍隊，並且把他趕出了巴黎。在那三天裡，那些富有的資產階級人士，也就是煽動這次起義的人，一直躲在家裡，把門鎖得緊緊的，就連那個要「捐人頭」的「媒體良心」梯也爾也逃出了巴黎。等到他們聽說窮人們把查理十世趕跑了之後，又一個個溜出來耀武揚威。沒等起義者反應過來是怎麼回事，這群資本家就已經把自己當成理所當然的領導者，成立委員會、任命自衛隊總司令，還把奧爾良公爵路易‧菲力浦請了來，讓他來當新的國王。

　　這個奧爾良公爵雖然也算波旁王室的遠房親戚，但是他在大革命時期很「醒目」，果斷地放棄自己的貴族頭銜，支持革命。他的這些行動還是很有用的，最起碼他站對了隊伍，讓那些資本

君士坦丁統一羅馬

羅馬帝國分成兩部

波斯帝國　500—

回教建立

阿拉伯人攻佔西班牙

東羅馬其頓王朝

神聖羅馬帝國建立
　　　　1000—

英國征服愛爾蘭

蒙古第一次西征

歐州流行黑死病

文藝復興

哥倫布發現新大陸
　　　　1500—

英國大破無敵艦隊

發明蒸汽機

美國獨立
拿破崙稱帝
美國南北戰爭開始

第一次世界大戰
第二次世界大戰
　　　　2000—

家們覺得是自己人。因此，路易・菲力浦得以舉著三色旗登上了王位。至於查理十世，他聽說巴黎城內已經另立國王，也不得不承認自己已經失敗了，只好逃到國外。就這樣，從亨利四世開始，統治了法國200多年的波旁王朝正式結束，一個新的王朝誕生，這便是七月王朝，也稱為奧爾良王朝。

七月王朝從誕生開始就註定了不會太受歡迎。國王路易・菲力浦雖然善於裝模作樣，一副很親民、思想很進步的樣子，但其實他心裡面還是渴望權力的，因此老是在搞小動作。波旁王室的貴族們則始終不肯接受他們的時代已經終結這個事實，仍然在密謀著造反，幸而他們的陰謀被及早發現。還有一批人從頭到尾就不贊成法國繼續行君主制，哪怕是君主立憲制也不能接受，他們屢屢煽動人們去示威甚至起義，反對政府的施政。

面對這些困難，七月王朝的統治者們又做了些什麼呢？很遺憾的是，他們幾乎什麼都沒做。掌管權力的基本上都是非常富有的大資本家，王朝最早兩任首相都是開銀行的，而選舉權也只局限在少數有錢人手上。最具代表性的則是王朝後期的首相基佐，這個身兼歷史學家的學者首相，居然還公然說過「你也想投票啊？先去發財再說啊！」這種話。這些人當上政客後，並不會真心真意地為國家發展著想，他們只會想著往自己口袋裡多裝錢。法國在這群人的統治下，工農商業發展得都很緩慢。百姓對這樣的政府是越來越失望，尤其是當他們發現，十多年過去了，當年波旁王朝統治時的問題根本沒有解決，大家還是失業，還是沒飽飯吃。西元1848年2月，積累日深的社會問題又一次爆發，人們把國王轟下臺，建立了共和國。七月王朝就這樣終結了，它僅僅統治了法國17年，短命得連旁人稱呼它為「王朝」都感到有疑慮。

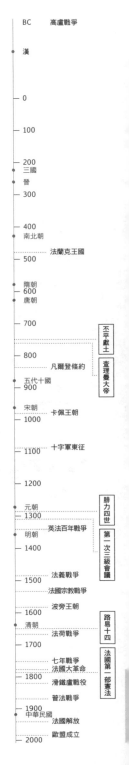

BC　高盧戰事
漢
— 0
— 100
— 200　三國
　　　晉
— 300
— 400　南北朝
— 500　法蘭克王國
隋朝
— 600
唐朝
— 700
　　　不平獻土　查理曼大帝
— 800　凡爾登條約
五代十國
— 900
宋朝　卡佩王朝
— 1000
— 1100　十字軍東征
— 1200
元朝　腓力四世　第一次三級會議
— 1300
明朝　英法百年戰爭
— 1400
— 1500　法義戰爭
　　　法國宗教戰爭
　　　波旁王朝　路易十四
— 1600
清朝　法荷戰爭
— 1700
　　　七年戰爭　法國第一部憲法
　　　法國大革命
— 1800　滑鐵盧戰役
　　　普法戰爭
— 1900
中華民國
　　　法國解放
— 2000　歐盟成立

幻想！拿破崙三世

　　七月王朝沒有好好檢討「前輩」們犯下的錯誤，無視廣大工人、農民的意願，最後導致自己也像復辟的波旁王朝那樣被起義推翻。可推倒了它，下一步該做什麼呢？法國人又一次出現分歧了。臨時成立的政府由11名成員組成，這些人多數都是維護有錢人利益的資產階級代表，窮人代表只有一個機械工人和一個社會主義者。資產階級代表們一開始還在猶豫接下來到底是要建立共和國，還是繼續找新的國王。不過那時候起義的工人們武器都還沒放下，怎麼會允許這些傢伙肆意妄為？這幫工人們透過自己的代表警告那些資產家：要嘛立即建立共和國，不然就會得到像七月王朝那些人一樣的下場。

　　在工人們的鐵錘和扳手的脅迫下，臨時政府選擇了乖乖聽話。西元1848年2月25日，臨時政府宣布建立法蘭西共和國，歷史上稱這時的共和國為法蘭西第二共和國。第二共和國更改了許多不合理的規定，最重要的是取消了原來的選舉限制。現在只要是成年的法國男性，在一個地方居住滿半年，就可以成為選民，這項規定令法國的選民由七月王朝時期的20萬人增加到900萬人。為了讓大量失業的工人能自力更生，第二共和國政府還興建了許多國家工廠，由國家出錢，請那些工人去工作。

　　如果大家以為新政府很照顧工人，那就錯了，這些都只不過

是統治者們的權宜之計。當新政府站穩陣腳後，他們依舊將工人晾在一邊。他們先是在議會和內閣中漸漸排擠工人代表，然後逐步剝削工人的利益，最後更是直接把國家工廠關閉。工人們發現自己又被騙了，他們決定再次像以往一樣，拿起錘子和扳手上街去反對政府。

西元1848年6月，此時第二共和國成立不到半年時間，工人們又爆發了反政府起義，史稱「六月起義」。誰知道這時的陸軍部長卡芬雅克是個老奸巨猾又殘忍的傢伙，他一面調兵遣將，一面從城市的流氓混混中招募壯丁組成「別動隊」，兩面夾擊，屠殺了上萬名起義的工人，還有許多工人被送到阿爾及利亞當苦工，每天的法定工作時間還被延長到12個小時。

這次起義令共和國感到有必要加快制定憲法。經過幾個月的準備，已經被卡芬雅克控制的議會終於通過了第二共和國憲法，這部憲法賦予總統極大權力。卡芬雅克這樣做，是因為他覺得自己在鎮壓起義時立下「大功」，接下來一定能當選總統。但是這位只會舞刀弄槍的陸軍部長沒想到，就在這時候出現了一個法國人熟悉的名字攔在他的面前，這個名字就是拿破崙‧波拿巴！

什麼？拿破崙？他應該被流放到大西洋上的小島，而且已經去世很久了啊，怎麼又冒出來了，難道是有陰謀嗎？其實此拿破崙非彼拿破崙，這位波拿巴先生是拿破崙的侄子路易‧拿破崙‧波拿巴（1808年—1873年）。當他宣布競選總統的時候，卡芬雅克還沒把這小子放在眼裡，等選舉結果出來後，卡芬雅克徹底崩潰了。波拿巴居然獲得了將近75%的選票，而卡芬雅克只拿到了20%左右。

這個武夫哪想得到，波拿巴為了競選下了很多苦功。他找來

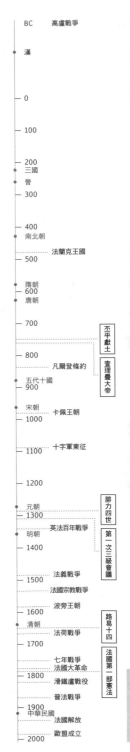

了梯也爾，幫他組建了一個高效的競選團隊，在底層選民當中把宣傳工作做得非常好。加上波拿巴這個姓氏，讓法國人一看這幾個字母就充滿了憧憬，希望他能像他叔叔、偉大的法國皇帝拿破崙那樣，再次引領大家走向輝煌。而卡芬雅克呢？他之前的暴行得罪了太多人還不自知，只能傻乎乎地看著波拿巴登上總統的寶座。

波拿巴上任之後，法國國內的政客們主要分成三派：一派是追隨總統波拿巴；一派是與卡芬雅克等人同道的共和派；而勢力最大的則是以「秩序」為口號的秩序黨。這夥人大多從七月王朝時期就已經混得有頭有面，在立法議會改選的時候又動用了一些手段搞宣傳，收買該收買的人，最後713名當選的議員裡，秩序黨人占了500名。

為了能和這些人周旋，波拿巴可謂費盡心思。一開始他羽翼未豐，表現弱勢，有時候還要被迫裁掉自己的手下，免得引起秩序黨的敵視。這麼一來，秩序黨人也就放鬆了戒備。他們內部也有各自的盤算，既然波拿巴表現得如此「人畜無害」，秩序黨人也就放心內訌去了。看見這種情況，波拿巴趁機反攻，奪取了行政權、軍權，還拉攏了不少秩序黨人到自己這邊。

當秩序黨人意識到波拿巴不是他們想像中的「小白兔」的時候，為時已晚，波拿巴開始對他們步步緊逼。他先是請求修改憲法，令自己的總統任期可以延長。雖然這個要求沒有獲得75%的議員贊成，但是波拿巴至少從這次修憲事件中看出，越來越多的人在支持自己。接下來他使了一招更毒的：他向議會提議，廢除限定選舉權的法令，令所有法國公民都擁有選舉權。代表有錢人的秩序黨人當然不願意讓窮鬼們都來投票，這條法案也沒有得到通

耶穌基督出生　0—

君士坦丁統一羅馬
羅馬帝國分成兩部
波斯帝國　500—
回教建立

阿拉伯人攻佔西班牙

東羅馬其頓王朝
神聖羅馬帝國建立
　　　1000—

英國征服愛爾蘭
蒙古第一次西征

文藝復興　歐州流行黑死病

哥倫布發現新大陸
　　　1500—
英國大破無敵艦隊

發明蒸汽機

美國獨立
拿破崙稱帝
美國南北戰爭開始

第一次世界大戰
第二次世界大戰
　　　2000—

過。但是這樣一來，秩序黨就成了法國公敵，大家都認為就是他們令自己失去了投票的權利。波拿巴見秩序黨人已經失勢，證明準備工作做得差不多了，是時候動手了。

　　西元1851年12月2日，這天是奧斯特利茨戰役紀念日。就在這個緬懷拿破崙的日子裡，波拿巴發動了政變，逮捕了許多秩序黨人，然後在全國舉行公投。結果800多萬名選民裡，有700萬人支持波拿巴。這樣一來，波拿巴終於真正坐穩了統治者的位置，而法國人也對他滿心期待：這個和拿破崙有相同名字、相同血脈的總統，能讓他們再次重溫拿破崙帝國時期的美夢嗎？

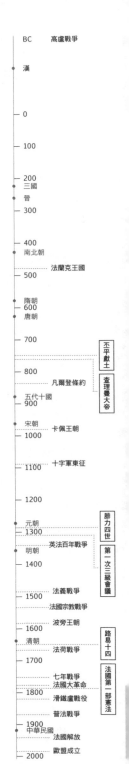

最後一課！普法戰爭

BC

耶穌基督出生　0—

君士坦丁統一羅馬

羅馬帝國分成兩部

波斯帝國　500—

回教建立

阿拉伯人攻佔西班牙

東羅馬其頓王朝

神聖羅馬帝國建立
1000—

英國征服愛爾蘭

蒙古第一次西征

文藝復興

歐州流行黑死病

哥倫布發現新大陸
1500—

英國大破無敵艦隊

發明蒸汽機

美國獨立
拿破崙稱帝
美國南北戰爭開始

第一次世界大戰
第二次世界大戰

2000—

　　波拿巴戰勝了自己的敵人，掌控了國家大權。他規規矩矩地當了一年的總統，在這一年裡，法國表面上仍然是共和國，但是已經在按部就班地修改憲法，把國徽改成拿破崙帝國時期的國徽，然後向國民灌輸對自己有利的思想：路易・波拿巴是拿破崙的後裔，應該由他來重新建立帝國，帶領大家走出自從拿破崙戰敗後法國一直萎靡不振的困境。波拿巴從他叔叔的英名上收穫了無價的聲譽，這時候已經沒什麼人能阻止波拿巴了。西元1852年12月2日，在獲得了將近97%的選民支持下，波拿巴稱帝，建立法蘭西帝國，史稱第二帝國。波拿巴終於名正言順地繼承了拿破崙的衣缽，成為「拿破崙三世」（拿破崙二世是拿破崙的兒子）。

　　拿破崙三世登基後，採取了不少穩固自己地位的手段，和封建時期的國王一樣威武不凡、獨斷專權。但這位皇帝也知道今時不同往日，一味蠻橫是不能長久的。過了幾年之後，他開始稍微下放一點權力，讓議會也有點事做，甚至賦予議會限制皇帝的權力。拿破崙三世這樣做看起來有那麼點像「自縛雙臂」，其實卻令他的帝位更加穩固。因為反對者們很難給這位「尊重」議會、人權的皇帝找麻煩。人民歡呼，我們偉大的皇帝多麼民主啊，拿破崙的血統真不簡單！

　　用這種奇特的手段穩固了自己帝位後，拿破崙三世就展開

拳腳大力發展工商業。之前的復辟波旁王朝、七月王朝之所以那麼短命，很大原因在於它們沒有解決人民最基本的需求——吃飯。拿破崙三世在位期間，正逢歐洲工業革命如火如荼的時期。法國雖然不如英國，不能引領潮流，但好歹跟上了時代的步伐。拿破崙三世在位的這十幾年間，國家工業取得了突破性的發展，工人的收入也比以前增長了一成左右。隨著工業興起，商業也不落後，銀行和商場林立。當時在巴黎設立的一些大商場甚至營業到今天，成了百年老字號。而在農村，農民的生活也比以前更好了，大家吃得起肉，耶誕節時還能來上幾杯紅酒。這些都是老百姓最需要的，拿破崙三世滿足了他們。正因為如此，拿破崙三世的反對者更加拿他無可奈何。不過這個皇帝的志向遠遠不止於此，他頭頂著「拿破崙」的名號，希望像自己的伯父那樣，能在戰場上叱吒風雲，恢復法國過去歐洲第一大國的地位。為了達成這個願望，拿破崙三世展開了一連串對外戰爭。

在西元1853年到1856年的克里木戰爭中，法軍一洗拿破崙戰敗後這幾十年的頹風，夥同英國戰勝了俄國，嘗到了勝利的滋味。接下來，拿破崙三世又在義大利戰爭中占了便宜，煽動撒丁王國起來反對奧地利統治，一方面削弱了宿敵奧地利，另一方面自己也撈取了大片領土。隨後他又和英國結伴，「一個法蘭西，一個英吉利」，遠渡重洋來到了中國，發動了第二次鴉片戰爭。最後企圖在墨西哥與美國對決，不過這次就沒占太多便宜，草草收場。這一連串的戰爭令法國逐漸重振雄風，不過法國要真正強大起來，還得面臨一個重要的敵人——普魯士。

當時的普魯士正在「鐵血宰相」俾斯麥的帶領下，想要完成統一德意志的偉業，他們已經成功了一半——德意志北部已經被

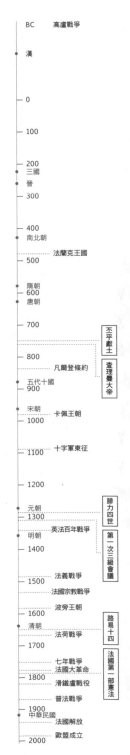

他們統一。如果再將以法國為後盾的南部幾個邦國也拿下來，那就大功告成了。拿破崙三世不想看到自己旁邊又一個大國崛起，再加上之前俾斯麥出爾反爾，沒有根據普魯士和奧地利戰爭期間與法國簽訂的條約，將萊茵河以西的地區割讓給法國，所以拿破崙三世對普魯士恨之入骨，雙方戰爭變得不可避免。

俾斯麥非常狡猾，別人都習慣先下手為強，而他卻巧妙地選擇了後發制人。他故意激怒拿破崙三世，令他在西元1870年主動向普魯士發動進攻。這一打不要緊，法國軍隊的行為令德意志南部的諸侯十分厭惡，他們直接跑到俾斯麥那邊去了。拿破崙三世衝冠一怒的結果是為他人作嫁衣裳，那就沒什麼好說的了，除了一戰到底，別無選擇。

拿破崙三世對這場戰爭充滿著不知從哪裡來的信心，他甚至不顧自己老邁的身體，帶著兒子親赴戰場，準備御駕親征。可惜拿破崙三世終究不是拿破崙，這位皇帝雖然為法國的民生、經濟帶來了生機，在戰場上的表現卻是一團糟。他到了軍隊後才發現，軍隊人數不足、裝備殘缺，按原計畫迅速入侵普魯士就是找死。而普魯士抓緊了機會，以絕對優勢的兵力猛撲過來，打得法軍丟盔棄甲，很快便侵入法國境內。拿破崙三世見勢不妙，準備逃跑，結果和元帥麥克馬洪在色當被普魯士包圍。最後，他們頂不住普軍炮火的轟擊，拿破崙三世和8萬法軍舉白旗投降。

普魯士在色當大勝後，立即揮師進逼巴黎，最後還從法國搶走了阿爾薩斯和洛林。著名的《最後一課》描述的背景事件就是此時發生的。而本來蒸蒸日上的法蘭西第二帝國，也上完了自己在歷史上的「最後一課」，走向了毀滅。

獻身！巴黎公社

話說皇帝拿破崙三世被人俘虜的時候，巴黎城內人心惶惶。議會急急忙忙地開會，商量下一步對策。但是第一次召開會議沒有得出任何實質性的建議，整個會場就像公鴨養殖場，全是一片「嘎嘎嘎」的嘈雜聲。僅僅20分鐘後，會議就不得不中止，等下午重開。好在法國人有革命傳統，換個君主就跟換套衣服一樣平常。共和派議員甘必大和他的同事法爾夫決定分別帶領人直接去市政廳，宣布成立共和國以及臨時政府。他們找到剛剛從監獄裡出來，在小資本家當中頗具聲望的羅什福爾，邀請他也加入臨時政府，收攏人心。就在這內憂外患的情況下，法蘭西第三共和國匆匆地成立了。

臨時政府的成員大多數都是共和派議員。自稱「國防政府」的臨時政府的首要任務，就是應對步步進逼的普魯士軍隊。怎麼應對呢？這些人認為，以法軍目前的實力，根本不可能打得贏普魯士。所以他們一上任後，就竭盡全力想要透過談判讓俾斯麥退兵。國防政府一邊派人去和俾斯麥談判，希望能做到不割地而讓普軍撤退；另一方面則由梯也爾出訪英、俄、奧、義四個國家，對它們曉以利害，希望它們出兵幫忙。這種想法本身沒什麼問題，但是他們卻沒有正視一個殘酷的事實：既然你們自己也認為法軍無法戰勝普魯士，那麼俾斯麥又怎麼可能會與你們進行公平

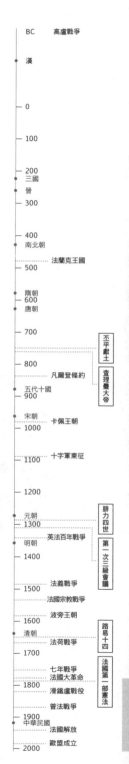

BC　高盧戰爭

漢

0

100

200
三國
晉
300

400
南北朝
　　　法蘭克王國
500

隋朝
600
唐朝
700

不平獻土　查理曼大帝

800
　　　凡爾登條約
五代十國
900
宋朝　卡佩王朝
1000

1100　十字軍東征

1200

腓力四世　第一次三級會議

元朝
1300
　　　英法百年戰爭
明朝
1400

　　　法義戰爭
1500
　　　法國宗教戰爭
　　　波旁王朝
1600
清朝
　　　法荷戰爭

路易十四　法國第一部憲法

1700
　　　七年戰爭
　　　法國大革命
1800
　　　滑鐵盧戰役
　　　普法戰爭
1900
中華民國
　　　法國解放
　　　歐盟成立
2000

的談判呢？外國人又怎會幫助一個扶不起的阿斗呢？尤其是國防政府的將軍們一個比一個更消極。俾斯麥何許人也？他一眼就看穿了這個國防政府的軟弱，無論法國方面怎樣求和，他都置之不理，一心一意繼續進攻法國。俾斯麥心裡非常明白，現在是大撈一筆的機會，絕對不能放過。而歐洲各國的態度呢？「國際友人」們也不笨，一邊是「鐵血宰相」俾斯麥和他能征善戰的普魯士大軍，而另一邊則是法蘭西共和國臨時政府的懦夫們。誰會願意為了一個剛剛誕生的軟弱政府而得罪俾斯麥？

　　一個氣焰萬丈，一個畏敵如虎，結果可想而知。俾斯麥的普軍輕而易舉地打下了法國東北部大片領土，並且順利地包圍了首都巴黎。這時候，俾斯麥才不疾不徐地接見了國防政府代表法爾夫，和他進行和談。現在法國已經成了砧板上的魚肉，任由俾斯麥宰割。法爾夫把和談條件帶回來之後，巴黎人民怒不可遏，他們早就不滿國防政府軟弱的表現，現在被普魯士欺負到頭上來了，還不肯背水一戰？他們強烈要求別再跟俾斯麥談判，挺起胸膛好好和普魯士打一場再說。面對洶湧的民情，國民政府也只能硬著頭皮說：「好，好，我們決不讓他們獲得我們一寸領土、一塊石頭！」但是回頭一看城外更加來勢洶洶的普軍，國防政府又退縮了。他們最後還是想議和，但是老百姓不允許，怎麼辦呢？政府高層撓破頭皮，居然想出來一個絕世餿點子，玩「假摔」：他們故意派一些老弱殘兵出去和普軍作戰，吃敗仗後回來就大肆宣揚，說這次出擊法軍將士奮勇異常，無奈敵人太強大，我方實在無法逆轉戰局，父老鄉親們，我們還是投降吧。

　　國防政府這種可恥的行為令他們內部的人都看不下去。參與成立政府的甘必大就是其中一個，他眼看自己的同僚們再這麼搞

下去遲早要把國家給賣得乾乾淨淨，決定挺身而出，去號召外省的軍隊救援巴黎。為了避開包圍的普軍，甘必大不懼危險，孤身一人乘坐熱氣球飛越重重包圍來到圖爾。之後，甘必大一面重振指揮機構和殘兵，一面招募新兵。法國人民看到有人出來領頭抗戰，紛紛熱血參軍，只花了一個月時間就湊集了一支60萬人的軍隊。甘必大帶兵成功地擊退了占領奧爾良的普軍，然後準備帶領軍隊開往巴黎，解圍首都。

然而遠水救不了近火，更何況巴黎城內那群高層還一心一意地想著如何能更「高效」地賣國！這邊甘必大在嘔心瀝血招兵救亡，那邊國防政府已經迫不及待地和俾斯麥談好了「價錢」——法國賠償50億法郎，割讓阿爾薩斯全省和大概1/3的洛林省。他們出賣了國家利益後，還商議著準備遷都，離開巴黎這個危險的地方。這夥人在這方面的「能力」還是強大的，他們行動之快甚至令隊友都為之驚歎。甘必大聽到這個消息後，一氣之下宣布辭職，不再和這個政府有任何瓜葛。

巴黎市民聽說國防政府不僅賣國求和，還準備拋棄巴黎，是可忍孰不可忍，憤怒的巴黎市民終於爆發了。他們拿起武器發動起義，推翻了國防政府的統治，重新建立巴黎人民的政府——巴黎公社。

巴黎公社成立的時候，巴黎市內一片歡騰。巴黎市民舉行了史無前例的民主選舉，選出了86個政府代表。和以往的選舉不同，這次當選的代表們大多數是工人和無產者。那些為數不多的大資產家代表在不久之後都辭職不幹，他們的職位全部由工人、小商人頂上。窮人們趁著這個機會，努力地去建立一個很平等的政府。在這裡，官員都是人民的公僕，他們領著和工人差不多的

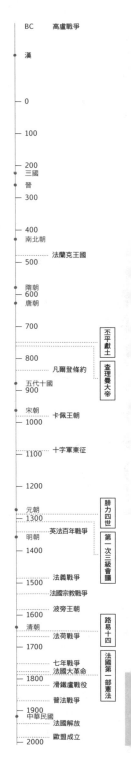

薪水，和同事們進行討論，少數服從多數地去實行所有政策。在公社成員看來，他們將會建立一個完美的社會。

不過，大家有沒有發現，似乎有什麼很重要的事情突然被無視了？對，普魯士軍隊和國防政府的人還在巴黎城外呢！巴黎公社犯下了一個嚴重的錯誤，就是它在成立之後居然不先去把這兩個威脅解除掉，反而先在巴黎進行選舉。當他們發現不對勁的時候，為時已晚。俾斯麥將給他們好好地上一課，讓他們知道，有時候「鐵和血」是比「選票」更重要的。

西元1871年3月28日，也就是巴黎公社正式成立的那一天，逃亡到凡爾賽的國防政府代表梯也爾和俾斯麥達成協議，從普魯士軍那裡要來了10萬被釋放的法軍俘虜，然後帶著他們浩浩蕩蕩地殺向巴黎，準備報復公社把他們趕出巴黎的仇。

梯也爾的兵在城外攻打，城內的無產階級領導們卻忙著開會搞民主，巴黎城內還有人做內應。領袖們多數都是好漢，但他們敢於在最後關頭帶著同志們英勇戰死，卻沒有事先好好規劃一下防禦和反攻。最後，巴黎公社慘敗了，梯也爾重回巴黎城後大開殺戒，殺害了數以萬計的革命者。在這場被稱為「五月流血週」的屠殺裡，法國最後一次革命走向了終結。從此，巴黎再無革命。

耶穌基督出生　0—

君士坦丁統一羅馬
羅馬帝國分成兩部

波斯帝國　500—

回教建立

阿拉伯人攻佔西班牙

東羅馬其頓王朝

神聖羅馬帝國建立
　　　1000—

英國征服愛爾蘭
蒙古第一次西征

文藝復興
歐州流行黑死病

哥倫布發現新大陸
　　　1500—

英國大破無敵艦隊

發明蒸汽機

美國獨立
拿破崙稱帝
美國南北戰爭開始

第一次世界大戰
第二次世界大戰

　　　2000—

新世紀！現代之門

梯也爾成功地鎮壓了巴黎公社，接下來順理成章地成為第三共和國的總統。但是在這種情況下，當總統可不是一件什麼值得高興的事。國內那群保王派人士又在蠢蠢欲動，打算趁這個時候渾水摸魚，再度恢復君主制度；加上普魯士的軍隊還盤踞在國內，「欠」他們的50億法郎還沒還呢！在這種情況下，梯也爾奇蹟般地透過發行公債，湊足了錢，讓普魯士軍隊提前回家。與此同時，他還整頓了法國的經濟，使他在國內的威望越來越高。不過這也令保王派人士越來越不能容忍梯也爾，尤其是梯也爾好多次在公開場合表明自己堅決支持共和制之後。

正所謂道不同不相為謀，保王派一開始還不敢對梯也爾亂來，因為普魯士的威脅還在。等普魯士撤軍了，他們就迫不及待地要把梯也爾趕走。他們先是逼迫共和派議長辭職，然後再發動對梯也爾的不信任投票，最後保王派成功了。西元1873年5月24日，梯也爾被迫辭職。

保王派把梯也爾趕走後，推舉當年跟著拿破崙三世在色當投降的元帥麥克馬洪當總統。其實麥克馬洪自己並不想當總統，保王派的人也正是看中了他這點，他們就是打算讓這個無能的軍人作為過渡，在這段時間裡，他們就能好好地策劃恢復君主制度。這本來是個不錯的計畫，可惜保王派眼看將要得手時卻又鬧起內

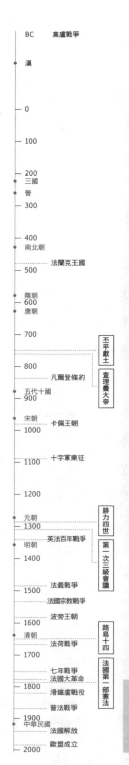

BC	高盧戰爭
漢	
0	
100	
200 三國	
晉	
300	
400 南北朝	
500	法蘭克王國
600 隋朝	
唐朝	
700	不平獻土 / 查理曼大帝
800	凡爾登條約
五代十國 900	
宋朝 1000	卡佩王朝
1100	十字軍東征
1200	腓力四世 / 第一次三級會議
元朝 1300	英法百年戰爭
明朝 1400	
1500	法義戰爭
	法國宗教戰爭
1600	波旁王朝 路易十四 / 法國第一部憲法
清朝	法荷戰爭
1700	七年戰爭
	法國大革命
1800	滑鐵盧戰役
	普法戰爭
1900 中華民國	
	法國解放
	歐盟成立
2000	

耶穌基督出生　0—

君士坦丁統一羅馬

羅馬帝國分成兩部

波斯帝國　500—

回教建立

東羅馬其頓王朝

神聖羅馬帝國建立
　　　1000—

英國征服愛爾蘭

蒙古第一次西征

歐州流行黑死病

哥倫布發現新大陸
　　　1500—

英國大破無敵艦隊

發明蒸汽機

美國獨立
拿破崙稱帝
美國南北戰爭開始

第一次世界大戰
第二次世界大戰

　　　2000—

訌來。他們當中一些人支持由波旁王室的後裔來做將來的國王，並且認為應該像以前波旁王室那樣，讓國王擁有專制權力；另一批人則支持奧爾良公爵的後裔，他們清楚法國現在已無法再搞什麼君主專制，推行君主立憲制就很不錯了。這兩派被稱為正統派和奧爾良派。他們本來有大好形勢，卻因為擁立目標不同而變得水火難容，甚至連以後的國旗到底該用代表波旁王室的白旗，還是保留現有的藍白紅三色旗也要吵個不停。為了能戰勝對方，他們甚至讓麥克馬洪的總統任期延長到7年。此外，拿破崙的崇拜者們又組成了第三派——「波拿巴派」，他們主張還是讓「民族之星」拿破崙家族的人來當皇帝，他們擁立的對象是拿破崙三世的兒子，號稱「拿破崙四世」。這樣，保王派三足鼎立，戰了個不亦樂乎。

　　這種愚蠢的行為令共和派得到了喘息和反擊的機會，他們利用保王派的矛盾進行反擊，有時候甚至拉攏一些保王派的人「並肩作戰」。西元1878年1月30日，因為保王派人內訌，失去援助的麥克馬洪總統辭職，共和派的首領甘必大當選眾議院院長。國家機關從凡爾賽遷回巴黎，《馬賽曲》被定為國歌，7月14日被定為國慶日。法國終於確定成為一個共和制國家。

　　共和派趁著保王派內訌的機會登上了執政的位置，這回又輪到他們發生分歧了。共和派人士也有兩派，其中一派主張以溫和、謹慎的方式行事，確保不出意外。為了「謹慎」，他們主張國家寧願去擴張海外的殖民地，也不要去惹德國（普魯士），更沒有必要報當年在色當的仇，這一批人被稱為溫和共和派。反對他們的人被稱為激進共和派，顧名思義，他們就是希望進行社會改革，讓民主和自由能夠更廣泛的普及到百姓中，同時他們也希

望能報當年德國奪走阿爾薩斯和洛林的仇恨。

在19世紀最後的20年裡，溫和派基本上掌控著法國的政局。他們作出的最大貢獻就是在國內推行教育改革，確立了7～13歲孩童世俗化的免費義務教育。所謂世俗化，是相對於過去天主教壟斷了兒童教育這個情況來說的。現在，法國的孩子在小學上課，老師不再會對他們講上帝如何如何，而是講共和國如何如何。這個重要改革，使得共和的思想紮根在每個法國人的心裡。

雖然溫和派為國家做了好事，但是後來爆發了幾次政治事件，最終令溫和共和派被激進共和派所取代。

首先是布朗熱運動。布朗熱是一個很典型的軍人，他衷心愛護自己的下屬。在擔任了陸軍部長後，布朗熱積極地改善軍隊的伙食，還經常讓士兵把食物分給挨餓的工人。這些行為令他在社會中逐漸獲得了好感。這些還只是小恩小惠，真正令他在法國擁有呼風喚雨能力的是他強烈仇視德國的態度。在一次法、德衝突事件中，布朗熱更是獲得了「復仇將軍」的稱號。布朗熱的聲望越來越高，溫和派害怕哪天他真的滿腔熱血地闖出大禍來，於是廢除了他的職位。沒想到這個軍人被卸職後，居然跑去競選議員。布朗熱參選時還特「跩」，在某個區競選贏了之後，馬上辭職，跑去別的區繼續參選。他說這樣做的原因是要證明自己才是法國的當家，溫和派人都不是自己的對手。最令人意外的是，布朗熱真做到了，他在多個省份接連當選。

不過布朗熱最後卻成不了氣候。連贏多場選戰後，他以為自己已經在全國擁有眾多支持者，接下來只要等西元1889年秋季議會總選的時候去參選就行了。看來他不懂得樹大招風的道理，當年拿破崙叱吒風雲，尚且被多國聯軍打敗，更何況你區區一個布

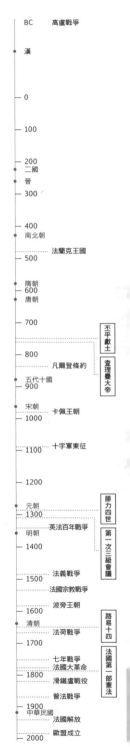

朗熱？溫和派見布朗熱來勢洶洶，立即反擊，派人去查布朗熱的底細。這一查嚇死人，原來布朗熱居然在暗地裡勾結保王黨！那還有什麼客氣的，政府立刻宣布要以「陰謀推翻政府」的罪名逮捕他。原本這時候布朗熱可以憑藉自己的巨大人脈豁出去和政府一戰，但布朗熱心虛，一聽別人要來抓自己就落荒而逃。他這麼一逃，支持者全都作鳥獸散。雖然布朗熱沒有令溫和派的統治受損，但已經顯露出法國人民非常不滿政府在德國面前太過軟弱。接下來的巴拿馬醜聞和德雷福斯事件就令溫和派的統治搖搖欲墜了。巴拿馬醜聞有點像現代的債券糾紛。當時法國一個企業家拿到了巴拿馬運河的開鑿權，他以為只要發行股票籌備資金，工程完成後就可以坐等收錢了。結果運河的開發比想像中困難許多，最後工程還沒完成公司就倒閉了。這下許多買了股票的人瞬間破產了，他們總要討說法，最後大家居然發現，原來那個公司發行股票的時候，不少官員已經知道公司的狀況不好，但是這些官員因為收了賄賂而特意隱瞞。巴拿馬醜聞令溫和派像一塊臭豆腐一樣，誰聞到都說臭。

　　最後令溫和派垮臺的是德雷福斯事件。一個叫德雷福斯的猶太籍軍官被人以莫須有的罪名誣陷，整個法國圍繞這件事爭吵了十幾年。一群人認為，德雷福斯是個猶太人就該死，另一群人則要求正義，認為要公平地審理案件，等有確切結論再說。最後查出來德雷福斯是清白無辜的，但這時候已經沒有意義了，他已經坐了好多年牢。溫和派在這十幾年裡對這件事的處理簡直就是顛倒黑白，全無公正可言。民眾對溫和派失去了信心，最後令激進派逆轉了形勢，進駐內閣。就在此時，人類又跨過了一個世紀，進入了20世紀。

復仇！心底之夢

在早期溫和派執政的時候，第三共和國的對外方針主要是進行海外的殖民侵略。激進派一直要求法國應該挑戰德國，以報當年之仇。但是溫和派很少理會，堅持己見，在突尼斯、西非、印度、越南努力擴張法國的勢力，並且取得了一定的成果。但是在西元1885年的中法戰爭當中，裝備精良的法軍被中國老將馮子材打敗。雖然事後因為清政府的軟弱無能，法國依然在談判桌上撈盡好處，但軍事上的失敗還是令當時的總理備受壓力而辭職，海外殖民計畫也一度擱置。

後來激進派上位，他們才發現原來殖民政策大有好處。如果要對付德國，就更應該積極地進行殖民擴張計畫，令法國更加強大，而不應該只把目光局限於歐洲大陸。明白了這一點後，激進派也重拾了溫和派的殖民政策，並且完成得非常出色。光是在西非，法國就擁有將近於本土面積10倍大的殖民地。

但是這種擴張也是有限制的，法國的目標始終只有一個，那就是要打敗德國人，所以當法國的擴張計畫和英國人發生衝突的時候，他們選擇了忍讓，寧可放棄一些利益，也要多拉一個盟友。

一開始，法國的計畫並不順利，德國在俾斯麥的領導下，和俄國、奧匈帝國結成了三皇同盟。好在隨著俾斯麥下臺，德國政

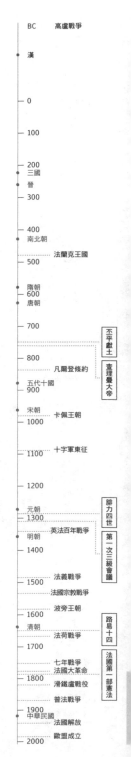

BC　高盧戰爭

漢

0

100

200
三國
晉
300

400
南北朝

法蘭克王國
500

隋朝
600
唐朝

700

不平獻土　查理曼大帝

800

凡爾登條約
五代十國
900

宋朝　卡佩王朝
1000

1100　十字軍東征

1200

腓力四世　第三次三級會議

元朝
1300
英法百年戰爭
明朝
1400

法義戰爭
1500
法國宗教戰爭
波旁王朝
1600
清朝　法荷戰爭

路易十四　法國第一部憲法

1700

七年戰爭
法國大革命
1800
滑鐵盧戰役

普法戰爭

1900
中華民國
法國解放
歐盟成立
2000

府逐漸狂妄起來，法國成功地趁著德國和俄國關係逐漸變差，把俄國拉攏到自己這邊來，簽訂了法俄協約。隨後，英國也加了進來，英國是因為全球霸權遭到德國挑戰，從而對德國不滿。就是這樣，「協約國」組織成立了。同期德國也和奧匈帝國、義大利建立了三國同盟的關係。冤有頭債有主，德國人是該還債了。

20世紀初期，為了爭奪北非的摩洛哥，法國就曾和德國有過兩次碰撞。第一次摩洛哥危機時，德皇威廉二世親自造訪摩洛哥，並且在那裡耀武揚威，蔑視法國在當地的既得利益。法國認為時機還沒有成熟，因此暫時忍讓。第二次危機則是在幾年後，德國大搖大擺地派戰艦進入摩洛哥。這時候英國已經明確表示要力挺法國，法國也就針鋒相對和德國對抗。德國終於醒過來，原來當年被自己蹂躪的法國，現在已經有能力向自己挑戰。德國見勢不妙，只好打道回府，承認法國是摩納哥的保護國。而法國也識相地割一小塊剛果地區讓給德國，算是大家各退一步。即便如此，法國人民依然覺得不滿意，他們認為割讓剛果簡直就是喪權辱國，最後逼得當時的總理下臺，換上一個戰爭狂人普恩加萊。可想而知，法國已經走上一條無法回頭的路。對德國的仇恨埋下了戰爭的種子，人類歷史上第一次牽涉全世界的大戰即將爆發⋯⋯。

耶穌基督出生　0—

君士坦丁統一羅馬
羅馬帝國分成兩部

波斯帝國　500—

回教建立

阿拉伯人攻佔西班牙

東羅馬其頓王朝

神聖羅馬帝國建立
1000—

英國征服愛爾蘭
蒙古第一次西征

文藝復興
歐州流行黑死病

哥倫布發現新大陸
1500—

英國大破無敵艦隊

發明蒸汽機

美國獨立
拿破崙稱帝
美國南北戰爭開始
第一次世界大戰
第二次世界大戰

2000—

|第九章| 世界大戰與當代

1. 大東部大區
2. 勃艮第-弗朗什-孔泰
3. 奧弗涅-羅納-阿爾卑斯
4. 普羅旺斯-阿爾卑斯-蔚藍海岸
5. 科西嘉
6. 上法蘭西
7. 法蘭西島
8. 諾曼第
9. 中央-羅亞爾河谷
10. 布列塔尼
11. 羅亞爾河地區
12. 新亞奎丹
13. 歐西坦尼亞

槍響！保衛法蘭西

BC

耶穌基督出生　0—

君士坦丁統一羅馬

羅馬帝國分成兩部

波斯帝國　　500—

回教建立

阿拉伯人攻佔西班牙

東羅馬其頓王朝

神聖羅馬帝國建立
　　　　　1000—

英國征服愛爾蘭

蒙古第一次西征

文藝復興

歐州流行黑死病

哥倫布發現新大陸
　　　　　1500—

英國大破無敵艦隊

發明蒸汽機

美國獨立
拿破崙稱帝
美國南北戰爭開始

第一次世界大戰
第二次世界大戰

　　　　　2000—

　　德、法兩國各自拉攏隊友，在歐洲大陸上布好了棋局。一
方是英、法、俄組成的協約國，另一方是德、奧、義組成的同盟
國。終於在西元1914年的6月點燃了導火線——塞拉耶佛事件。事
件的起因是奧匈帝國的王位繼承人斐迪南大公到巴爾幹出行炫耀
武力。塞爾維亞在此之前被奧匈帝國欺負得厲害，看斐迪南如此
耀武揚威，當地人怒不可遏。6月28日，一個17歲的年輕人在波士
尼亞首府塞拉耶佛的街頭刺殺了斐迪南夫妻。奧匈帝國拿這事作
為藉口，宣戰入侵塞爾維亞。

　　一方開始行動，另一方自然不會坐視不理。俄國人首先站出
來，支持自己的斯拉夫人兄弟塞爾維亞。德國看到這架勢，也跑
出來支持自己的盟國奧匈帝國。兩邊陣營摩拳擦掌，戰爭已經進
入倒數計時。

　　法國等今天已經好久了，但是法國政府到現在仍然很有耐
心，他們要好好利用國內人民對德國的仇恨情緒。法國不急於向
德國宣戰，而是千方百計地讓德國先對自己宣戰。結果德國真沒
沉住氣，在8月3日正式對法國宣戰。

　　法國政府的激將法取得了完全的成功，所有法國人的愛國熱
情都被點燃了。國家一頒布徵兵令，符合服兵役條件的人居然有
95%都自動到徵兵站去報名了。彷彿大家這回不是要去打仗，而是

集體度假。就連女人們也沒有閒著，她們一個個歡呼雀躍地歡送男人們出征，把鮮花掛在士兵們的槍上，說要等他們早日凱旋。

就連小學生的教材裡都這樣寫著：

保衛法蘭西，就是保衛我們生長的土地，這是世界上最美麗富饒的土地。

保衛法蘭西，我們的一舉一動，要像祖國好兒女一樣，我們要履行對我們祖先應盡的義務，許多世紀以來，他們經歷千辛萬苦，創建了我們的祖國。

保衛法蘭西，我們就是為一切國家的人民而工作，因為法蘭西自大革命以來，已經在世界上傳播了正義和人道的思想。

法蘭西是最公正、最自由、最人道的祖國。

當時法國上下就是這樣一片激昂的光景。所有法國人腦子裡只有一件事，那就是：復仇，「保衛」法蘭西！

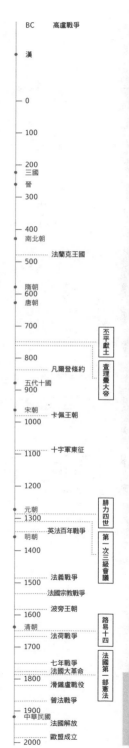

馬恩河！折斷閃電

　　法國這邊熱火朝天地保家衛國的時候，那邊的死對頭德國人也分析了一下自己的形勢，得出了一個結論：不是很妙；因為德國東西兩邊和法國、俄國都直接接壤，隔海又是另一個敵人英國，可以說德國是頂著三方的壓力，盟友奧匈帝國和義大利的實力都比較弱。在這種情況下，德國只能主動出擊，先迅速滅掉其中一方，再調轉槍頭對付另一方。選擇先滅掉的一方，當然只能是法國了。為什麼呢？俄國那麼遼闊的國土，別說打下來，就是走一圈你也不可能做到「迅速」，英國隔著海也飛不過去。所以，德軍一開始的戰略就是只留下極少數兵力在東線牽制俄國，然後調集主力到西線，準備進攻法國。

　　復仇的一天終於到了！法軍主帥霞飛精神抖擻，一口氣制訂了17個作戰計畫，最後終於採用了「17號計畫」。他決定讓法軍大部隊在梅斯集結，再兵分兩路：往東北一路軍，前往萊茵河；往南一路軍，準備收復阿爾薩斯和洛林。結果法軍在南路直到殺入阿爾薩斯，都沒遇到多少抵抗。

　　正在得意之際，忽然北面炮聲大作，德軍主力居然穿過比利時國土迂迴殺過來了！北路法軍猝不及防，在德軍來勢洶洶的攻勢下，沒多久就敗下陣來。德軍初戰得勝，長驅直入，法軍和盟友英軍節節敗退。很快，德軍打到了距離巴黎僅僅15英里的地

方。

　　這時候，許多人認為德國又要像當年普法戰爭那樣把法國打得落花流水，巴黎城內一片恐慌。法國政府已經撤退到波爾多（這群人還是一如既往地逃得快），國家領袖都逃了，普通市民就更不用說了。德軍逼近的消息傳來8天左右，就有50多萬名巴黎市民倉促地逃出巴黎，連家財都顧不上了。剩下的人則玩命地在城內發洩愛國熱情。哪間店鋪一旦被謠傳說是德國人開的，那就完蛋了，被砸毀、搶劫絕對逃不掉。要是哪個倒楣蛋出生時被父母起了一個聽起來像德國人的名字的話，那他就不敢上街了，否則必然會被人追著暴打。

　　在這種情況下，法國老將加利埃尼臨危受命，被任命為巴黎軍事總督。這位老將軍一上任就激動地表示自己一定拋頭顱、灑熱血，誓和首都共存亡。就在這時候，「奇蹟」發生了。德軍莫名其妙地停下了腳步，放著近在咫尺的巴黎不管，反而轉頭去追擊法軍的殘兵敗將。這樣的舉動被加利埃尼看在眼裡，他立即和主帥霞飛聯絡，告訴他一個振奮人心的消息：「你知道我看見什麼了嗎？德國人出差錯了！他們把側翼暴露出來給我們打！」加利埃尼希望霞飛立即下達反攻命令。一向習慣三思而後行的霞飛一開始還沒反應過來，不過很快地也認為這是一個好機會，就同意了，下令大反攻。霞飛還打電報給友軍，勸英軍主帥一起出兵。英、法聯軍展開了絕地大反擊，這下德軍就像一個人走路拐彎的時候，突然被人往腰上刺一刀一般。英、法聯軍和德軍在馬恩河展開了激戰，雙方共投入了200萬兵力、6600門大炮。法軍大展雄威和德軍拼死決戰，打得不可開交。

　　在戰鬥途中，法軍前線一度吃緊，只好向首都請求援兵。

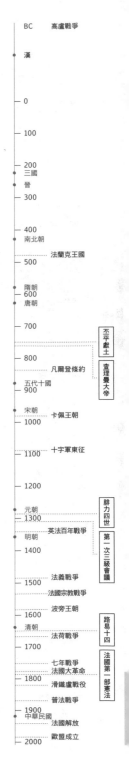

加利埃尼知道這批援軍是要去救火的，一刻都不能被耽誤。為了盡快把他們送到前線，加利埃尼在巴黎徵召了差不多1000輛計程車。就是靠著這些計程車，一批批法軍被送往前線。最後，英、法聯軍終於打得德軍全線撤退，這些計程車也成為史上第一支「摩托化部隊」，成就了戰爭史上的一段佳話。

　　馬恩河戰役的勝利，使法國粉碎了德國速戰速決的計畫。這時候東邊的俄國已經動員起來了，德軍只好抽調一部分兵力前往東線。這樣一來，法國的邊境壓力大大減小。對於法國而言，這次世界大戰自此進入另一個階段——最令人痛苦的持久戰。

耶穌基督出生　0—

君士坦丁統一羅馬

羅馬帝國分成兩部

波斯帝國　500—

回教建立

阿拉伯人攻佔西班牙

東羅馬其頓王朝

神聖羅馬帝國建立
1000—

英國征服愛爾蘭

蒙古第一次西征

歐州流行黑死病

文藝復興

哥倫布發現新大陸
1500—

英國大破無敵艦隊

發明蒸汽機

美國獨立
拿破崙稱帝

美國南北戰爭開始

第一次世界大戰
第二次世界大戰

2000—

凡爾登！流血至盡

　　法軍在馬恩河戰役獲勝後，德軍只留下部分兵力占據高地死守，而把主力部隊轉移到東線，和奧匈帝國一起進攻俄國。在西元1915年一年裡，法軍只是偶爾和德軍進行一些無關痛癢的小戰鬥，法軍將士大部分時間都花在挖戰壕上，也算是難得的「戰亂中的平靜」時段。不過誰都清楚，這種平靜是絕不正常的，法軍一點也不敢鬆懈，沒日沒夜地挖戰壕，就「待天下有變」了。

　　這時候，棋局真的發生了變化，在之前一直默默無聞的同盟國成員義大利突然宣布退出三國同盟，加入了協約國集團！這個重大消息震驚了歐洲，英、法大喜過望，而德國更加坐立不安。幸虧在這一年中德國和奧匈帝國對俄國的戰事還算順利，德國東線幾乎沒有威脅，那麼是時候再回到西線，找老對手法國再較量一下了。

　　德國這次把目標瞄準凡爾登要塞。這裡是法軍整條戰線的支撐點，也是巴黎東部的門戶，拿下來了就可以直通巴黎。德國人的計畫是，集中優勢兵力攻打凡爾登，迫使法國為了守衛凡爾登流盡鮮血。德軍還使出了一招聲東擊西，他們假裝向香貝尼進軍，誘使霞飛不停地往那裡派送援軍，然後悄悄地把大軍集結到凡爾登，甚至連太子殿下威廉都親自領軍參戰。

　　當法軍發現德國人醉翁之意不在酒的時候已經太晚了，德軍

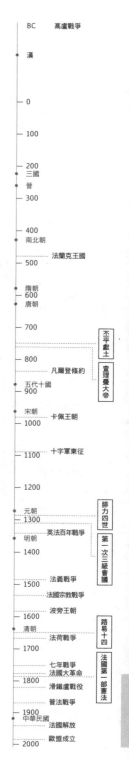

BC

耶穌基督出生　0—

君士坦丁統一羅馬
羅馬帝國分成兩部

波斯帝國　500—

回教建立

阿拉伯人攻佔西班牙

東羅馬其頓王朝

神聖羅馬帝國建立
1000—

英國征服愛爾蘭
蒙古第一次西征

歐州流行黑死病

文藝復興

哥倫布發現新大陸
1500—

英國大破無敵艦隊

發明蒸汽機

美國獨立
拿破崙稱帝
美國南北戰爭開始

第一次世界大戰
第二次世界大戰

2000—

的優勢部隊對凡爾登展開了全方位攻擊。

在這次戰役中，德軍使盡了渾身解數。他們拉來了1000多門大炮，對著法軍狂轟濫炸，這麼多大炮發出來的炮彈在法軍陣地前構成一張「彈幕」，壓得法軍連抬頭都難。在彈幕的掩護下，步兵再趁勢發動猛攻，消滅敵人。這種打法在軍事史上還是第一次，自此人們打仗的時候才有了「炮火支援」這個說法。除了用猛烈的火力壓制之外，德軍還用上了毒氣彈這種令人髮指的武器。

德軍喪心病狂地進攻，法軍自然不敢怠慢。老將貝當臨危受命，一邊嚴令凡爾登守軍堅守，一面拼了老命指揮援軍前往凡爾登。法軍在將近絕望的情況下搶修出一條公路，透過這條「聖路」，法軍一批批援軍、彈藥、物資被送到前線。德、法兩軍圍繞凡爾登展開浴血廝殺，不僅法軍傷亡慘重，德軍也死傷無數。最終，貝當率領法軍守住了凡爾登。從西元1916年3月到6月，在凡爾登這個地方，雙方總共有100萬人傷亡，因此凡爾登戰場被人稱為「絞肉機」。儘管法軍傷亡略多於德軍，但他們總算挫敗了德軍攻克凡爾登和摧毀法軍主力的計畫，可算又一次獲得了「慘勝」，貝當也成為民族英雄。

勝利！凡爾賽和約

在凡爾登挫敗了德軍進攻的同時，法軍又和英軍在索姆河戰役中和德軍激戰多日。這一回輪到英、法聯軍進攻德軍，飛機、大炮都用上了。法軍攻勢最猛的時候，在7天內光是一個陣地就發射了250萬枚炮彈。短短4個月內，雙方各有60餘萬人的傷亡。英、法聯軍在索姆河的進攻使凡爾登方面的防守壓力小了很多。

西線的這兩次大戰，讓德軍損失大量的人力，但英、法聯軍也不比德軍佔便宜。兩邊依然誰也吃不下誰，這場戰爭還要繼續下去，而且是最糟糕的狀態——交戰雙方都不想打了，但都沒辦法，不得不打下去。

此時的法國人民早已經厭倦了戰爭。當年歡送自己丈夫、男友去前線的婦女們早已成了怨婦，她們原以為男人們在耶誕節就能回來，結果一年、兩年，第三年的耶誕節都要過去了，自己的心上人呢？別說回來，知道他還活著就謝天謝地了。而前線的士兵也在戰火中磨練到麻木了，他們早就把什麼「光復阿爾薩斯和洛林」、「保衛法蘭西」等政治口號忘掉了。士兵們只是像一部沒有思想的機器一樣，保持著「戰鬥」的狀態，敵人攻來了，那就打吧；敵人撤退了，那就等他們再次攻來吧。這種情緒蔓延開來之後，產生了很不好的影響。要知道，這時正是戰爭最重要的時刻：法國艱難，德國也艱難，誰撐過去了，誰就是最終的勝

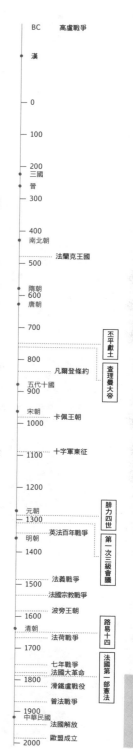

利者。假如在這時洩氣了，那之前上百萬的同胞戰友就白白犧牲了。

這時候需要一個擁有鐵一般意志的人來帶領法國人渡過難關。於是，「老虎總理」克雷孟梭（1841年—1929年）上臺了。這頭「老虎」是真夠「老」，當時他已經76歲了；他也真的夠「虎」，一上臺就表明了自己的立場：「我的口號就是到處進行戰爭，在內政上我要戰爭，在外交上我也要戰爭，戰爭將會一直下去，直到我們獲得勝利為止！」為了保持國內的凝聚力，他不辭勞苦，拄著拐杖，戴上士兵的鋼盔，來到前線視察。他在一片廢墟和碎石堆上，顫顫巍巍地巡視。士兵們被這個老人家的一舉一動感動了，都願意再為國家咬牙堅持。穩定了前線軍心後，克雷孟梭在國內毫不留情地鎮壓那些想和德國議和的所謂的和平主義者，在他的鐵腕手段下，全國上下再也沒人敢提「和平」二字。

「老虎」克雷孟梭用自己的魄力給法國再一次打氣，迎來了最後的決戰時刻。西元1918年3月，德軍利用東線俄國發生革命退出戰爭的機會，在西線集中了190個師的兵力發動最後的進攻。戰線一度又被德軍推到了馬恩河附近，巴黎再次受到敵人的威脅。這時候克雷孟梭的鐵血精神又一次發揮了作用。他沒有像以往政府首腦那樣，在巴黎受到威脅時匆匆逃走。他選擇了留守，巴黎城在他人就在，巴黎城亡就人亡！深受鼓舞的法軍將士成功地抵擋住了德軍的進攻，並且等來了新的援軍——中途參戰的美國。

200萬吃飽喝足的美國大兵帶著大批精良裝備、糧食、彈藥在歐洲登陸，頓時令疲憊已久的德軍徹底崩潰了。第二次馬恩河戰役之後，協約國發動了大反攻，同盟國一個接一個垮臺，德國

耶穌基督出生　0—

君士坦丁統一羅馬
羅馬帝國分成兩部

波斯帝國　500—

回教建立

阿拉伯人攻佔西班牙

東羅馬其頓王朝

神聖羅馬帝國建立
　　　　　1000—

英國征服愛爾蘭
蒙古第一次西征

歐州流行黑死病

文藝復興

哥倫布發現新大陸
　　　　　1500—

英國大破無敵艦隊

發明蒸汽機

美國獨立
拿破崙稱帝
美國南北戰爭開始

第一次世界大戰
第二次世界大戰

　　　　　2000—

成了孤家寡人，最後只好也投降了。西元1918年11月11日上午11點，前線吹響了停戰喇叭，巴黎上空響起了101響禮炮聲，宣告第一次世界大戰以協約國勝利而結束。

西元1919年1月18日，各國代表齊聚巴黎，克雷孟梭作為大會主席，召開了討論怎麼懲罰德國的會議。經過幾個月的漫長會議後，各方終於在6月於凡爾賽宮內簽署和約。根據條款，法國可以獲得不少好處：阿爾薩斯和洛林歸還法國；薩爾煤礦區由法國開採15年，其行政權由國際聯盟代管15年，期滿後由當地公民投票決定其歸屬；萊茵河左岸由協約國成員占領，右岸50公里為非軍事區；一些德國殖民地歸法國所有；德國被限制軍隊的規模；最後德國還要賠償大筆金錢給法國。

雖然很多法國人覺得《凡爾賽條約》對德國的懲罰依然不夠狠，但這已經是克雷孟梭盡了最大努力獲得的成果，因為英國、美國等都不想把德國削弱得太厲害。從西元1870年拿破崙三世兵敗色當，時隔近半個世紀，法國人終於報了一箭之仇，同時也終結了這場殘酷的世界大戰。

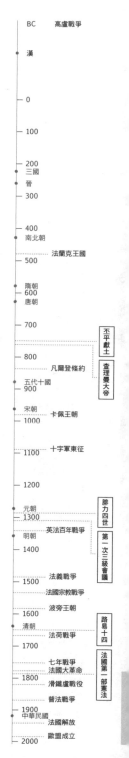

施虐！報復的快意

　　法國贏了，大家都在慶祝，但是這種喜悅是不可能長久的。為什麼呢？看看參與慶祝的都是什麼人就知道了——寡婦、傷殘的士兵、死難者家屬……這樣的人群怎麼可能長久歡快？短暫的狂歡之後，剩下的只有悲傷和孤獨。

　　在這場歷時四年的世界大戰當中，法國有140萬人死亡或者失蹤，300萬人受傷，其中75萬人終身殘疾。人口的損失還不僅僅是這些表面的傷亡數字，在戰爭持續的這幾年間，精壯男子都在前線打仗了，加上缺少吃穿，醫療變差，法國的人口出生率明顯下降。而在戰後的幾年，生活變得更困難，很多人也不願意生小孩，法國人口銳減在很長一段時間內都沒能恢復過來。

　　除了人口上的損失，法國的經濟也因為戰爭受到了嚴重的創傷。許多場戰役發生在法國本土，很多地方都被戰火燒得一乾二淨，土地和工廠都被毀了，再加上此前法國政府為了支持戰爭的巨額費用，已經借了許多外債，經濟亟待重建。

　　這樣的狀況令法國人民很困惑，大家一心只想回到戰爭爆發以前的生活。在戰後的第一次眾議院選舉當中，打著「恢復」旗號的國民聯盟獲得大勝。隨後不久的總統選舉，大家沒有把選票投給在戰爭中立下汗馬功勞的「老虎」克雷孟梭，而選擇了另一個庸碌之輩德沙內爾。很容易看出來，法國人民在想盡一切辦法

去逃避戰爭，不願意面對戰爭帶來的悲痛。

　　但是法國可以在短時間之內恢復到戰前的狀況嗎？當然是不可能的。當法國人無法逃避戰爭苦果的時候，他們又開始寄希望於來自東方的思想。經過十月革命後，過去被沙皇統治的俄國已經改名換姓，成為世界上第一個社會主義國家。法國的部分工人階級也想效仿。

　　西元1919年5月1日，法國不少城市都爆發了五一節遊行，還成立了共產黨，並曾一度成為法國第一大黨。但是這群人最終沒能成事，因為內部意見不合，共產黨成立沒多久就開始鬧內部矛盾，最後沒能給法國工人帶來任何希望。

　　這也沒希望，那也沒搞頭，法國人民被悲慘的戰後生活折磨得憤憤不平。如果不把這種怨恨釋放出來，一旦哪一天爆發了是很危險的。總得找個對象來洩憤。找誰好呢？當然是萬惡的德國！

　　法國政府在戰後一段時間對德國採取了寬容的態度，他們認為，德國在《凡爾賽條約》後，軍事力量已經被大大削弱，不會再對法國造成威脅。至於條約中規定德國應該賠償的錢嘛，他們遲早都要還的，沒必要現在把他們逼得這麼急。再加上法國在戰時的盟友英國、美國「寬大為懷」的態度，法國也不好和它們作對。

　　誰知道德國人因此有恃無恐，對還錢之事一拖再拖，一會訴說本國經濟下滑，生活艱難，希望法國再通融一段時間；一會兒又說現在德國的馬克都貶值了，就算現在賠錢給你們也是虧，不如等我國經濟恢復過來後再賠吧。

　　法國民眾對德國這種無賴欠債行為沒法再忍。尤其是法郎貶

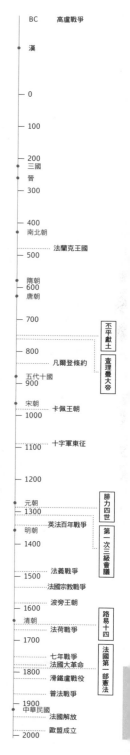

BC　　高盧戰爭

漢

0

100

200
三國
晉
300

400
南北朝
　　　法蘭克王國
500

隋朝
600
唐朝

700

800
　　凡爾登條約
五代十國
900

宋朝
1000　卡佩王朝

1100　十字軍東征

1200

元朝
1300
　　　英法百年戰爭
明朝
1400

1500　法義戰爭
　　　法國宗教戰爭
1600　波旁王朝
清朝
　　　法荷戰爭
1700
　　　七年戰爭
　　　法國大革命
1800　滑鐵盧戰役
　　　普法戰爭
1900
中華民國　法國解放
　　　歐盟成立
2000

不平獻土　查理曼大帝

腓力四世　第一次三級會議

路易十四　法國第一部憲法

值得越來越厲害，過去1英鎊兌換26法郎，而現在1英鎊已經值60法郎了。通貨膨脹讓普通百姓生活在水深火熱中，同時一些有錢人卻利用自己的優勢，早早就把錢投資到金銀、珠寶、古董等保值領域。更可氣的是，許多英國人和美國人揣著大把的英鎊、美元在巴黎吃喝玩樂。在法國群眾眼裡，法國政府當局和這群外國人都很可惡，在法國人的地頭上，騙法國人的錢，吃法國人的美酒佳餚，勾引法國女孩子，還有什麼比這更恥辱的事情？**轟轟烈烈**的倒閣運動開始，內閣總理白里安只好辭職。

在戰前就以態度強硬而著名的普恩加萊再一次登上總理的寶座。法國群眾選他當領導人，就是要他當一個兇神惡煞的催債人。普恩加萊也很明確地表示，假如德國人敢賴帳，他就親自去德國把他們的煤全給挖回來！結果德國人還真敢繼續賴帳，仍舊說沒錢。普恩加萊毫不客氣：沒錢還債？那就把魯爾區讓給我們，那裡的煤礦給我們挖，挖到抵足債為止！

普恩加萊所說的魯爾區，是德國西部一個極其重要的煤礦產區，占德國煤礦總儲量的75%。魯爾區水陸交通都非常方便，是德國甚至全世界都舉足輕重的工業區。普恩加萊打著「欠債還錢，天經地義」的旗號，於西元1923年1月11日直接出兵強佔魯爾區。

英國出來勸說，法國人一瞪眼：「你幫德國還錢？」德國作為戰敗國，無力反抗，也不敢反抗；但他們也不願讓法國人得逞，就號召魯爾區的工人們罷工，讓法國光搶了個礦山，對著煤礦乾著急。法國沒辦法，只好一邊懲治那些消極對抗的德國人，一邊從國內招工人來開工。可是那麼一大片工業區全面罷工，人生地不熟的法國工人哪能搞定啊！德、法兩國就這樣在魯爾陷入「雙輸」的對耗狀態。

耶穌基督出生 0—

君士坦丁統一羅馬
羅馬帝國分成兩部

波斯帝國 500—

回教建立

阿拉伯人攻佔西班牙

東羅馬其頓王朝

神聖羅馬帝國建立
1000—

英國征服愛爾蘭
蒙古第一次西征

歐州流行黑死病

文藝復興

哥倫布發現新大陸
1500—

英國大破無敵艦隊

發明蒸汽機

美國獨立
拿破崙稱帝
美國南北戰爭開始

第一次世界大戰
第二次世界大戰

2000—

在這段時間裡，法國很好地「培養」了德國人對法國的仇恨，英、美兩國也對法國這種行為很反感。為了變相警告這個不聽話的盟國，英、美兩國甚至在金融市場大量拋售法郎和法國證券，令法郎貶值得更厲害。法國費那麼大勁占領了魯爾區，從裡面掠奪來的煤甚至抵不上出兵占領的花費，最後不得不撤兵。

這麼折騰幾番之後，法國不僅沒從德國那要回多少賠款，反而又欠了英、美兩國不少新債。西元1925年，歐洲各國簽訂《洛迦諾公約》，許多在《凡爾賽條約》裡約束德國的條款都被廢除，而法國經歷大戰換來的優勢地位則喪失殆盡，這也為日後又一場世界大戰的來臨埋下了伏筆。

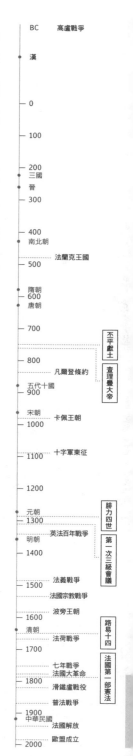

廢墟！勝利的代價

耶穌基督出生　0—

君士坦丁統一羅馬

羅馬帝國分成兩部

波斯帝國　500—

回教建立

阿拉伯人攻佔西班牙

東羅馬其頓王朝

神聖羅馬帝國建立
1000—

英國征服愛爾蘭

蒙古第一次西征

歐州流行黑死病

文藝復興

哥倫布發現新大陸
1500—

英國大破無敵艦隊

發明蒸汽機

美國獨立
拿破崙稱帝
美國南北戰爭開始

第一次世界大戰
第二次世界大戰

2000—

　　西元1929年10月，華爾街爆發了人類歷史上最嚴重的一次經濟危機。這次經濟危機對英、美、德等資本主義國家帶來的嚴重危害，歷史教科書裡講得不少了，那麼這次危機給法國帶來了怎樣的影響呢？

　　經濟危機爆發的前段時間，法國居然奇蹟般地沒有受到太大的影響，反倒是趁著其他國家經濟衰退的時候，法國經濟顯得相對「生機蓬勃」。

　　法國政府甚至一度樂觀地想要撥款50億法郎，趁這段時間大力發展，讓法國成為這個經濟危機籠罩下的唯一綠洲。

　　事實證明，這些當朝者又想錯了。他們以為法國實力足夠強大，可以抵抗這次金融危機，但實際上完全相反。法國之所以沒有受到這次危機衝擊，不是因為它的資本充足，反而是因為法國的經濟相對落後所致。當時資本家用先進機器造出了大批商品沒人買，所以發生危機。而法國由於第一次世界大戰的打擊，國內有很多小工廠、小商戶，這些小企業資金需求量不大，而且通常都有固定的熟客，就算爆發經濟危機，短時間內也不會有太大影響。

　　但是，該來的始終還是會來的。當其他國家貨幣貶值時，法郎也就變相升值。接下來，法郎升值導致本來就缺乏競爭力的

法國商品更加賣不出去，這時候的法國終於不能倖免於難了。經濟危機的魔掌緊緊攫住這個已經因為第一次世界大戰而凋零的國家，失業、貧窮、饑餓開始席捲全國。

比起英、美等國，法國因為「落後」而對這次危機的「回應」慢了半拍。當其他國家漸漸從危機中走出來的時候，法國恢復起來也比較慢。在這種情況下，於西元1902年成立的法國社會黨趁著這個危機，第一次登上了執政地位，他們的領袖勃魯姆也在西元1936年成為了法國首位社會黨總理。

勃魯姆積極地推行保障工人福利的政策，比如規定年假、縮短工時等。有人把勃魯姆的政策和美國的羅斯福新政相提並論，並且把他的整改方案稱呼為「勃魯姆試驗」。很可惜的是，「勃魯姆試驗」遇到了重重困難。當時國家窮得叮噹響，而那些腰纏萬貫的大商人此時卻總想著保住自己的荷包，把資金轉移到國外或者是藏匿起來。這樣的做法簡直就是給國家下毒。最後勃魯姆的計畫一再受挫，被迫在西元1937年2月宣布暫停改革。

法國再也沒來得及拯救這場經濟災難，因為就在勃魯姆宣布暫停改革的幾個月後，一場更加殘酷的災難來臨，那就是第二次世界大戰。

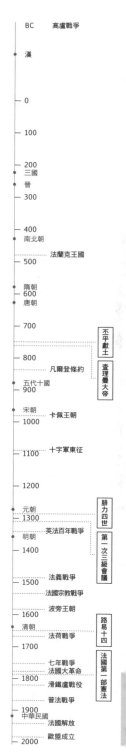

懦弱！縱虎出籠

各國都在想辦法擺脫經濟危機的困擾。美國實施羅斯福新政，而法國的鄰居德國，在第一次世界大戰慘敗後又遭遇這樣的危機，令當時的政府聲名掃地，這就給了希特勒和納粹黨一個絕佳的機會。希特勒靠著出色的演講能力，成功地蠱惑了整個德國，當上了國家元首。德國在希特勒的統治下，又成為一個危險的國家。

起初，法國還能保持對德國的強硬態度。狡猾的希特勒在德國還沒有真正恢復元氣的時候，就裝出一副溫順模樣，博取其他國家的同情，但並不是所有人都上當，法國的外交部長巴爾都一眼就看穿希特勒的野心。

巴爾都讀過希特勒口述的《我的奮鬥》，而且看的還是原汁原味的德文版，他太瞭解希特勒了，知道這個戰爭狂人不安好心。他努力地在國內外發表演講、拉攏盟友，竭力主張法國應該建立自己強大的軍隊，配合其他國家防備德國，只可惜這名有戰略眼光的外交家在西元1934年被歹徒刺殺身亡。

巴爾都死後，繼任者賴伐爾替補上場，他完全改變了巴爾都之前的做法，採取親德政策。這種縱容只會讓德國越來越放肆，最後終於釀出了希特勒進軍萊茵區事件。

德國西部的萊茵區域，是德國進攻法國的出發基地。克雷孟

BC

耶穌基督出生　0—

君士坦丁統一羅馬

羅馬帝國分成兩部

波斯帝國　500—

回教建立

阿拉伯人攻佔西班牙

東羅馬其頓王朝

神聖羅馬帝國建立
　　　　1000—

英國征服愛爾蘭

蒙古第一次西征

文藝復興

歐州流行黑死病

哥倫布發現新大陸
　　　　1500—

英國大破無敵艦隊

發明蒸汽機

美國獨立

拿破崙稱帝

美國南北戰爭開始

第一次世界大戰
第二次世界大戰

　　　　2000—

梭在一戰勝利後力爭在這裡規劃一個非軍事區，令德國的軍隊遠離法國。

西元1936年3月7日，希特勒孤注一擲，向萊茵區悍然進軍。按說當時法軍兵力遠勝德軍，德國敢挑釁，直接出兵回擊就是了。希特勒事後也說過，進軍萊茵區之後的那兩天是自己一生中最緊張的時刻，因為當時的德軍連紙老虎都算不上，法軍稍微一攔截，德軍絕對只能夾著尾巴開溜，那樣在全世界面前丟臉的希特勒恐怕只有下臺的份。

令人驚訝的是，法國居然對此沒有採取任何正面抵抗行動，只是象徵式地嚷嚷，對英、美等國說德國人違約了，你們說怎麼辦？法國人也不想想，德國進軍萊茵，和法國的安危關係最密切，你法國自己都不管事，其他各國誰願意管這閒事？

法軍就這樣眼睜睜地看著德軍進入萊茵區，讓自己暴露在槍口下，什麼都不做，這大大助長了希特勒的野心。

出兵萊茵區之後，希特勒知道法國政府懦弱無能，他可以肆無忌憚地進攻了。面對德國人的步步進逼，法國政府採取的政策居然還是忍讓。

西元1938年，時任法國總理的達拉第和英國首相張伯倫，一起在慕尼黑會議上把捷克斯洛伐克的蘇台德領土割讓給德國。捷克斯洛伐克是法國的盟友，也是在東邊遏制德國的重要堡壘。盟友遭難的時候，老大哥不是給予支持，反而幫著強盜一起宰割盟友，這不僅是卑鄙，而且是愚蠢。

希特勒併吞蘇台德後，很快又占領了整個捷克斯洛伐克，實力大增；而法國在東邊的其他盟友和中立國，如波蘭、匈牙利等，看見捷克斯洛伐克這個下場，覺得法國靠不住，於是轉而投

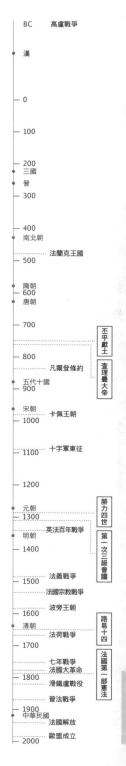

靠德國，參與了瓜分捷克斯洛伐克。

　　簽署《慕尼黑協定》令張伯倫、達拉第兩人到現在仍然被人唾罵。奇怪的是，當時達拉第從慕尼黑回到巴黎後，居然受到萬民歡呼擁戴，大家都覺得他為法國的和平作出了莫大貢獻。可以說，這時候的法國全民都表現得非常的懦弱和不理智，也難怪他們後來被德國打得慘敗了。

馬其諾！紙糊的防線

　　這個世界是從來不會給懦夫生存空間的。希特勒的行為已經向全世界宣布，戰爭將要再次降臨了！而法國人此時卻仍然耐得住性子，眼睜睜地看著德國得寸進尺。西元1939年，德國出兵入侵波蘭。英、法兩國作為波蘭的盟國，本來有出兵協防的義務，但是這兩個大國居然給德國下什麼最後通牒，要求48小時內撤出波蘭云云。都到這個時候了，不真刀真槍地幹，光說這些廢話有什麼實質作用？結果，德國用了僅僅不到一個月的時間就攻陷波蘭。在這段時間裡，法國只是象徵性地派出少數軍隊在邊境巡迴幾天，就又縮回去了。這種漠視盟友安危的行動實在令人寒心。也許有人要質問了：這種行為就不怕哪天德國把槍口對準自己嗎？

　　法國人不是傻子，他們不是不懂「唇亡齒寒」的道理，只是第一次世界大戰帶來的創傷給他們刺激太深刻了，法國上下沒人想打仗。看看達拉第從慕尼黑回國後居然被當成英雄一樣看待，就知道法國人都在逃避現實。甚至連一些有「學識」的文人也經常寫文章，稱讚希特勒的非凡魅力。這種「鴕鳥精神」已經占據了法國上到政府、下到百姓的頭腦。

　　但戰爭不是你想避免就可以避免的，萬一敵人打過來了，難道要舉國投降嗎？法國人當然還不至於白癡到這種地步。為了防

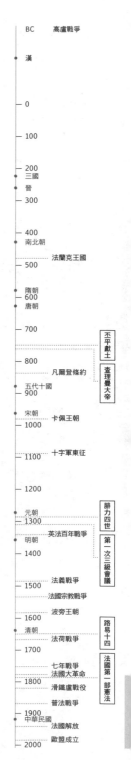

備德國人，早從西元1929年開始，法國人就在法、德邊境修築了一條由鋼筋混凝土構築的防線。

這條防線從隆吉永一直修到貝爾福，全長約390公里，幾乎完全將德國隔離開了。大大小小的堅固堡壘下，重炮、機槍、交通壕以至一切生活設施應有盡有。法國人認為德國人要是敢來，絕對吃不了兜著走！

既然法國人不想主動打仗，又有了這麼一條可靠的防線，何必還要管波蘭的生死呢？反正德國人就算再厲害，也不可能跨過馬其諾防線！堅信這條「真理」的法國軍隊，就一直龜縮在防線內，全然不顧外面發生了什麼。

明明是軍人，偏偏當起了「宅男」。最離譜的是，政府不是操心這群「宅男」不上戰場鬥志消退，卻擔心他們天天窩在防線內會不會太無聊！政府派人專門負責給他們「送娛樂、送關愛」，今天舉辦劇團表演，明天組織看電影。總理大人還很懂得男人的「浪漫」，給前線軍官發了一萬個足球，讓他們有空可以玩。就這樣，駐守防線的士兵們每天就在那裡唱歌跳舞、踢球打牌，累了出來曬曬太陽，生活過得比度假還悠閒。能夠在戰爭年代做到這點，也不得不佩服法軍上下都有顆「泰山崩於前而色不變」的「大將之心」。

但是，就算馬其諾防線真的如法國人想像的那麼堅如磐石、攻不可破，它也存在一個巨大的漏洞啊！假如德國人從別的方向繞過來呢？防線不能移動到別的地方去抵擋德軍啊！法國將軍甘末林也意識到，法國的東北部與比利時接壤的地帶可以說是毫無防備，尤其第一次世界大戰時德國人就是從這裡過來的。

為了避免這種危險，甘末林派人到比利時陳說利害，希望

耶穌基督出生　0—

君士坦丁統一羅馬

羅馬帝國分成兩部

波斯帝國　500—

回教建立

阿拉伯人攻佔西班牙

東羅馬其頓王朝

神聖羅馬帝國建立
1000—

英國征服愛爾蘭

蒙古第一次西征

文藝復興
歐州流行黑死病

哥倫布發現新大陸
1500—

英國大破無敵艦隊

發明蒸汽機

美國獨立
拿破崙稱帝
美國南北戰爭開始

第一次世界大戰
第二次世界大戰

2000—

他們能和法國好好合作，面臨德國入侵的時候並肩作戰。但是比利時這個國家又有點不知趣。他們不想被捲入大國之間的無謂糾紛，只想守好自己的一畝三分地。他們認為，只要永遠保持中立，那麼無論誰都不會對自己亂來，於是他們拒絕了法國人的邀請。至於第一次世界大戰的教訓，誰還記得啊。

甘末林擔心的事終於發生了。西元1940年夏天，已經攻佔了波蘭、挪威、丹麥的德國大軍轉戈西向，迅速攻佔了「無辜」的中立國比利時，從法國的東北部浩浩蕩蕩地殺了進來。第三共和國政府對德國不斷採取姑息政策，終於把希特勒這隻豺狼養肥，讓牠撲過來狠咬自己。法軍及其盟友英軍匆忙迎戰，雖然他們兵力也不少，但連續取勝的德軍早已在戰爭中磨練得經驗豐富，而且士氣高漲，德軍的戰略戰術水準也遠遠勝過英、法聯軍。

沒多久，德軍從阿登森林突破，把英、法聯軍截成兩段，使之一潰千里。而馬其諾防線呢？這條花了50億法郎修建的要塞鏈條，完全沒有發揮過任何作用，到了今天，反而成了一個旅遊景點——這倒是它應有的歸宿，畢竟當年法軍將士在那裡也只是在玩而已。

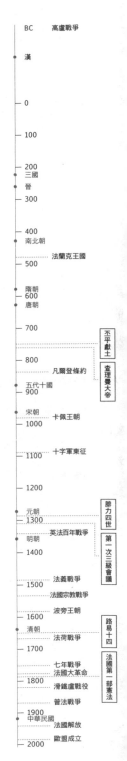

BC　高盧戰爭

漢

0

100

200
三國
晉
300

400
南北朝
法蘭克王國
500

隋朝
600
唐朝

700

不平獻土
查理曼大帝

800
凡爾登條約
五代十國
900
宋朝
卡佩王朝
1000

十字軍東征
1100

1200

元朝
1300
腓力四世
第一次三級會議
明朝
英法百年戰爭
1400

1500
法義戰爭
法國宗教戰爭
波旁王朝
1600
清朝
法荷戰爭
路易十四
1700
七年戰爭
法國大革命
1800
滑鐵盧戰役
法國第一部憲法
普法戰爭
1900
中華民國
法國解放
歐盟成立
2000

幫兇！維希法國

　　德軍進入法國後，義大利也對法國宣戰，從東南部打過來。法國人這時候才終於醒悟，他們採取緊急行動——趕緊逃跑！不用多說，跑得最快的自然又是政府官員，他們又跑到波爾多去了。老百姓也在想盡一切辦法逃出巴黎，公路上堵滿了大大小小、形形色色的各種車輛。汽車、手推車、拖車、馬車、騾車，甚至連靈車和垃圾車都動用上了，總之只有你想不到的，就沒有巴黎人用不上的。

　　軍隊的敗退和群眾的逃難令法國的厭戰情緒更加嚴重，西元1940年6月22日，當年在凡爾登打敗德軍的貝當元帥與德軍簽訂停戰協定。堂堂法國終於也像波蘭、比利時等國一樣，在短短幾十天之內就被德國徹底征服。停戰後，法國被德國一分為二，北部是由德國軍隊直接統治的「占領區」，南部則交給以貝當為元首的政府統治。由於政府所在地已經從巴黎遷到溫泉療養勝地維希，所以這時候的法國也稱為維希法國。

　　維希政府可以說是一個徹頭徹尾的「法奸政府」，貝當雖然是一戰的英雄人物，但此時的他卻搖身變成了賣國賊。維希政府的大部分官員都是大資本家，他們根本不理會大老闆到底是法國人還是德國人，唯一令他們擔心的只有錢而已。為了能讓自己的「後臺老闆」德國滿意，維希政府的基本國策就是「一切聽從德

BC

耶穌基督出生　0—

君士坦丁統一羅馬
羅馬帝國分成兩部

波斯帝國　500—

回教建立

阿拉伯人攻佔西班牙

東羅馬其頓王朝

神聖羅馬帝國建立
　　　　1000—

英國征服愛爾蘭
蒙古第一次西征

歐州流行黑死病

文藝復興

哥倫布發現新大陸
　　　　1500—

英國大破無敵艦隊

發明蒸汽機

美國獨立
拿破崙稱帝
美國南北戰爭開始

第一次世界大戰
第二次世界大戰

2000—

國」。西元1940年10月24日，貝當和德國簽署了一份文件，規定雙方日後的合作政策。希特勒要求貝當幫助德國發動對英國的戰爭，這樣做的好處是法國有權在北非擁有更多的軍隊，來維持自己在當地的殖民地利益。當德國和蘇聯開戰的時候，維希政府又立刻溜須拍馬，搖旗吶喊高呼德國必勝。

除此之外，法國人還扛起了當德國人「奶媽」的重責。法國的工廠全都要替德國人造武器，工人們全都在替德國人打工，農民種出來的糧食也要被德國人徵用。國家生產的40%的工業產品都被德國人拿走了，法國人自己卻沒得用。食物都被德國人拿走了，法國人自己只能限制供應，買菜除了要帶錢，還要帶「糧票」，否則就算有錢也買不到。孩子們連牛奶都喝不起，一個個面黃肌瘦。營養不良導致抵抗力差，生了病跑醫院，醫生也沒辦法：藥都被德國人拿走了，我治不好你家孩子。除了物資，法國政府還要向德國支付高昂的占領費用。法國人生活都苦到這地步了，還要被過去的盟友英國人當作敵人來炸，連法國海軍也被英國派艦隊給消滅了。

沒辦法，誰讓你投降了德國還當他的幫兇啊。法國人頂著炸彈，依舊在為德國「效勞」。假如這種拼搏精神早點拿出來，認真對付德國入侵，不知道情況又會如何？

隨著德國入主，法國國內的法西斯主義者終於熬到了出頭日。他們一個個跳出來，讚揚現在法國和德國之間這種「友好」的關係，還寫文章讚揚希特勒，說「德國給我們帶來了答案」。這群瘋狂的傢伙還玩起了種族歧視，幫助德國人一起迫害猶太人。他們在西元1942年成立了維持治安軍團，又在1943年改名為「法蘭西民兵」。「治安團」也好，「民兵」也罷，做的全都是

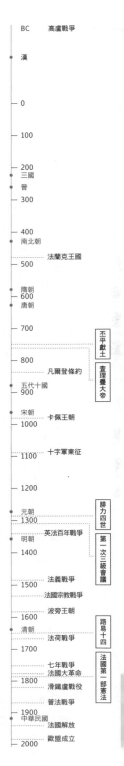

名不副實的事情。這幫傢伙的工作，就是不停地逮捕猶太人，然後把他們送到德國人建的集中營去，那些猶太人的結局可想而知。這些民兵甚至比德國人還可怕，因為民兵都是地頭蛇，抓捕猶太人的時候行動迅速。這幫人對法西斯「事業」的熱心遠遠超出想像，後來法國被盟軍解放，他們居然跟隨德軍退到德國，在最後時刻仍然死戰，給希特勒當了忠心耿耿的炮灰。

　　總之，二戰爆發後的法國人做出了各種讓人難以理解的事。該挺身而出保衛國土的時候，他們縮了；當德國人奴役他們的時候，以維希政府、「民兵」為代表的一群人，倒是展現了「不怕苦、不怕死」的精神。難怪到了今天，人們回憶起二戰時的法國，大多都會哭笑不得。不過，這些人並不能代表所有的法國人，還有一位普通的將軍，肩負著法蘭西民族的奮鬥精神、血性，還有勝利的希望。這位將軍就是戴高樂。

BC

耶穌基督出生　0—

君士坦丁統一羅馬
羅馬帝國分成兩部

波斯帝國　500—

回教建立

阿拉伯人攻佔西班牙

東羅馬其頓王朝

神聖羅馬帝國建立
1000—

英國征服愛爾蘭
蒙古第一次西征

歐州流行黑死病

文藝復興

哥倫布發現新大陸
1500—

英國大破無敵艦隊

發明蒸汽機

美國獨立
拿破崙稱帝
美國南北戰爭開始
第一次世界大戰
第二次世界大戰

2000—

戴高樂！民族的脊樑

戴高樂（1890年—1970年）的父親是一名教師，曾經參加過普法戰爭，戴高樂從小就被灌輸了強烈的愛國主義思想。後來人高馬大的戴高樂考上軍校，成為一名軍官。在第一次世界大戰期間，他英勇作戰，得到當時的法軍司令貝當欣賞。一戰結束後，戴高樂好幾次提出法國必須建立一支高度機動化的軍隊，而不是龜縮在防線裡，否則根本不可能保家衛國，但是當時的軍隊高層並沒有採納他的意見。直到德軍突破進入法國，他們才急急忙忙提升戴高樂為準將，要求他組建一個裝甲師。但是這又談何容易！沒多久，政府就打算投降，戴高樂見此自然是氣憤不已。他一心要抵抗德國，卻遇上這群窩囊上司和戰友，怎麼辦？

戴高樂決定離開法國，到英國去實現救國理想。西元1940年6月17日，他到機場送英國將軍斯皮爾斯回倫敦，當飛機正在起步加速的時候，戴高樂突然跑上去追。飛機上的斯皮爾斯心領神會，立刻把手伸出窗外拉住戴高樂的手，就這麼把戴高樂拉上飛機，一路飛走去了英國。事實證明戴高樂這次「逃跑」非常果斷及時，就在當天晚上，貝當就宣布簽署停戰協定，接受德國提出的那些喪權辱國的條件。

6月18日，戴高樂透過英國的BBC廣播電臺對法國發表廣播演講，聲稱自己要和維希政府斷絕關係，並且呼籲法國所有有識之

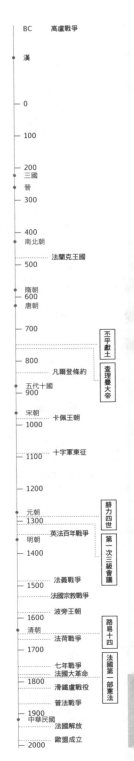

BC　高盧戰爭

漢

0

100

200
三國
晉

300

400
南北朝

法蘭克王國

500

隋朝
600
唐朝

700

不平獻土

800
凡爾登條約　查理曼大帝

五代十國
900

宋朝
卡佩王朝
1000

1100　十字軍東征

1200

元朝
1300
腓力四世
第一次三級會議

明朝　英法百年戰爭
1400

1500　法義戰爭
法國宗教戰爭
波旁王朝

1600
清朝　法荷戰爭
路易十四

1700

七年戰爭
法國大革命
1800　滑鐵盧戰役
普法戰爭

1900
中華民國
法國解放
歐盟成立
2000
法國第一部憲法

士趕緊與他聯繫，等著他們的將是偉大的復國大業。他說：「我是戴高樂，我在倫敦。我現在號召各位在英國，又或者準備要來到英國的法國將士、工程師、工人，我不管你們現在手頭上有沒有武器，總之，你們都趕緊來與我聯絡。無論發生什麼情況，法蘭西抵抗的火焰絕不應該熄滅，也絕不會熄滅。」

這一次廣播號召，拉開了戴高樂抵抗運動的序幕。作為和維希法國對立的一面，戴高樂領導著那些陸陸續續前往追隨他的法國人，組成了一個「自由法國」，在「山河破碎風飄絮」的情況下，開始了漫長而又艱難的復國工作。

復國不是光靠兩、三篇演講就能做到的，戴高樂面臨更多的是困難。首先德國就不會讓你這麼容易成功復國。法國境內的許多愛國人士遭到德國納粹分子的迫害，單單是根據抵抗運動者的名單記載，就有10萬人被送到集中營，3萬人被槍殺。

其次，戴高樂還被舊同僚潑冷水。他想找過去的朋友魏剛來幫忙，但是已經成為維希政府將軍的魏剛，直接以軍事法庭的名義宣布判處戴高樂死刑。國內的幫助不能指望，那就只能看盟友給不給力了。熱情接待戴高樂的英國首相邱吉爾當然是最有力的後盾。但是這個後盾是不是能完全信任呢？未必。邱吉爾支持戴高樂，是懂得唇亡齒寒的道理，可英、法本身的矛盾還是存在的。再加上兩個人的性格都非常高傲，戴高樂寄人籬下但心懷家國，邱吉爾看似寬容卻心懷鬼胎，兩人的關係一直不算特別融洽。

最慘的是，就連志同道合的人也可能「阻礙」他的復國大業。美國總統羅斯福就支持另一位抵抗德國的法國將軍吉羅，假如戴高樂不能成為海外抵抗組織的唯一領袖，那麼就連這點星星

之火戴高樂也聚集不到一塊。

面對這些困難，戴高樂只好一步一步來。首先要凝聚國內的反抗力量，為此他派遣讓・穆蘭回到法國，領導國內的反抗運動。雖然後來讓・穆蘭壯烈犧牲，但在他生前的努力下，法國國內的零星反抗運動已經被聚合起來。隨後，在英、美領導人組織的卡薩布蘭卡會議當中，戴高樂暫時和吉羅握手言和，兩人共同成立法蘭西民族解放委員會。這樣的舉動使得英、美兩個盟友的支持也統一起來。之後戴高樂再慢慢靠自己的威望獨佔委員會主席的位置，使自己成為抵抗運動的唯一領袖。

這樣，戴高樂手下逐漸聚合了一支軍隊，而德國則先後與蘇聯和美國兩個大國展開兩線作戰，漸漸轉入劣勢，戴高樂終於看到了復國的希望。

在諾曼第，又是這個和法國歷史有深遠淵源的地方，法國人和盟友一起，終於向德國人發起了反擊。

安東尼・德・聖-埃克蘇佩里

法國著名作家安東尼・德・聖-埃克蘇佩里（1900年—1944年）是一位飛行員。他的代表作是感人至深的童話《小王子》，同時他還寫過許多關於飛行員的著作。法國被德軍占領後，安東尼去了美國，並參加了法國抵抗組織。1944年他駕機進入法國偵察，隨後失蹤。其中一種可能是，他被自己的狂熱粉絲——德軍飛行員里佩特——擊落了。後者對此非常懊悔和痛苦。

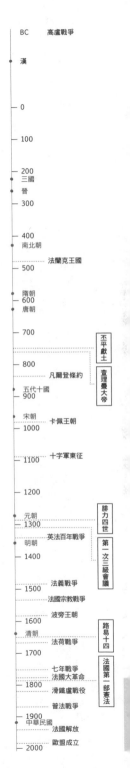

BC 高盧戰爭
漢

0

100

200
三國
晉
300

400
南北朝
.... 法蘭克王國
500

隋朝 600
唐朝

700

不平獻土
查理曼大帝
800
.... 凡爾登條約
五代十國 900

宋朝
.... 卡佩王朝
1000

.... 十字軍東征 1100

1200

腓力四世
元朝 1300
英法百年戰爭
明朝 1400
第一次三級會議

.... 法義戰爭 1500
.... 法國宗教戰爭
.... 波旁王朝 1600

路易十四
清朝
.... 法荷戰爭 1700

.... 七年戰爭
.... 法國大革命 1800
.... 滑鐵盧戰役
法國第一部憲法
.... 普法戰爭
1900
中華民國
.... 法國解放
.... 歐盟成立
2000

解放！第四共和國

BC

耶穌基督出生　0—

君士坦丁統一羅馬

羅馬帝國分成兩部

波斯帝國　500—

回教建立

阿拉伯人攻佔西班牙

東羅馬其頓王朝

神聖羅馬帝國建立
　　　　1000—

英國征服愛爾蘭

蒙古第一次西征

文藝復興

歐州流行黑死病

哥倫布發現新大陸
　　　　1500—

英國大破無敵艦隊

發明蒸汽機

美國獨立
拿破崙稱帝
美國南北戰爭開始

第一次世界大戰
第二次世界大戰

　　　　2000—

　　西元1944年6月6日，英吉利海峽的風浪大得令人睜不開眼，風浪中上萬艘船隻帶著300萬盟軍戰士駛向彼岸，一場決定生死的登陸戰在等著他們。

　　他們的目的地是法國的諾曼第。而在此之前，希特勒已經中了盟軍的「調虎離山」之計，納粹德國西線主力被調到了離英國更近的加萊地區，在那裡布下了銅牆鐵壁。

　　盟軍已經事先做了差不多一年準備，就是為了今天「百萬雄師過海峽」的壯舉。在風雨的掩護下，步兵、戰車頂著德軍猛烈的炮火，源源不斷地登上諾曼第灘頭。天空中數千架飛機完全壓制了德國裝甲部隊的反撲。德軍雖然奮力反擊，但仍然節節敗退。戴高樂的軍隊也跟隨盟軍，殺回了自己的祖國！

　　法國的父老鄉親們，看到「王師」要「重定中原」，憋了幾年的怒火爆發，紛紛起來一起抗擊德軍。雖然他們的武器非常落後，但是和德軍作戰時一個個都捨生忘死，猛打猛衝。就連盟軍司令艾森豪也稱讚他們：「假如沒有他們的幫助，我們還不知道到什麼時候才能擊敗德國人。」當然，這話是客氣的成分居多。

　　在這些戰鬥中，最搶眼的是首都巴黎的起義。當時德軍在巴黎城內還有好幾萬軍隊和80多輛坦克。為了消滅那些坦克，巴黎

的起義者居然跑到科學家約里奧‧居里——也就是居里夫人女婿的家裡，拿他在實驗室裡臨時配置的燃燒彈來炸坦克。戴高樂聞訊，迅速派兵增援。誰知計畫趕不上變化，當戴高樂的援兵趕到巴黎時，巴黎人民已經基本控制了巴黎。等戴高樂重返巴黎的時候，受到萬民歡呼擁戴。不久，法蘭西全境光復，法軍跟隨盟友英軍、美軍繼續挺進，攻入德國。德軍兵敗如山倒，終於在西元1945年5月9日簽署投降書。經過艱苦卓絕的抗爭，戴高樂和法國人終於成功了。

諾貝爾專業戶——居里家族

居里夫人和丈夫共同發現化學元素鐳和釙而獲得諾貝爾獎的事情可說是家喻戶曉，但是居里家族厲害的可不止他倆。居里的長女和女婿也是鼎鼎大名的化學家，他們因為發現人工放射性物質而為居里家族再奪諾貝爾獎。居里家族可以算是諾貝爾獎專業戶。

重拾河山後，還有許多事情要忙。首先是要對維希政府那群叛國賊秋後算帳。在這個過程中，的確收拾了一群出賣國家的叛徒，但也有不少人被陷害蒙冤，帶來了不好的影響。除了國內的事務之外，外交上也面臨重重困難。法國在二戰中被恥辱地打敗，後來復國成功則依靠了英、美兩國的大力幫助，正所謂拿人家的手短，為此法國很長一段時間在國際上都挺不直腰桿。美國甚至想直接軍事占領法國，讓法國成為自己的附屬國。

戴高樂為了恢復法國過去的大國地位，奔波勞碌，一會跑到英國，一會跑到蘇聯，拉攏兩國站在自己這邊，增加法國和美國談判時的籌碼。在戴高樂的努力下，法國最後終於獲得了「出

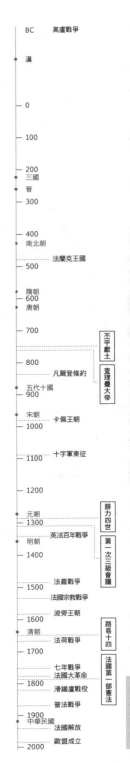

BC　高盧戰爭

漢

0

100

200　三國
晉
300

400
南北朝
法蘭克王國
500

隋朝
600
唐朝

700
　　　　　　　　不平獻土

800　　　　　　查理曼大帝
凡爾登條約
五代十國
900

宋朝
卡佩王朝
1000

1100　十字軍東征

1200

元朝　　　　　　腓力四世
1300
英法百年戰爭　　第一次三級會議
明朝
1400

法義戰爭
1500
法國宗教戰爭
波旁王朝
1600　　　　　　路易十四
清朝
法荷戰爭
1700

七年戰爭　　　法國第一部憲法
法國大革命
1800
滑鐵盧戰役

普法戰爭
1900
中華民國
法國解放
歐盟成立
2000

兵占領德國」的權利，參加了對德管制委員會，還成為聯合國安理會的常任理事國。這就意味著，世人終於承認法國的大國地位了。

　　戴高樂為法國作出了如此巨大的貢獻，但是他卻得不到應有的尊重。

　　在西元1945年的法國制憲委員會選舉中，通過了新的議會擁有制定新憲法的權力，這代表著被德國摧毀的第三共和國不會

再恢復。新的議會由三個黨派組成：法國共產黨、人民共和黨、社會黨，三家占的席位都差不多，爭權奪利，鬧得不亦樂乎。戴

高樂面對這樣的議會，施政非常困難。他的很多決策都被否決，政府各部門的負責人又來自不同黨派，相互扯後腿，令各項工作

根本無法開展。戴高樂一直覺得第三共和國時期那種無休止的黨爭很討厭，他希望能夠改變這種狀況，提出擴大總統的權力。這

當然不會得到議會贊成，反而還把三個黨的「公憤」都引到他頭

上，共打「獨裁者」。戴高樂覺得對付這群口若懸河的政客，簡直比戰時對付德國人還要一籌莫展。

　　西元1946年1月，飽受委屈的戴高樂索性辭職不幹，留下那群人在那裡自己折騰。戴高樂辭職後，三黨組成聯合政府，成立

法蘭西第四共和國。這群不齊心的傢伙並沒有搞出什麼值得稱道

的事。在這一時期內，國內頻頻發生工人動亂，國外法軍又在越

南殖民地戰敗，內閣走馬燈般上臺下臺，換內閣比換衣服還勤。

辭職不幹的戴高樂則組建了「法蘭西人民聯盟」，靜靜旁觀他們

的鬧劇，他在等待一個東山再起的時機。或許戴高樂自己也沒想

到，這個機會居然來得這麼快。12年後，換選了20屆政府的第四

共和國終於垮臺了。

曙光！第五共和國

令法蘭西第四共和國走向滅亡的導火線是法國與阿爾及利亞的紛爭。

阿爾及利亞位於非洲北部，本來是鄂圖曼帝國的一部分。在西元1830年的時候，法國入侵這個地方，並且逐漸把它變成自己的殖民地。一開始阿爾及利亞人奮力反抗，等法國全面占領後，他們就逐漸接受了法國的統治，在二戰時期阿爾及利亞人還幫助戴高樂抗擊德國。

按理來說，阿爾及利亞不計前嫌，幫助法國打德國，法國人應該知恩圖報才對，但是第四共和國政府卻忘恩負義，加強了對阿爾及利亞的欺壓。

西元1954年11月1日，阿爾及利亞的武裝組織「民族解放陣線」公開反抗法軍，他們的游擊隊襲擊了不少法國修建的軍事設施，且越戰越勇。法國處境非常尷尬，和阿爾及利亞打仗耗費了無數軍費，可要撤退又有失顏面，真是進退兩難。

內憂外患最終逼得法國人對這種由幾個黨派執政且爭權奪利的政府忍無可忍。這時候，二戰英雄戴高樂帶領著「法蘭西人民聯盟」又殺回來了。他在西元1958年當選總理，同年，在戴高樂的號召下，全國人民通過了新憲法，決定成立法蘭西第五共和國。

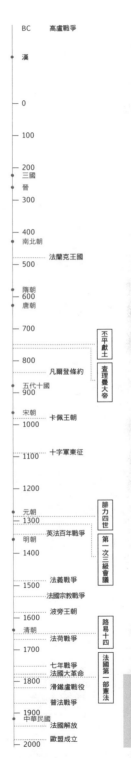

西元1958年10月5日，法蘭西第五共和國，也就是延續迄今的法蘭西共和國政府，終於誕生了。西元1959年1月8日，戴高樂正式就任第五共和國第一任總統。戴高樂不愧是一戰、二戰中磨練出來的，行事進退有度。他上任之後對阿爾及利亞的問題處理得非常小心，先是花了一年時間摸清了各路人馬的心態，然後不停地向各方提出和談的要求，但是阿爾及利亞人早就不吃這套。

戴高樂見軟的不行就來硬的，他加派兵力進駐阿爾及利亞，自己還身穿準將軍服，在電視上宣布法國要奮戰到底，讓不知好歹的阿爾及利亞人也嘗嘗法軍的鐵拳。在這麼又打又拉之下，紛紛攘攘四年後，戴高樂終於把阿爾及利亞代表拉到談判桌上，簽訂了《艾薇昂協定》。雙方約定阿爾及利亞將由其民眾進行投票，自己決定他們未來的道路。結果90%的人民都贊成阿爾及利亞獨立，戴高樂也就大方地承認。法國總算頗有風度地從這個泥沼裡逃了出來。解決了阿爾及利亞的難題後，戴高樂又贏了選戰，連任法國總統。

接下來，他想讓法國變成一個「偉大」的國家。要做到這點，就不得不和美國唱對頭戲。在第四共和國時期，法國政府為了能夠得到美國的援助和保護，一度唯美國馬首是瞻，從不敢說一個「不」字。

戴高樂為了讓法國和美國平起平坐，開始採取強硬措施。例如，西元1959年之後，開始陸續把法國軍隊從北約組織中撤回來；不允許美國在法國建立導彈基地；甚至不顧美國的反對，自個把核彈都研製了出來。他採取的種種措施，就是力圖令歐洲成為歐洲人的歐洲，而不是美國人的歐洲。

除了在政治和軍事上，戴高樂還在經濟上打擊美國，他把法

國全部的美元儲備全都兌換成黃金，而且鼓動歐洲其他國家也一起這麼做。這個做法還真取得一定的成效，那段時間裡，美元匯率一直偏軟。戴高樂的聲望隨著他連任總統達到了頂峰，當過了這個頂峰之後，人們又開始對他厭煩了。所謂盛極必衰，雖然戴高樂的外交政策令法國的國際地位不斷提升，但是國內的經濟卻發展緩慢。

西元1968年5月，法國許多學生上街遊行示威並發生暴動，史稱「五月風暴」，令戴高樂政府威信掃地。戴高樂不得不在西元1969年宣布辭職。從此之後，他完全斷絕了和政界的聯繫，專心在家寫回憶錄，於西元1970年11月9日去世。法國人民為了紀念這位偉大的人物，把凱旋門所在的星形廣場命名為夏爾・戴高樂廣場。在戴高樂之後，法國政府一直都努力維持自己在國際社會中一流大國的地位，並且長期以來也確實在歐洲一體化進程中扮演著主導角色。但毋庸置疑的是，現在的法國已經不再具備曾經輝煌時期的實力，某些國家還笑話他們「拿著經濟艙的票，卻想來坐頭等艙」。

法國是個擁有上千年歷史的國家，曾經湧現了無數英雄人物，也曾經鬧出不少令人忍俊不禁的笑話。今日法國雖再無路易十四時代或拿破崙時代「威震歐洲」的霸氣，但依然在國際環境中竭力發出自己的聲音。

21世紀初期利比亞上空的法國戰機，不也是他們努力的印跡嗎？未來，法國人是否還能像以前那樣，為人類歷史演繹出一個個或悲壯、或喜感、或煽情、或浪漫的故事呢？這些，也只能讓今人與後人拭目以待了。

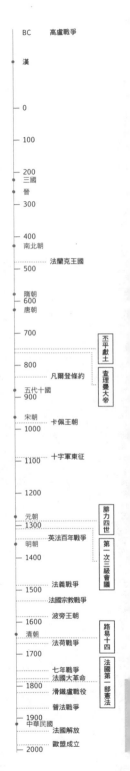

作者	楊益、鄭嘉偉
美術構成	驛賴耙工作室
封面設計	斐類設計工作室
發行人	羅清維
企劃執行	林義傑、張緯倫
責任行政	陳淑貞

企劃出版	海鷹文化
出版登記	行政院新聞局局版北市業字第780號
發行部	台北市信義區林口街54-4號1樓
電話	02-2727-3008
傳真	02-2727-0603
E-mail	seadove.book@msa.hinet.net

總經銷	知遠文化事業有限公司
地址	新北市深坑區北深路三段155巷25號5樓
電話	02-2664-8800
傳真	02-2664-8801
網址	www.booknews.com.tw

香港總經銷	和平圖書有限公司
地址	香港柴灣嘉業街12號百樂門大廈17樓
電話	（852）2804-6687
傳真	（852）2804-6409

出版日期	2020年11月01日　二版一刷
定價	350元
郵政劃撥	18989626　戶名：海鴿文化出版圖書有限公司

汲古閣 04

你一定想看的法國史

原著由華中科技大學出版社授權給海鴿文化出版圖書有限公司在臺灣、香港、澳門地區發行中文繁體字版本，該出版權受法律保護，非經書面同意，不得以任何形式任意重製、轉載。

國家圖書館出版品預行編目（CIP）資料

你一定想看的法國史 ／ 楊益, 鄭嘉偉作.
-- 二版. -- 臺北市 ： 海鴿文化，2020.11
面 ； 公分. --（汲古閣；4）
ISBN 978-986-392-331-2（平裝）

1. 法國史

742.1 　　　　　　　　　　　　　109015643

SeaEagle

SeaEagle